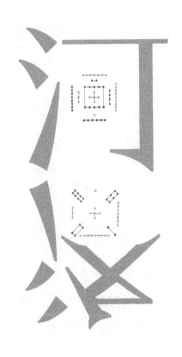

河洛文化研究丛书

# 固始与闽台

李乔 著

河南人民出版社

# 图书在版编目（CIP）数据

固始与闽台／李乔著. — 郑州：河南人民出版社，
2018.2
（河洛文化研究丛书）
ISBN 978 - 7 - 215 - 11330 - 5

Ⅰ. ①固… Ⅱ. ①李… Ⅲ. ①文化史—河南—
文集 ②文化史—福建—文集 ③文化史—台湾—
文集 Ⅳ. ①K296.1 - 53 ②K295.7 - 53 ③K295.8 - 53

中国版本图书馆 CIP 数据核字（2018）第 027170 号

河南人民出版社出版发行
（地址：郑州市经五路66号　邮政编码：450002　电话：65788063）
新华书店经销　　　北京虎彩文化传播有限公司印刷
开本 710 毫米×1000 毫米　　　1/16　　　印张 17.25
字数 230 千字
2018 年 2 月第 1 版　　　2018 年 2 月第 1 次印刷

定价：118.00 元

# 目　　录

# 第一章　固始自然与人文社会环境

固始县位于河南省东南部,豫皖两省交界处,南依大别山,与安徽省金寨县接壤,北临淮河,与安徽省阜南县隔河相望,东部与安徽省霍丘县毗邻,西部、西北、西南分别和本省淮滨、潢川、商城三县相连,总面积 2 964 平方公里。全县辖蓼城、番城、秀水等 3 个街道,胡族、汪棚、郭陆滩、方集、段集、武庙、祖师、陈淋子、黎集、石佛、张广、泉河、分水、蒋集、陈集、三河尖、往流、李店 18 个镇,洪埠、杨集、马岗、草庙、南大桥、赵岗、张老埠、柳树、沙河、徐集、丰港、观堂 12 个乡。2015 年末总人口 178 万人,为河南省第一人口大县。

## 第一节　自然环境

### 一、风光优美

固始县地属中原,位处江淮之间,在我国南北地理气候分界线上,属大陆性季风气候。这里四季分明,光照充足,雨量充沛,气候宜人,年平均气温 15.1℃,年均日照 2139 小时,年均降水量 1 067 毫米,无霜期年均 228 天,有"江南北国、北国江南"之誉。

固始县地势南高北低、中部为丘陵。南部为大别山脉,境内最高点为段集镇曹家寨山,最低点为北部临淮三河尖镇的建湾村,海拔 23.2 米,也是全省的最低处。境内地势由西南向东北倾斜,地貌为南部山区、北部临淮洼地、西部丘陵、东部平原。境内河网密布,水系发达,河流均属淮河水系,一级支流 4 条(史河、灌河、泉河、白露河)共 368 公里,二级支流 12 条,堪称"江南水乡"。史河、灌河呈"人"字形贯穿南北,将全县划成三大块;梅山、鲇鱼山灌渠,把全县分为东西两大灌区。

固始县南端为大别山的余脉,绵绵群山之间,形成了几个相对独立的景区。华阳大佛山又名曹家寨山,位于县境最南端,海拔 1 025.6 米,为大别山主峰之一,与大别山最高峰金刚台遥相呼应,素有"南金刚、北华阳"之称。整座大山如阴阳连体双佛卧于群山之中,面向蓝天参禅。男佛面向西北,安详恬静,额头、眼鼻、胸腰、手臂等清晰可见,十分传神。女佛面向东南端庄而坐,袒胸露乳。双佛朝天,参禅之状神态逼真,栩栩如生。其中男佛"头"、"颈"、"胸"、"腹"总长 880米,女佛腹部以上长 760 米。这里位于亚热带温湿性气候向北暖温带过渡地带,日照资源丰富,四季分明。群山林立,峻秀奇伟,神态各异,状如生灵。

华阳湖

瀑布深潭时映眼帘,珍禽怪兽出没其间,奇石古树琳琅满目,竹海氧吧遍布山谷。景区泉水旺盛,共有大小瀑布深潭 50 余处。两座高山平湖——华阳湖、天鹅湖似两颗璀璨明珠镶嵌于群山之间,美不胜收。临湖而望,"青山斜入内,鱼跃金光闪","两岸青山相对出,巨幅国画入眼帘",令人心旷神怡,如入人间仙境。山区森林覆盖率高达 95%,动植物资源十分丰富,有各类植物近 2 000 种,各类陆栖脊椎动物 200 余种,其中有被誉为植物活化石的银杏、有河南所独有的孑遗植物——金钱松,有天麻、杜仲、灵芝等名贵药材,有国家级保护动物羚羊、野猪、娃娃鱼、白冠长尾雉、黄缘闭合龟、沙锥鱼等野生动物。

九华山位于陈淋子镇境内,是大别山北麓一个风光奇异、景观独特的山脉,平均海拔 500 米以上,年降水量在 1 800 毫米以上,平均气温 15℃左右。因山中坐落的千年古刹妙高寺曾经是地藏菩萨的道场,所以佛门把它与安徽九华山相提并论,故有"东九华、西九华"之说。九华山境内,春夏云雾成烟,长林绿暗,松高石瘦,涧远泉幽。细泉淙淙而鸣,翠竹婷婷而舞。新篁摇曳,时闻万竿之雨烟;

**妙高寺**

镜面无波,长留千载之幽魄。野路如带,田畦如梯。有湖光染翠之工,山岚变色之妙,更有绿茶醉人之绝。

安山森林公园位于泉河镇境内,总面积45平方公里,主峰海拔419.4米。这里拥有丰富的动植物资源、旖旎多姿的自然风光和悠久灿烂的历史文化底蕴,是一个避暑、休闲、民俗和寻根兼备的森林公园。森林覆盖率达93%,森林蓄积量为12万立方米,共有6个植被类型16个植被亚型,45个植物群落,植物有300多种,珍稀植物有日本柳杉和落羽杉群落,珍贵树种有金钱松、华山松、五针松等;珍贵药用植物有何首乌、灵芝、天麻、冬凌草等;拥有陆栖脊椎动物100多种,其中兽类有狼、狐狸、果子狸、豪猪等,鸟类有白冠长尾雉、百灵、画眉、猫头鹰、天鹅、白鹭、山鸡等。安山森林公园的人文景观异常丰富,有奉祀"开漳圣王"陈元光祖母魏敬夫人的云霄庙及牧羊石、白龙池、防空洞、舍身台等。

## 二、资源丰富

固始全县土地总面积437.4万亩,耕地面积147万亩,水资源总量为12.8亿立方米,宜渔水面24.2万亩,水稻面积稳定在140万亩,"双低"优质油菜面积稳定在90万亩。粮食、油料、肉类、水产品等连续多年进入全国百强县。主要经济作物有麻类、棉花、花生、大豆、茶叶、毛元竹、板栗、油桐、药材、蚕茧、水果等。

固始县是麻类适生区,优于南方和北方,是全国三个重点产麻县之一,大麻、红麻、苎麻及其制品饮誉中外。蒋集镇种植大麻历史悠久,以纤维长、韧力强、色泽好著称,曾被纺织部命名为"蒋麻"。红麻质地优良,具有拉力强、色泽好、纤维杂质少、不匀率低等特点。以苎麻为原料织成的麻涤、麻毛、麻棉混纺织物,具有挺括滑爽、通风透气、吸湿排汗、易洗快干、免熨烫等特点。

固始茶叶基地面积稳定在5万亩,年产量100万公斤左右。主要品牌有"仰天雪绿"、"九华山毛尖"、"十八盘毛峰"等。其中"仰天雪绿"外形条索细紧,平伏匀齐,锋苗挺秀,翠绿显毫;汤色嫩绿微黄,清澈明净;香型近似兰花香,清香持久;滋味鲜醇甘厚,回味长久;叶底嫩绿明亮,是河南省继信阳毛尖之后的名茶新秀。

特殊的地理环境,优良的气候资源,使固始成为优良畜禽品种的发源地之一。固始鸡、固始鸭、固始白鹅被农业部列入全国106个地方优质家禽品种。固始鸡是肉卵兼用型的地方优良鸡种,其羽毛大都是黄色,故称"固始黄鸡"。固始鸡具有蛋大壳厚、善觅食、耐粗饲、抗病力强、屠宰出肉率高、肉嫩汤鲜的优点。"固始鸡"、"固始鸡笨蛋"获得国家绿色食品A级认证和"受WTO原产地标记保护注册"认证。固始鸭属中等体型肉卵兼用型麻鸭,适应性强,产蛋量高,生长快,是河南省第一优良鸭种。固始鹅具有耐粗饲、生长快、宜牧放的优点。鹅毛片大,毛绒丰厚,含绒率高达20% ~25%。此外,固始的淮南猪、槐山羊等地方品种也驰名中外。

固始还是中国柳编之乡。固始人民自古就有生产柳编制品的传统,近年来,由于政府推动,科技投入,柳编从家庭作坊走出国门,成为出口创汇的支柱产业,产品达到20多个系列一万多种,远销欧美、东南亚等86个国家和地区。

固始皮丝闻名中外。固始制作猪皮丝至今已有160多年的历史。早在清朝咸丰年间,固始皮丝就名扬京城、天津、济南等地。1915年在巴拿马万国博览会上展出,深受食品专家好评。皮丝可做成"松花皮丝"、"凉拌皮丝"、"皮丝丸子"等名菜,风味鲜美独特。目前,固始皮丝除在国内享有盛名外,在美国唐人街数家餐馆也被视为珍品。

固始县森林资源十分丰富,有用材林、经济林及稀有树种 800 多个品种,野生动物有狼、豹、野猪等 40 多种,鱼类有鲢、鲤、鲫、鳝等 60 多种。

固始县矿产资源丰富。境内初步探明的金属矿有:金、银、铅、锌、钼、锑、铊、钛、钒、铁等 12 种;非金属有煤、高岭土、水晶、重晶石、沸石、磷灰石、花岗石、大理石、紫砂、耐火黏土等 15 种。铜的品位一般为 3% ~4% ,最高可达 20% ;银的最高品位为 769.1 克/吨;锌的最高品位为 10.55% ;铅的最高品位为 31% ,均具有较高的开发价值。花岗岩和大理石总储量 15 亿立方米以上,有红、绿、黑、灰四大类十几个品种,其中"豫南青"、"雪花青"、"青峰青"、"苏红"、"孔雀绿"、"银花"等品种品位较高,光泽度达 100 度以上。

### 三、区位优势明显

固始是河南面向华东的东南大门,是"东引西进"的桥头堡,受中原经济区、皖江经济带和武汉城市圈交叉辐射,既处于信阳、六安、阜阳小经济圈辐射的交汇中心,又处于郑州、武汉、合肥大经济圈的内腹地。沪陕高速、宁西铁路、312 国道、339 省道和 204 省道纵横穿境,合肥机场、阜阳国际交通港近在咫尺,京广、京九铁路傍依而过,淮河望岗港建成通航,初步形成了"公路、铁路、水路一体化"的交通格局。电力、通讯等基础设施完善,商贸服务业发达,半径 150 公里范围内无大中城市,拥有较大的发展空间。目前,城市商务中心区、特色商务区"两区"南北呼应,以中心城区、特色集镇、美丽乡村为主线的现代城镇体系加快构建,城区已初步达到面积、人口"双 50"规模,区域性中心城市地位日益凸显。

## 第二节　历史人文

### 一、历史悠久

固始县历史悠久,在传说的四五千年前的史前时代,就有人类生活在固始这片土地上。嘉靖《固始县志》说:"固始县地,在昔黄帝受命披山通道,南至于江,乃在江北为南境。高阳氏封子庭坚于安,复分蓼。"①固始县境内发现的以平寨古城遗址为代表的多处新时期龙山文化遗址也说明,原始社会晚期中原先民就在这里生息繁衍了。

夏商时期,固始为皋陶后裔封邑。洪亮吉在乾隆《固始县志》中指出,"县地于夏为皋陶后封邑,商因之"②。皋陶也称咎繇,字庭坚,传说中的东夷族首领,相传曾被舜任为掌管刑法的官。大禹继位后,皋陶被选为继任人,不幸早死,他的后裔中有的被封在蓼。《史记·夏本纪》"封皋陶之后于英、六"唐张守节的《史记正义》说:"英,盖蓼也。"《括地志》说:"光州固始县,本春秋时蓼国。偃姓,皋陶之后也。《左传》云子燮灭蓼。"《史记·陈杞世家》"皋陶之后,或封英、六"亦注曰:"《索隐》蓼、六,本或作英、六,皆通。然蓼、六皆咎繇之后也。据《系本》,二国皆偃姓,故春秋文五年《左传》云楚人灭六,臧文仲闻六与蓼灭,曰'皋陶、庭坚不祀忽诸'。杜预曰'蓼与六皆咎繇后'。"蓼国故址在今河南省固始县。县东门外称"古蓼湾",固始东部平原称"蓼东平原",其名称由来,均与蓼国有关。固始县城关一带有蓼国故城遗址。蓼国地处楚国向北和东北发展要冲,楚国要北图中原,灭蓼势在必然。公元前622年,蓼国被楚公子燮所灭,《左传·文公五年》:"冬,楚公子燮灭蓼。"亡国之后的蓼国臣民纷纷改姓蓼,以示不忘故国之志,因蓼与廖通,也作廖氏。固始因此成为廖氏的发源地。

春秋时期,在固始这块土地上还生存着一个叫作番的小国。番,也作潘、鄱,周代己姓小国,远古时代祝融八姓之一的昆吾之后,与楚国同源。西周及其以前的番国应在河南温县附近;西周末年南迁到淮河上游,今河南信阳一带;春秋早期,又东迁到河南固始、淮滨地区。进入春秋中期以后,番国随着楚国的北上扩张,逐渐被纳入楚国的势力范围,春秋晚期,番国完全沦为楚国的附庸。《左传·定公六年》:"吴太子终累败楚舟师,获潘子臣、小帷子及大夫七人。"《史记·楚世家》云:"吴复伐杨,取番。"亡国之后的番国贵族,纷纷以国名作为自己的姓氏,是为潘氏,固始也因此成为潘氏的发源地。

番国虽亡于楚国,但番国贵族却得到楚的重用,开始在楚国任职。《左传·

---

① [嘉靖]《固始县志》卷2,《舆地志·沿革》。

② [乾隆]《固始县志》卷1,《县》。

文公元年》载：楚成王时有潘崇，为大子商臣之师，曾助商臣夺取王位，"穆王立，以其为大子之室与潘崇，使为大师，且掌环列之尹"。《左传·文公十一年》："潘崇复伐麋。"《左传·文公十四年》："子孔潘崇将袭群舒。"楚庄王时有潘尪和潘党，潘党为潘尪之子，二人都参加楚国对外的征伐，特别是潘党，参加过庄王十七年的之战和共王十六年的鄢陵之战。此外，《左传·昭公十二年》："楚子狩于州来。次于颍尾。使荡侯、潘子、司马督、嚣尹午、陵尹喜帅师围徐以惧吴。"《左传·定公六年》："吴大子终累败楚舟师，获潘子臣、小惟子及大夫七人。"潘子与楚尹、楚大夫并列，说明潘子已沦为楚臣，奔命于对吴战争的第一线。潘子成周钟铭文中有"余城□与楚"[1]，也表明了类似的情况。湖北当阳金家山 45 号墓曾出土"番仲戈"，长援方内，胡上四穿，内上一横穿，内上有错金鸟纹图案，援和胡上有错金铭文八字："番中（仲）作白（伯）皇之造戈"[2]。根据戈的形制来看，当为春秋晚期或战国早期的遗物。鸟篆体是春秋晚期及战国时期南方楚、吴、越等国常用的铭体。到了战国时期，潘氏家族在楚国的地位依然十分显赫。湖北江陵天星观一号楚墓出土的一批竹简，多数为墓主邸阳君潘勳卜筮的记录。其中有一类是专为邸阳君潘勳贞问"侍王"是否顺利的卜辞，可见，潘勳与楚王有着密切的关系。从墓葬形制以及随葬器物分析，推测墓主邸阳君潘勳的爵位当是楚国的上卿，官职在令尹、上柱国之列。[3]

　　春秋中期至战国末期，固始已被纳入楚国版图，成为楚国向北、向东开疆拓土的要道，因此，楚国十分重视对固始的治理。孙叔敖出任楚国令尹之前曾在固始兴修水利。孙叔敖，又名蒍艾猎，芈姓，是楚国国君蚡冒的后代，原为楚郢（现湖北江陵县北）人，后迁徙期思，故有"期思鄙人"之称。据《淮南子·人间训》载："孙叔敖决期思之水，而灌雩娄之野。庄王知其可以为令尹也。"期思和雩娄均为战国时期楚邑，期思在今固始县西，今属河南淮滨；雩娄则在固始县东南。《汉书》卷二十八上《地理志上》："雩娄，决水北至蓼入淮，又有灌水，亦北至蓼入决。"决水是淮河重要支流之一，今名史河，灌河与史河在今固始北合流，称史灌河，北入淮。"期思之水"当系今史灌河水系的古称，"雩娄之野"则是史河与灌

① 黄盛璋：《当阳两戈铭文考》，《江汉考古》，1982 年第 1 期。
② 卢德佩：《湖北省当阳县出土春秋战国之际的铭文铜戈》，《文物》，1980 年第 1 期。
③ 湖北省荆州地区博物馆：《江陵天星观 1 号楚墓》，《考古学报》，1982 年第 1 期。

河之间的平原。据近人研究,"期思陂"系在史河东岸黎集附近凿开石嘴头,引水向北,称为清河,又在下游史河东岸开渠引水,称为堪河;用这两条渠道把期思之水引入众多的中小陂塘,以灌溉史河与灌河之间的原野。由于这个灌区有渠有陂,灌溉用水由河入渠,由渠入陂,由陂入田,因而被称为"期思陂"。由于清河长 90 里,堪河长 40 里,合计 130 里,故后世称为"百里不求天灌区"①。孙叔敖正是在兴建这项水利工程上,显示出他的才能,由此被楚庄王重用,任以为相。孙叔敖担任令尹后,又在河南省淮河北岸兴筑陂塘,灌溉农田。东汉末刘馥在固始县东南 40 里左右修建了茹坡成为这一灌区的枢纽蓄水工程。明代清河有 36 所陂塘,堪河有 16 所陂塘。嘉靖《固始县志》卷四《水利志》指出,县内陂塘、湖港、沟堰凡 932 处,"盖肇自楚之孙公,汉之刘馥"。乾隆《光州志·沟洫志》载有康熙年间任固始县知县杨汝楫的《水利图说》,其文云:"昔孙叔敖于邑之东南,如史河浚其渠,曰清、曰堪,清灌上闸,堪灌三汊口。西有曲河自西南来,亦筑坝拦水,灌石嘴头。南如急流、羊行、子安等河,宜导堤防,各有灌口。当年之沐膏泽而咏勤苦者,已一一载简册矣。嗣后陵谷变迁,清、曲河,坝废闸弛,急流、子安等河道梗基湮,即堰港陂湖,亦俱淤塞。总之,历年久远,而楚相之故道,不可复考。"东汉时,固始人在城北建孙叔敖庙,延熹三年(160 年)固始令段光在庙前立《楚相孙叔敖碑》,称其"宣导川谷,波(注:通陂)障源泉,溉灌坡泽,堤防湖浦,以为池沼,钟天地之美,收九罢之利,以殷润国家,家富人喜,优□(赡)乐业。"②明人刘昌《谒楚令尹庙》诗曰:"期思城里吊遗踪,祠庙深沉动鼓钟。阴德已闻慈母教,余恩犹启后人封。霜葭摧碧连荒草,雨藓沿青上古松。读罢残碑出门去,寒山漠漠水重重。"由于时代变迁,如今孙叔敖坟墓已平,庙堂无存,留存下来的唯有明成化五年中议大夫、提刑按察司副使刘昌《谒楚令尹庙》诗文石刻一通,明万历七年《重修楚相孙公遗爱庙志碑》残碑一块,清雍正六年《楚相孙公祠》石额一块。

孙叔敖被楚庄王任命为令尹后,日夜不息,协助庄王改善政治,仅几个月时间,便使楚国"上下和合,世俗盛美,政缓禁止,吏无奸邪,盗贼不起",社会出现

---

① 朱成章:《我国最古老的灌溉工程:期思–零娄灌区》,《自然科学史研究》,1983 年第 1 期。

② 宋·洪适:《隶释》卷 3。

**谒楚令尹庙碑文**

了升平景象。在整顿吏治、发展农业生产的同时,孙叔敖还注意加强军队建设,使楚国军队的战斗力大大加强。公元前597年,晋楚两军大战于邲(今河南荥阳市北),楚军在孙叔敖的指挥下,打得晋军溃败不堪,取得了邲之战的胜利。两年后,楚国便成为中原霸主。邲之战后不久,孙叔敖就去世了。临终前,他嘱咐儿子说:"楚王多次要给我封地,均被我谢绝了。我死后,如果楚王封给你大批的食邑封地,你要坚决推辞,实在推辞不了的话,就请到寝丘邑(今固始县境),那里土地贫瘠,没人愿意要,你就可以长久地在那里住下去了。"孙叔敖死后,庄王果然要把肥美的田地赏赐给他的儿子。遵照父亲的遗训,孙叔敖之子选择了寝丘邑,直到战国后期,孙叔敖的后人还领有那个封邑。其后人为了纪念孙叔敖,便以邑为氏,由于"寝"与"孙"通,后人便以孙为氏。因此,固始又是孙氏的起源地。

在孙叔敖的治理下,位处大别山北麓的僻地固始有了"百里不求天"的沃野,加上它的地理位置又称"吴头楚尾"、"豫南扬北",是南来北往、东西沟通的要道,成为兵家必争之地。公元前519年,吴、楚两军在鸡父(今河南固始东南)进行交战。吴军用实整示乱之谋,首先命3000罪犯向楚国联军战斗力较差的沈、胡、陈三国军队乱冲。三国军队见吴军罪犯出阵,队列不整,以为对方没有多少战斗力,便争先追逐。这样一来,反而引起自己队伍的紊乱。吴军主力见三国军队已乱,当即发起冲锋,三国军队瞬即溃散。吴军乘势进攻,三国军队大败,楚军也随即退走,吴军大获全胜。吴国因此逐渐夺取了吴楚战争的主动权。

秦始皇统一天下后,推行郡县制,分天下为三十六郡,固始属九江郡。西汉时置寝县,属汝南郡,《汉书·地理志》"寝"下应劭注曰:"孙叔敖子所邑之寝丘是也。"王莽改称闰治。东汉建武二年(26 年),光武帝刘秀取"事欲善其终,必先固其始"之意封开国元勋、大司农李通为固始侯,固始由此得名。萧梁于弋阳郡置光州,改固始为蓼县,北齐复名固始,北周改称浍州,属新蔡郡。隋文帝统一全国后,"罢天下诸郡",且将许多州、县加以省并,废除天下诸郡 500 余个,一改600 余年州、郡、县三级政区制为郡、县二级政区制。浍州、新蔡郡并废,改县为固始,属弋阳郡。唐时将期思并入固始,属淮南道光州。其后固始县名称一致沿用至今,辖境也基本未作变更,直到 1962 年新成立淮滨县时,将期思、张庄划出。

### 二、名人众多

固始名人众多,宋代以前有春秋时期政治家、军事家和水利家孙叔敖、唐代被誉为"开漳圣王"的陈元光、五代"闽王"王审知等。明清时期,固始更是人才辈出,先后有近百人登进士第,清代榜眼、官至礼部官至尚书的祝庆蕃,清代状元、植物学家吴其濬,晚清学者蒋湘南,清末双科进士、书法家秦树声等就是其中的杰出代表。

孙叔敖(约前 630 年~前 593 年),春秋时期楚国期思(今河南淮滨期思乡)人。初为楚国大夫,楚庄王时官至令尹。拜令尹时,倾国吏民皆来朝贺。有位布衣老者姗姗来迟,严肃地对他说,地位越高越要体恤下情,官职越大越要谦虚谨慎,俸禄越厚越不能有贪心。你能谨守这三条,就足以把国家治好。孙叔敖把老者的话当做座右铭牢记在心。他任国相后,施政教民,使得官民之间和睦同心,风俗淳美;执政宽缓不苛却有禁必止,官吏不做奸邪之事,民间也无盗贼发生。汉代大史学家司马迁把孙叔敖的事迹列为《史记·循吏列传》之首,称赞他是一位奉职守法、善施教化、仁厚爱民的好官吏。

孙叔敖十分热心水利事业,主张采取各种措施,兴修水利工程。他带领人民大兴水利,修堤筑堰,开沟通渠,发展农业生产和航运事业,为楚国的政治稳定和经济繁荣作出了巨大的贡献。他亲自主持兴办了期思雩娄灌区和芍陂等重要水利工程。楚庄王九年(前605年),孙叔敖主持兴建了我国最早的大型引水灌溉工程——期思雩娄灌区。在史河东岸凿开石嘴头,引水向北,称为清河;又在史河下游东岸开渠,向东引水,称为堪河。利用这两条引水河渠,灌溉史河、泉河之间的土地。因清河长90里,堪河长40里,共100里,灌溉有保障,后世又称"百里不求天灌区"。经过后世不断续建、扩建,灌区内有渠有陂,引水入渠,由渠入陂,开陂灌田,形成了一个"长藤结瓜"式的灌溉体系。这一灌区的兴建,大大改善了当地的农业生产条件,提高了粮食产量,满足了楚庄王开拓疆土对军粮的需求。因此,《淮南子》称:"孙叔敖决期思之水,而灌雩娄之野,庄王知其可以为令尹也。"楚庄王知人善任,深知水利对于治理国家的重要,任命治水专家孙叔敖担任令尹(相当于宰相)的职务。

孙叔敖当上了楚国的令尹之后,继续推进楚国的水利建设,发动人民"于楚之境内,下膏泽,兴水利"。在楚庄王十七年(前597年)左右,又主持兴办了我国最早的蓄水灌溉工程——芍陂。芍陂建成后,使安丰一带每年都生产出大量的粮食,并很快成为楚国的经济要地。楚国更加强大起来,打败了当时实力雄厚的晋国军队,楚庄王也一跃成为"春秋五霸"之一。

祝庆蕃(1776～1853年),字晋庭,号蘅畦,固始县城关人,嘉庆十六年(1811年)进士。十九年殿试一甲二名(榜眼),授翰林院编修。历任詹事府左、右春坊赞善、翰林院侍讲学士、国子监祭酒、光禄寺卿、太常寺卿、通政使司通政使、内阁学士、都察院左副都御史等职。鸦片战争爆发后,祝庆蕃连向道光帝上奏《退逆夷》、《设海防》、《潜息讹言早杜邪谋》等疏,力主乘英军主力北犯,后方空虚之机,组织兵力,狠狠打击侵略者,以收复失去的城池。又提出"宽租赋,备仓储,固人心,计报闻"等建议。道光二十二年(1842年)署管理三库大臣、刑部左侍郎、补兵部右侍郎。二十三年署刑部左侍郎。二十四年转吏部左侍郎,任经筵讲官,赐紫禁城骑马。二十五年,调户部左侍郎,兼管三库,升都察院左都御史,迁礼部尚书。二年后缘事降调,后引退致仕归,主讲大梁书院。咸丰三年去世。

吴其濬(1789～1847年),字季深,一字瀹斋,号吉兰,别号雩娄农,固始人。生长在世代官宦家庭,祖父、父亲均中进士。嘉庆二十二年(1817年)金榜题名,高中一甲一名进士,成为清代河南唯一状元。其后历任纂修官、礼部尚书、兵部右侍郎、湖广总督,福建、山西巡抚等职。吴其濬不同于清代的一般官吏,在为政之余,还注意经世致用之学,对植物、矿产和地理等都有所研究,特别是对于植物学的研究极感兴趣。他每到一地,便组织医生、药农及善于绘画的人,共同工作,对当地生长的各种植物进行反复的观察、考订、品尝,并绘成图样,记录其生长情况和它的药用功能。历三十余年的苦心钻研和试验,积累了大量有价值的资料,终于在道光二十五年(1845 年)完成了他的惊世巨著——《植物名实图考》及《植物名实图考长编》,共六十卷,约百余万字。道光二十六年十二月,吴其濬积劳成疾与世长辞,终年58 岁。道光得到他病逝的消息

《植物名实图考》(光绪六年重印本)

后,谕曰:"山西巡抚吴其濬由翰林修撰入直南书房,游跻卿贰,外擢巡抚。学优守洁,办事认真。兹闻溘逝,殊堪轸惜,著加恩赏加太子太保衔,照巡抚例赐恤。"

　　《植物名实图考》与《植物名实图考长编》,对清代以前的植物学、药物学著述进行了全面整理。《植物名实图考》所绘制的图样,与李时珍的《本草纲目》中的附图相比,其精确度较高。《植物名实图考》于道光二十八年刊刻问世后,受到国内外植物学界和药物学界的高度重视。日本在明治年间就将其翻译成日文,德国也有节译本并有评论文章在报刊上发表。日本人牧野太郎编著的《日本植物图鉴》及我国出版的《中国植物图鉴》、《中药用植物志》等著作中,许多资料都来源于《植物名实图考》。欧美一些研究植物学的学者,都把《植物名实图

考》与《植物名实图考长编》作为重要的参考书目。

蒋湘南(1796～1854年)，字子潇，回族，固始县城关人。自幼聪慧过人，父亲早年去世，家中贫穷，母亲对他要求很严，寒暑无间，对其进行启蒙教读。叔父见其聪明好学，置书千卷，聘请光州著名回族学者马彭为师，十几岁便考中秀才。道光五年(1825年)，河南学政吴巢松举其为拔贡，并写诗赞曰："一鞭初指仆公来，难得风檐有此才！"次年入京，结识阮元、顾莼、黄爵滋、龚自珍、魏源等著名学者。道光十五年考中举人。但仕宦之途并不得意，只是做过河南学使吴巢松和陕西学使周之桢的幕僚。平生主要潜心治学，教书育人，在关中书院、同州书院担任主讲。虽生活清苦，但嗜书如命，博学多才。

蒋湘南的学术造诣很深，"以著作名大河南北"。著述颇丰，涉及经学、史学、历法、水利、算法、刑名、钱谷、河盐诸领域，以及传记、时政、碑、铭及诗词集序等，成书百余卷，但大多散佚，现仅存未经整理的《蒋子遗书》数十卷和已刊印的文集《七经楼文钞》、诗集《春晖阁诗钞》。他的诗歌对山川形势、风光、民情、风俗、经济利弊都有生动的描绘，充满治世进取精神，还写出了失意文人怀才不遇，天涯漂泊的无限感慨。他主张真古文，注重实用，反对风靡文坛的"桐城派"古文，称他们为空疏天真之徒。作为河南人，蒋湘南记述了发生在河南的重大事件，其中有关嘉庆初年白莲教起义、黄河在开封决口以及长期活跃在豫南的捻军战况，对研究河南近代地方史提供了有价值的史料。蒋湘南还是一位方志学家。他先后参与编写或主编的方志有《陕西通志》、《江苏通志》、《同州府志》、《泾阳县志》、《留坝厅志》、《蓝田县志》、《夏邑县志》、《鲁山县志》等。

秦树声(1861～1926年)，字宥横，号乖庵，生于固始南乡乐道冲耕读家庭。光绪十二年(1886年)进士，官工部主事，不久充会典馆绘图处，主讲畿辅学堂，后授工部郎中。光绪二十九年再中经济特科进士，三十年任曲靖知府，便捐俸兴学，聘名士掌教，择俊秀子弟入署训诲。息诉讼，抑豪强，革陋规，微服与野老谈论家事。倡农造林，民生利赖。屡官迤西道、迤南道。严禁供张徭役，廉察吏治。屡与缅甸交涉边界，据约力争不少让。又捐资修治腾越入缅道路数百里，拨关税陋规年例十余万两充教育、农桑费用。后迁云南按察使、改提法使，又调任广东提学使。辛亥革命起，秦树声避居上海。民国元年(1912年)，国民政府拟任其为河南提学使，秦树声不应，移居北京。清史馆聘为《地理志》总纂，直至成书。

1926 年逝世,终年 65 岁。秦树声著有《南北史唐书刑法会要》、《乖庵文录》、《清史地理志》、《西洋历史槎》、《读书札记》、《续修河南新志》等。秦树声擅长书法,是清末民初有名的书法家,"书法谨严挺拔,诣至深,朋辈敛手"。他把传统书法与当时盛行的碑刻书体相结合,独树一帜,形成了字体新美感,从而把中国书法带入一个全新的阶段。

### 三、文化遗存丰富

固始县文物资源十分丰富,目前已发现各类古文化遗址、古墓葬、革命旧址等 150 多处。其中建档在案的有新石器时代和商周遗址 32 处,秦汉遗址 20 处,春秋战国墓葬 11 处。有全国重点文物保护单位 2 处,河南省文物保护单位 8 处。下面择其要者予以介绍。

秦树声书法作品

平寨古城遗址位于固始县城东北 20 公里交界处的泉河镇古城自然村南缘一座高台上,为河南省重点文物保护单位。遗址四周高出地面 4~5 米,东西长 400 米,南北宽 300 米。遗址中新石器时代遗存比较丰富,从厚约 2.2 米的文化层堆积中出土了一批陶器和石、骨器。陶器采用快轮制作工艺制作。造型规范,陶胎较薄。烧制火候高,陶质坚硬。多实施磨光技术,有制作精美的蛋壳黑陶和白陶。陶质多为泥质陶,陶色以黑皮陶、灰陶常见。纹饰主要为拍印竖行粗篮纹。器物有鼎、罐、圈足盘、豆、碗、盆、甑、瓮、缸、斛形杯、盖、纺轮、鸟塑等。多数石器磨制不精,系初步打制后或稍加磨制即成,少数如镞、梭形器磨制较精。骨器则多是利用动物胫骨、肱骨砸碎后形成尖、刃作为工具即行使用。遗迹中的还发现有一具小狗骨架,在其身下垫有一层黑灰土,黑灰土下有一不规则形的石头。骨架上面对应有大、小石块各一块,大石上置一枚磨制精美的石镞。这一遗迹说明固始史前的宗教文化已现雏形。由于平寨古城遗址地处豫东南、皖西北和鄂东北三省交界处,所以这里的新时期时代文化遗存明显受到来自豫东的造律台类型文化、皖西北的"斗鸡台文化"和鄂东北"石家河文化"的影响,但总体特征仍属河南龙山文化的范畴。[①]

蓼国故城在固始县城东南,陈淋子镇高墩子村南,东距淮河支流史河约1.5公里。基址现保存于地表以上的面积约2 000多平方米,高出现在地表约1.5米。遗址内发现了一处西周时期大型夯土基址,它东西长约64米,南北宽约62米,高2米,基址中部为一大型房基,房基东西长约32米,南北残宽5至30米,如果复原其全部面积约为960多平方米。房基的西南和东南部保存较好,在南墙和居住面中发现南北不十分等距离排列的柱洞15排,整个居住面可分出3至4层,共保留柱洞200多个,发掘结果表明该房基在长期的使用过程中经过多次维修。大型夯土基址的外面为一周护城壕,它宽约14至16米,底部距离现在地表深约5米,考古人员从中出土大量西周时期陶片。

**番国故城遗址**

番国故城遗址在固始县城关及城北一带。故城规模较大,分内城和外城。外城西墙长3735米,有10个缺口,形成断断续续11段残墙。墙基宽15~20米,高1~5米,夯层厚25~30厘米,圆形夯窝。北墙长2325米,保存较好,墙基宽35~40米,高4~5米。东墙紧临史河西岸,全长5 800米,南部大部分被破坏,墙基宽30~35米,高4~5米。南墙也被破环,但东西两端清晰可辨。城墙

---

① 北京大学考古文博院、信阳地区文物管理委员会:《河南固始平寨古城遗址发掘报告》,《考古学报》,2000年第3期。

外有宽 60 米左右的护城河，与城东的史河相通。周长 13.5 公里。内城南墙全长 920 米，残存 4 段，基宽 29 米，高 5 米。西墙全长 1 950 米，基宽 20 米。高 3.8 米。东墙和北墙利用外城的东墙和北墙，周长 6.5 公里。城址内发现大量春秋时期铜鼎、铜缶、铜盘、铜匜、铜敦、车马饰及陶鼎、陶鬲、陶豆、陶盆和陶罐等遗物。还发现楚国"郢爰"一枚。1978 年，在城址东南 2 公里侯古堆发现一座春秋时期大墓，出土大量文物。2001 年被国务院批准为全国重点文物保护单位。

云霄庙又称大山奶奶庙，位于固始安阳山浮光峰，祀陈元光祖母魏敬夫人。始建于唐天宝年间。天宝六年（747 年），陈元光之孙陈酆追念高祖母功德，偿其"乌号悲岭海，鹤仰向京师"的凤愿，奏请建庙，得以恩准。由于历史的原因，云霄庙几经毁坏，为缅怀开漳先人，2003 年初，固始县委、县政府决定在安山浮光顶峰恢复重建"云霄庙"，并于当年 7 月开工兴建，次年 11 月下旬竣工。新建成的云霄庙正殿神主魏敬凤冠霞帔，仪威颜慈，端坐于宝幛象床之上。媳司空心、孙媳种沉等女将，侍立左右。陈政、陈元光等开漳将佐，或配祀于正殿，或享祭于廊庑，或用栗木做成神主供奉于神案。楹联柱上镌刻着歌颂魏敬及其子孙陈政、陈元光开发闽粤功绩的楹联，如"德惠漳江，南国兵戈化礼乐，泽施雨信，浮光宫殿亘山河"；"万里提兵安社稷，一心报国固金汤"等。

**云霄庙**

陈氏将军祠位于固始县东北部的陈集乡，距离县城 30 公里，是为纪念唐初创建漳州的"开漳圣王"陈元光而建的祠堂。初建于唐天宝年间，为陈元光的孙子陈酆所建，其后屡有兴废。将军祠原占地 5 081 平方米，房屋近百间，现仅存房

陈氏将军祠

**"威震闽粤"匾额**

屋 31 间,建筑面积 740 平方米。将军祠面向浮光峰,门前一泓碧水,总体为四合
大院,由前廊、正殿、左右配房、东西耳室等组成。陈元光将军塑像端坐大殿正
中,上书"开漳圣王",正堂上方嵌有"威震闽粤"、"尘净东南"的匾额,两边楹联
为"开闽数十年烽火无惊称乐土,建漳千百载香烟不绝祀将军",很好地概括了
陈元光一生为开漳、建漳所作的贡献。配殿内有陈元光的祖父、祖母、父亲塑像
及文字资料。陈列室内分别是陈氏父子南下闽越的过程(连环画)以及陈元光
的诗文展览。祠之东南隅有陈氏七星拱月墓,浮光山上山下有陈政练兵场、饮马

池和祭祀魏敬夫人的云霄庙等遗迹。2006年,陈元光祖祠被国务院批准为全国重点文物保护单位。

**妙高寺高僧塔林**

妙高寺坐落在固始县陈淋子镇九华山上,是河南省文物保护单位。始建于唐初,盛于明成化到崇祯年间,后毁于兵乱,清代顺治初年重建。相传,新罗国(今朝鲜)王子金乔觉(金地藏),在卓锡安徽九华山之前,曾在妙高寺传经布道多年。因此佛门把它与安徽省的九华山相提并论,故世人有"东九华、西九华"之说。妙高寺前有南天门,后有华岩寺,鹿鸣庵和地藏王府相辅为左右两翼,巧妙地构成一处"三院一体、僧尼合寺"的佛门圣地。

王审知故居遗址位于固始县分水镇王堂村。故居建于唐末,四周有水塘环绕。直至清代末年这里的建筑群仍有一定的规模。由于历史的原因,所有的建筑已沦为废墟,成为遗址。遗址占地6 000平方米,四面环水,遗址内随处可见唐～清代时的砖、石、瓦砾。近年来,有许多闽粤人和海外侨胞以及王氏后裔来此观瞻,寻根问祖。

吴其濬故居位于固始县中山大街东段县供销社院内。始建于清乾隆早期,原规模较大,沿街有门楼三间,门前有两根木柱子,上面有一个木方斗,称"阀阅门",是世宦门第的标志。进大门后是天井院,分东院门、西院门和正门三座住宅。吴其濬祖父吴延瑞居中,宅第有前厅、中厅、后堂、内宅和"清芬书屋"构成。长子吴涌住东院,次子吴烜(吴其濬父)住西院。进西院是五间接官厅,厅后是

**王审知故居遗址**

内宅,堂楼西有三间读书楼,名"绿云轩"。现仅存堂楼和读书楼"绿云轩"上下两层共 16 间,占地面积 660 平方米。楼房为青砖小瓦,木架结构,前后廊为石基木立柱,二楼走廊为木花格护栏,门窗砖雕饰及结构,吸收了欧洲建筑的特点,整个建筑具有典型的清代建筑特征。

秦树声故居位于固始县段集镇东道冲村,为清末建筑,占地 6 000 多平方米,整体布局分南北两大部分,南半部(主体部分)为居住区,北半部分为休闲娱乐用的花园区,花园仿造江南园林情调,湖光山色、花草树木,小巧玲珑。现存堂楼上下两层 28 间,西边房 7 间,建筑为青砖灰瓦,木框架结构,廊沿为石基立柱,内廊上方木构件雕有花纹,在后院东边有一口古井。固始县城南 20 公里处的赵岗乡九龙村的秦家北围,秦树声在此也居住过。

### 四、民间文化遗产种类繁多

悠久的历史和丰厚的文化底蕴,不仅形成了固始丰富的文化遗存,也孕育出固始种类繁多的民族民间文化艺术。固始现存民间文化遗产中,舞蹈类有花挑舞、花鼓灯、跑驴旱船、龙灯、舞狮、大头娃娃等;戏曲曲艺类有灶书、嗨子戏、皮影戏、黄梅戏、曲剧、豫剧等;音乐类有山歌、田歌、民间小调等;口述文学类有民间故事、民间歌谣、民间谚语等。在 2007 年河南省政府公布的 148 项首批省级非物质文化遗产名录上,固始县的灶书、汉族叙事长诗《郭丁香》、花挑舞榜上有名。

灶书,是固始县特有的民间曲种,也是河南省乃至全国的稀有曲种之一。因其主要代表剧目为《郭丁香》,由此又名"丁香戏"。关于"灶书"的来源,说法有二:一说是因为说书的内容多孤孀之怨、弃妇之愤,深闺幽情及村野爱情故事,听众又多属不出门的"锅前锅后人",即丫环、仆女、老妈子,故名曰"唱灶",唱的内容则是"灶书"。另一说法则因它最早的唱段是《郭丁香》,人称丁香为"灶王奶奶",称她丈夫张万良为"灶王爷",所以唱他们的故事,就叫"唱灶",唱词就叫"灶书"。灶书产生于清代早期,至今已有近300年历史,它最早产生流行于固始东乡、北乡一带。至鼎盛时期即清末至民国年间才在固始县毗邻的商城县、潢川县、淮滨县,安徽省霍邱县、阜南县、金寨县等部分区域流传,以后又流传到整个信阳地区和湖北省等地。建国以后,由于农民群众政治生活、经济生活的改变而带来的文化生活的改变,农业合作化前,灶书还在农村时有演出,此后便逐步走向衰亡。到20世纪80年代时,除80岁以上的艺人和60岁以上的听众,对它的声腔音乐表现形式、主要曲目,尚保留记忆外,中、青年一代知情者已寥寥无几。1983年,固始县文化工作者收集整理《郭丁香》1 300句,媒体发表后引起极大反响。民间文化遗产抢救工程启动后,国家有关方面非常重视,要求信阳市一定要收集整理完善《郭丁香》的内容。2004年10月31日,由固始县文化局搜集整理组织排练的灶戏《郭丁香·比家当》参加河南省首届民间传统戏曲汇演,荣获剧目"特殊贡献奖",民间艺人潘金娥荣获演员"金鼎金奖",受到省民间文化遗产抢救工程委员会、省民间艺术家协会的表彰。同年12月,中国民间文化遗产抢救工作委员会研究决定将固始县搜集整理的灶书《郭丁香》的演唱者确定为"天才民间传人"专项的首位传人。自2003年以来在固始县文联的组织下,有关人员行程数千公里,深入田间地头访问民间艺人,将《郭丁香》丰富到4 326行、3.5万余字,基本具备了民间生活史诗的规模。

《郭丁香》长篇叙事史诗从"拜灶"开始,到"封灶"为止,共分为31节,故事背景涵盖天堂、人间、地狱三界,人物涉及天上的玉皇、王母,人世间张家、郭家、范家、石家,地狱里的阎王等数十个角色。史诗歌颂了郭丁香勤劳、善良、贤惠、孝敬老人的诸多美德,鞭笞了懒惰、淫荡、粗暴、霸道的丑恶行径,也张扬了郭丁香敢于追求幸福的精神。诗句采用七言体,上下句押韵。2007年,经过整理的

《郭丁香》由河南人民出版社出版,著名作家、中国文联副主席冯骥才为该书题写书名。有民俗专家称其是一部可与《孔雀东南飞》相媲美的民间"爱情长诗"。

**花挑舞**

花挑舞源自固始,在固始县流传 400 年余历史,当地人将其称之为"花挑子"。道具是一根两米长细软而有弹性的竹制扁担,缠以彩纸,上用竹条扎制一弓形花蓬,两端各悬挂一只花篮,花蓬、花篮外沿扎满五颜六色的纸花。表演时一女性担起"花挑"舞动,形成舞蹈状态。两旁伴有一丑角和一丫鬟相互随"花挑"而舞,动作诙谐、幽默。传统的固始花挑表演形式大致有 5 种,其中以固始县蒋集镇三人花挑舞为代表。三人分别饰闺女、父、母或老汉、丑婆,主要表现男女之间的爱慕之情,"花挑舞"动作舞步轻盈、舒展、大方,舞姿优美,表演细腻。2007 年 4 月,《固始花挑》出现在第四届中央电视台电视舞蹈大赛上。舞蹈以浓郁的地方特色和生活气息受到了专家评委和观众的好评。

此外,固始花会、大鼓书、皮影戏等也都具有浓郁的地方特色。

固始的花会,亦称花灯、灯会、玩会,是民间社火的重要组成部分。作为群众文化活动的主要表现形式,不但能够融器乐、歌唱、舞蹈、灯彩、表演为一体,具有歌者亦舞,舞者亦歌,善用道具等特点。同时又能收到灯助舞兴,舞显灯彩,舞蹈与灯彩相映衬的观赏效果。它一般集中于农闲季节或传统节日,或群众盛会之时表演。固始花会常见的形式有数十种之多,如龙灯、狮子舞、抬角、扭角、走阁、旱船、打花棍、高跷、老背少、花车子、蚌壳灯、花鼓灯、小放牛、地秧歌等,除狮子、龙船、高跷等少数属于"大班子"外,其余多数则是只有三、五人的"小班子"。花会吸取了一些民间歌舞和地方戏曲的表演艺术,兼收并蓄,杂而不乱。花会乐班十分精干,多数只用打击乐,一鼓、一钹、大小锣,用弦乐的比较少,锣鼓点子很富于变化,使得花会的伴乐气氛浓烈,节奏明快,富有表现力。

固始人习惯称鼓书为大鼓书、打鼓书、唱书。演唱时一手持鼓条击打书鼓,一手持简板敲打节奏,自打、自演、自唱、自说,一人一台戏,表演时现身说法,化他为我,讲究手、眼、身、法、步,展现各种艺术技巧与听众直接交流。唱腔曲调流畅,具有浓郁的乡土气息,白口方言俚语,该唱则唱,该说则说,说说唱唱,灵活运用。固始大鼓书流传较为广泛,除在信阳的潢川、光山、息县、商城等县广为流传外,在邻省湖北的麻城、大梧、红安,安徽的金寨、六安、霍邱、阜南等市县也颇有影响。

皮影戏,又称"灯影戏"或"影戏",是广泛流传于我国民间的一种造型艺术与戏曲艺术相互影响、并行发展的综合性艺术。皮影戏在固始又被称为"皮摔",皮影以水牛皮为原料,有别于北方皮影。皮影经制作加工后,呈透明状,彩绘各种人物、动物图像,由操纵杆操纵。表演时,利用灯光或月光照射皮影,影像显现在面帐上。影子的活动由演员操纵完成,边操纵边配音,有乐队伴奏。皮影戏演出班社俗称"一担箱",一般由 8 人组成,分文武场。文场 4 人:角分生、旦、净、丑;武场 4 人:操登鼓(兼边鼓、牙子)、大锣、二锣、镲。无管弦乐伴奏乃固始皮影戏的特色。唱时以鼓、板打节奏,拖腔时伴以锣鼓,众口接腔和合,相当热闹动听,演员操配形象生动的生旦净丑、神妖鬼怪影具翻弄出行走坐卧的姿态和令人眼花缭乱的武打,引人入胜。唱腔方面吸取了固始民歌、民间小调和民间戏剧的一些唱段唱腔,从而使皮影戏更加生动优美,富有韵味。

## 第三节　固始今日

近年来,固始县委、县政府高举中国特色社会主义伟大旗帜,以马克思列宁主义、毛泽东思想、邓小平理论、"三个代表"重要思想、科学发展观为指导,紧密团结在以习近平同志为核心的党中央周围,以"四个全面"战略布局为总引领,坚持发展第一要务,牢固树立创新、协调、绿色、开放、共享的发展理念,以提高经济发展质量和效益为中心,加快形成引领经济发展新常态的体制机制和发展方式,深入实施三大国家战略规划,在全面建成小康社会,在中原崛起河南振兴的进程中做出了突出成绩。

### 一、综合实力稳步提升

全县生产总值由 2011 年底的 200.6 亿元增加到 2016 年底的 296.1 亿元,年均增长 8.8%。全社会固定资产投资由 132.1 亿元增长到 291.1 亿元,年均增长 20% 以上,2012—2016 年累计完成超过 1100 亿元;城镇居民人均可支配收入和农村居民人均可支配收入分别由 14762 元、6304 元增长到 23186 元、11420元,年均增长 9.5% 和 12.2%。

### 二、转型升级步伐加快

三次产业比重由 2011 年的 35.7∶34.9∶29.4 调整为 26∶32∶42,二三产业占比提高近 10 个百分点,经济社会发展动能不断增强。现代农业后劲十足,粮食生产能力稳中有进,连续 11 年被评为全国粮食生产先进县;连续 9 年获得全国生猪调出大县奖励;21 次夺得省"红旗渠精神杯";成功创建国家农业产业融合发展试点示范县、国家级出口柳编质量安全示范区和全国首家生态原产地产品保护示范区;林业生态县建设累计营造林 16.5 万亩,平原绿化率 26.8%.工业经济加速壮大,全县规上工业企业达 208 家,2016 年实现主营业务收入 290.1亿元,较 2011 年增长了一倍多;两个集聚区建成区总面积达 9.65 平方公里,比2011 年前扩大了 12.2%,区内主导产业更加明晰,总投资 100 亿元的中原金睿(固始)高新技术产业园落户园区,食品加工和竹木家居两个产业集群正在形成,我县被授予全国食品工业强县。服务业日益繁荣,城南商务中心区和城北特色商业区遥相呼应,累计完成投资 44.2 亿元;电子商务和旅游业分别获评省级电子商务进农村示范县和省级旅游标准化示范县;金融体系不断健全,民生银行、洛阳银行、中投证券先后入驻,全县金融机构总数达 12 家,上市后备企业总数达 16 家,位列 10 个直管县第一位;三创投资管理股份有限公司挂牌运营。

### 三、发展活力竞相迸发

自 2014 年省全面直管以来,各项改革有序推进,627 项下放权限全面落实,同时,赋予史河湾试验区 133 项县级管理权限,省县直通效率不断提升;分别完成了卫生计生、食品药品监督管理、不动产登记等机构整合,推动了工商、盐业、交通执法、供销等体制改革,政府职能进一步优化;承担的国家第二批农村改革试验区四项改革任务有序推进;投融资改革成效显著,与金融机构合作设立城乡发展建设基金、政府投资引导基金、产业发展基金等。对外开放不断拓展,累计引进招商引资项目 563 个,实际到位资金 126.3 亿元,实现外贸进出口总额 3.5 亿美元;每年成功举办一届"中原(固始)根亲文化节",被国台办批准为"海峡两岸交流基地",固始的影响力和知名度不断提升。

### 四、城乡面貌焕然一新

城区面积由 2011 年的 39.5 平方公里增加到 50 多平方公里,常住人口由 37 万增加到 52 万。城市基础设施不断完善,新建或扩容污水处理厂 3 座,新建城市生活垃圾资源化利用处理厂 1 座,启用新顺达客运站,新建或改造 100 多座城区公厕,整修 312 国道城区段、王审知大道、怡和大道等城市主干道,改造背街小巷近 30 万平方米。持续加强城区道路园林绿化建设,实施城区美化亮化工程和街景综合整治,新建改造根亲文化公园、秀水公园等城市游园,城区绿化率由 2011 年前的 35.3% 增加到 41.5%,人均公园绿地面积达到 9.2 平方米。稳步推进以县城为中心,段集、三河尖、陈淋子为副中心的"一站一港一岸"战略布局,"一心两轴三副多点"的城乡发展新格局初步形成。分类编制各乡镇总体规划和新农村规划,建制镇总数达到 18 个,成为全省新型城镇化综合改革试点县,陈淋子镇、黎集镇被列为全国重点镇。祖师王行、武庙锁口、黎集插花等村实施了美丽乡村建设,农村人居环境持续改善,80% 以上村居达到"三无一规范一眼净"。

### 五、群众幸福感持续提升

2012—2016 年用于民生改善资金超 150 亿元。城乡居民基本养老保险制

度实现全覆盖,启用县乡村三级信息网络和社会保障服务平台,建成启用县社会
福利中心和残疾人康复中心,新改扩建敬老院 42 所。投入扶贫资金 10 亿元以
上,完成贫困村整村推进工程 112 个,稳定脱贫 12.5 万人。深入推进医疗卫生
体制改革,建立分级诊疗制度,全面落实基本药物制度。回购 20 家乡镇卫生院,
新建信合医院、新中医院并投入使用,新妇幼保健院病房楼主体完工,新建设运
营 120 急救中心。实施义务教育发展基本均衡县试点工作,启动农村学前教育
推进工程,新建 50 所乡镇幼儿园,外国语中学、永和中学、国机励志学校建成招
生。实施就业促进计划和全民创业创新工程,累计实现新增就业 6.7 万人,下岗
再就业 1.4 万人。大力开展科普活动,成功创建 2016—2020 年全国科普示范
县。持之以恒开展六城联创,国家卫生县城创建首战告捷。

### 六、发展后劲不断增强

启动史灌河治理、奥林匹克体育公园、新"三馆"等大型基建项目,"引鲇入
固"供水工程已经上马,白果冲水库、杨山水库、秀水南湖正从规划提到建设日
程。商务中心区和特色商业区建设扎实推进,红星美凯龙、戴斯酒店、珠江大厦
等加快建设。固淮高速公路建成通车,宁西铁路复线改造工程完成。国道 328、
淮河大桥、固始至霍邱高速公路等重大基础设施项目纳入全省交通规划,新增国
省道 5 条 179 公里,新改建等级公路 2000 公里。建成投运 220 千伏变电站 1
座、110 千伏变电站 3 座、35 千伏变电站 12 座,新建改造 10 千伏线路 50 条。

# 第二章  今之闽人其先世多固始人

## 第一节  唐代以前福建自然与人文概况

福建地处我国东南沿海,三面环山,一面临海。它北邻浙江,西接江西,西南毗连广东。境内山岭耸峙,崇峦叠嶂,丘陵起伏,溪流纵横,河谷与盆地交错分布。山地丘陵约占全省土地总面积95%,河谷平原仅占5%,故有"东南山国"之称。西部武夷山脉海拔高度均在1 000米以上,最高点达2158米,绵亘于闽、浙、赣边境,将福建与浙江、江西以至北方中原各地天然地阻隔开来,形成一个相对封闭、自成体系的社会经济区域。这种自然条件的梗阻,使得中原文化很难进入福建,因此,在唐代之前,中原人士都视福建为僻壤荒服之地。

福建濒临东海,海岸线曲折。福建的河流源于境内高山之中,绵延贯穿内陆,造就内陆串珠般的小平原,于出海口一带,形成福州、兴化、泉州、漳州4个平原。福建河流发源于西部、中部、北部的山脉之中,主流多与山脉走向垂直,支流则与山脉走向平行。省内各河流之间亦不相通,形成各自独流入海的水系单元,不利于境内区域间的来往,这也为古代土著众部落各自为政提供了自然地理条件。

福建古为闽越地,秦统一中国后,"患周之败,以为起于处士横议,诸侯力争"①,便在全国各地废分封,推行郡县制。在闽越人活动的区域,即今浙南和闽地设置"闽中郡"。当时秦王朝认为闽中远离中原,是"荒服之国",地处偏远,山高路险,而且越人强悍,难于统治。因此,"闽中郡"虽为秦王朝的四十郡之一,建制却不相同,秦未派守尉令长到闽中来,只是废去闽越王无诸的王位,改用"君长"的名号让其继续统治该地。因此,秦只是名义上建立了闽中郡,实际上并未在闽中实施统治。

公元前209年,陈胜、吴广领导的农民起义爆发,各地人民纷纷响应。无诸率闽越兵从闽中北上,响应中原的农民起义,打击秦政权。公元前206年,秦国灭亡,楚汉战争爆发,无诸再次北上中原,帮助刘邦击败了项羽,为汉王朝的建立做出了贡献。公元前202年,刘邦封无诸为闽越王,统治闽中。

元鼎六年(前111年),因杀其兄闽越王郢而被西汉王朝册封为东越王的余善,惧怕西汉王朝灭南越之后兵锋指向自己,"乃遂发兵距汉道,号将军驺力等为'吞汉将军',入白沙、武林、梅领,杀汉三校尉……刻'武帝'玺自立"。同年,西汉王朝"遣横海将军韩说出句章,浮海从东方往;楼船将军仆出武林,中尉王温舒出梅领,粤侯为戈船、下濑将军出如邪、白沙,元封元年冬,咸入东粤"。在汉军压境的情况下,余善为部下所杀,汉武帝"诏军吏皆将其民徙处江淮之间。东粤地遂虚"②。实际上,由于福建多山而水险,东越地并没有"遂虚",尚有相当一部分闽越人隐匿于崇山峻岭之中。《宋书·州郡志》记载:"建安太守,本闽越,秦立为闽中郡。汉武帝世,闽越反,灭之,徙其民于江、淮间,虚其地。后有遁逃山谷者颇出,立为冶县,属会稽。"③这部分遗留下来的闽越人构成了福建先民的主体。

东汉末至三国时期,称雄于江东的孙氏政权自汉献帝建安元年(196年)至三国孙吴太平二年(257年),在对闽中几次用兵后,基本上建立和巩固了自己对福建的统治,并于东汉建安年间(196~219年)在福建设立建安郡。建安八年,移南部都尉于建安,十二年,分东侯官之地为建安县,以属南部都尉。闽中因而有5县,即侯官(今福州)、建安(今建瓯)、南平、吴兴(今浦城)、建平(今建阳)。

---

① 《汉书》卷13,《异姓诸侯王表》。
② 《汉书》卷95,《西南夷两粤朝鲜传》。
③ 《宋书》卷36,《州郡志》。

在孙吴对闽用兵的 62 年间,汉族入闽的人数不少,主要是孙吴的军队和流民等。这使福建的民族结构开始发生重大变化,由闽越族为主逐渐转变为以汉族为主。孙吴永安三年(260 年),闽中因人口增加,复以南部都尉改置建安郡,仍属扬州(治建邺,今江苏南京市),并增设将乐、昭武(今邵武)、东平(今松溪)、东安(今南安)4 县;又在闽东设立罗江县(今宁德),另归临海郡统辖。随着闽中经济开发,人口也迅速增多,据《宋书·州郡志》记载,当时建安郡有"户三千四十二,口一万七千六百八十六"①。

西晋统一中国后,全国社会比较安定,福建的经济生产和人口也进一步发展。晋太康三年(282 年),西晋王朝分建安郡为建安、晋安两郡。据《晋书·地理志》记载,建安郡辖建安、吴兴、东平、将乐、建阳、邵武、延平七县,郡治仍设在建安。晋安郡辖区包括闽西及沿海地区,领有八县,即原丰(今闽县)、新罗(今长汀)、宛平(地不详)、同安、侯官、罗江、晋安(今南安)、温麻(霞浦),郡治设在原丰。

西晋末年的"八王之乱",导致匈奴、羯、氐、羌、鲜卑等少数民族入主中原,战争频仍。于是,中原人民纷纷南下寻找避乱之地,有大批中原汉人拥入闽地。乾隆《福州府志》引宋人路振《九国志》曰:"晋永嘉二年(308 年)中州板荡,衣冠始入闽者八族,林、陈、黄、郑、詹、邱、何、胡是也。以中原多事,畏难怀居,无复北向,故六朝间仕宦名迹,鲜有闻者。"②《元和姓纂》卷五"林"姓条下曰:"晋安,林放之后,晋永嘉渡江,居泉州。"《直斋书录解题》卷八引林谓《闽中记》曰:"永嘉之乱,中原仕族林、黄、陈、郑四姓先入闽。"随着中原汉人的大批到来,闽地人口增长迅速,据《三山志》载,晋太康年间,晋安郡"户始三千八百四十三,口一万九千八百三十五。林世程《记》,永嘉之乱,衣冠南渡时,入闽者八族。益增复四千三百。"③

东晋时期,南北分立,北方汉人更是大批南下。据《太平御览》卷 170 泉州条引《十道志》曰:"东晋南汉,衣冠士族,多萃其地,以求安堵,因立晋安郡。"可见,南渡的北方汉人不仅定居于闽江流域,而且已有不少又南迁至晋江两岸。

---

① 《宋书》卷 36,《州郡志二·江州》。
② [乾隆]《福州府志》卷 75,《外纪一》。
③ 宋·梁克家:[淳熙]《三山志》卷 10,《版籍类·户口》。

　　南朝宋、齐时,福建的晋安、建安二郡的治县有所变动,建安郡所属八县,撤销南平、东平两县,另设沙村(今沙县)。这样,建安郡只领吴兴、建安、将乐、邵武、建阳、绥城、沙村七个县。而晋安所属八县也有变化,废去宛平、新罗和同安三县,剩下侯官、罗江、原丰、晋安、温麻五县。①　但到了梁代天监中(502～519年),随着闽南地区的进一步开发,又从晋安郡分出一个南安郡,辖有兴化、泉州、漳州等地。

　　隋文帝开皇九年(589年)正月,隋军攻陷建康,迅速灭亡了陈朝。同月文帝派遣使者持节"巡抚"陈境,其中监察御史房彦谦"奉诏安抚泉、括等十州"②,正式将福建地区纳入版图。面对东晋南朝以来混乱的地方行政制度,隋文帝统一全国后,"遂罢天下诸郡",且将许多州、县加以省并,废除天下诸郡500余个,一改600余年州、郡、县三级政区制为郡、县二级政区制。当时的闽中故地只保留建安一郡(治闽)与闽县、建安、南安和龙溪(并兰水、绥安二县)四县及属临川郡的邵武县。

## 第二节　固始移民福建概说

　　固始移民福建应该说是与中原汉族入闽的脚步一致的,而中原汉人入迁福建可追溯至汉代。汉武帝元封元年(前110年),西汉中央政府派兵入闽,消灭了闽越国,在闽越故地设立冶县(今福州市),加强了对闽中地区的统治,为中原汉人入闽创造了条件。东汉末年,黄道隆避乱入闽,成为有记载的第一位入闽固始人。黄道隆,河南固始人,曾任会稽令。东汉末年,天下大乱,弃官入闽,居仙游县大尖山、小尖山之间,即今之平朋山,俗称双阳山。后来迁徙到桐城(即泉州)居住。北宋榜眼黄宗旦在追述自己的家史时说:"汉道隆公,光州固始人,为东郡会稽市令。东汉建安之乱,弃官避地入闽。初居仙游大、小尖山之间,后改迁桐城之西关。"③《惠安县续志》也称:"锦田黄氏,泉之世家著姓。始祖隆公,

---

①　《南齐书》卷14,《州郡上·江州》。
②　《隋书》卷66,《房彦谦传》。
③　黄磐石:《紫云黄氏宗史资料》,惠安锦田古迹修建委员会编印,1991年。

为东汉会稽令。东汉末乱甚,于建安年间弃职避世入闽。"①

固始人第一次大规模入闽在西晋末年。永嘉之乱入闽的中原汉人队伍中有不少固始人,民国《建瓯县志》载:"晋永嘉末,中原丧乱,士大夫多携家避难入闽。建为闽上游,大率流寓者居多。时危京刺建州,亦率其乡族来避兵,遂以占籍。"②新修《建阳县志》引述明代嘉靖《建阳县志·风俗志》记载说:"因中国北方战乱,晋永嘉三年,危京从光州的固始县率乡民避乱到建州任刺史,其乡人后均落籍建安。"③西晋散骑都尉、南海太守陈润,为避乱于西晋末年自光州固始携眷入闽。④明代黄凤翥在《金墩黄氏族谱序》中写道:"晋永嘉中,中州板荡,衣冠入闽,而我黄迁自光州之固始,居于侯官(今福州)。"⑤"黄允,固始人,随晋南渡,辗转入闽,居于侯官";"黄璞,字德温,其先固始人。晋马南渡,随徙侯官"⑥。《侯官县乡土志》也说:"黄以国为氏,晋马南浮,固始人黄允随徙,辗转入闽,居侯官。"⑦台北县深坑乡《黄氏族谱》云:"世居光州固始,至晋,中州板荡,南迁入闽,始祖黄元方仕晋,卜居侯官。"⑧《平潭县志》称,本县院前何氏远祖为河南固始县人,西晋永嘉二年(308年)入闽,明天启二年(1622年)何定再迁平潭县院前村。⑨明代宋濂《王公谷墓版文》称,"太原之裔有分居光之固始者,自东晋南渡来迁泉之晋江温陵里"⑩。台北县土城乡《邱氏族谱》谓:该族于五胡乱华之时,固始邱氏南迁入闽,居兴化之莆田。⑪

东晋以来,仍有固始人零星迁入福建,如《邵武何氏族谱》记载:其先光州固始人,东晋末避乱入闽,居邵武小溪(含邵武东区七台)。⑫建阳《余氏宗谱》称其先祖是在梁时由固始迁入的,"余氏系出夏王大禹之季子,……至中大通庚戌

①　[道光]《惠安县续志》卷9,《艺文志》。
②　[民国]《建瓯县志》卷19,《礼俗志》。
③　《建阳县志》第三编,《人口》,群众出版社,1994年。
④　福建省文化厅编:《八闽祠堂大全》,海潮摄影艺术出版社,2002年。
⑤　《莆田溪黄氏宗谱》乙辑,《金墩黄氏族谱序》,转引自陈支平:《福建族谱》,福建人民出版社,1996年。
⑥　[道光]《重纂福建通志》卷170,《唐列传》。
⑦　[光绪]《侯官县乡土志》,《版籍略三·氏族》。
⑧　《台湾省通志》卷2,《人民志·氏族篇》,台湾省文献委员会,1970年。
⑨　《平潭县志》卷3,《人口·姓氏构成》,方志出版社,2000年。
⑩　明·宋濂:《文宪集》卷24,《故封承事郎给事中王府君(公谷)墓版文》。
⑪　《台湾省通志》卷2,《人民志·氏族篇》,台湾省文献委员会,1970年。
⑫　陈仲初:《晋江风物·姓氏源流专辑》,国际文化出版公司,2003年。

二年(530 年),计五十二世,有青公者,出奋亿载之余烈,树一代之伟声,由河南固始而宰建阳……是为入闽鼻祖也。"①

唐高宗时,固始人陈政、陈元光父子率兵入闽平乱,开创了固始人入闽的又一个高潮。总章二年(669 年),泉州、潮州一带"蛮獠啸乱",朝廷命令玉钤卫翊左郎将、归德将军陈政为朝议大夫,统领岭南行军总管事,率领府兵 3 600 人出镇泉潮间。但由于"蛮獠"人多势众,陈政只得暂时屯兵于九龙岭下,一面上奏朝廷,请求增派军队。唐朝廷派陈政的两位兄长中郎将陈敏、右郎将陈敷率领58 姓将士和家属于次年南下增援。陈政去世之后,其子陈元光袭职,最终用近十年时间平定了骚乱。

从陈政率军入闽开始,便决定了此次行动不仅是一次平定叛乱的军事行动,而且是一次移民运动。唐高宗在《诏陈政镇故绥安县地》的诏书中是这样写的:"进尔朝议大夫,统岭南行军总管事,挂新铸印符,率府兵 3 600 名,将士自副将许天正以下 123 员从其号令,前往七闽百粤交界绥安县地方,相视山源,开屯建堡,靖寇患于炎荒,奠皇恩于绝域。"②所以,当陈政基本平定 36 寨后,便开始屯田开垦,建村立堡。陈元光袭父职后,继续推行屯田制,劝农重本,发展生产,他在州级机构中设司马和司田参军等职官,掌司有关屯田事宜。他自己带头开屯于漳水之北,辟地建宅,以为长远之计,并要求部下"平居则搜狩,有役则战守"③,实行"且战且耕,以养以教"的耕战政策。他鼓励进漳的 58 姓军校与当地土著妇女成婚,他自己率先垂范,娶当地一位种姓女子为妻。在他的带动下,入闽将士纷纷在当地落籍。

据康熙《漳浦县志》记载,陈政亲率的首批府兵将士 3 600 名中,仅校尉以上的将领,就有二十余姓,其中包括"婿卢伯道、戴君胄,医士李始,前锋将许天正,分营将马仁、李伯瑶、欧哲、张伯纪、沈世纪等五人,军谋祭酒等官黄世纪、林孔著、郑时中、魏有人、朱秉英等五人,府兵校尉卢如金、刘举、涂本顺、欧真、沈天学、张光达、廖公远、汤智、郑平仲、涂光彦、吴贵、林章、李牛、周广德、戴仁、柳彦

① [建阳]《书林余氏重修宗谱·增修余氏宗谱总序》,转引自陈支平:《客家源流新论》,广西教育出版社,1997 年。
② [嘉庆]《云霄厅志》卷 17,《艺文》。
③ [嘉庆]《云霄厅志》卷 10,《宦判》。

深等一十六人"①。陈政的二位兄长陈敏、陈敷所率援兵有 58 姓。综合各方面
史料记载,先后两批府兵共约七千余人,可考者计 64 姓:马、王、方、石、叶、冯、
卢、许、朱、江、汤、孙、刘、庄、李、陈、吴、张、沈、汪、杨、何、宋、邱、邹、苏、陆、余、
林、周、郑、罗、欧、赵、柳、施、洪、胡、钟、柯、姚、唐、高、郭、涂、徐、钱、黄、萧、曹、
章、曾、韩、蒋、詹、蔡、廖、翟、潘、颜、魏、戴、司马、欧阳。又军眷姓氏可考者有:
卜、尤、尹、韦、甘、宁、弘、名、阴、麦、邵、金、种、耿、谢、上官、司空、令狐等 40 余
姓。②

虽然我们不能完全肯定地说所有兵士均来自光州固始,但根据唐朝兵制特
点,大多数来自固始则是可以肯定的。据地方志及族谱资料记载,陈、许、李、沈、
丁、戴、林、方、郭、何、柳、卢、潘、汤、薛、余等姓氏可以确定有随陈元光自固始入
闽而来。

陈氏:陈元光被尊为"开漳圣王",其后代因此被称为"开漳圣王派",广泛分
布在今福建、台湾、东南亚等地。《浯阳陈氏族谱》序称:"太始祖讳政公,原系汝
宁府光州固始县籍也,股肱唐室,历建弘猷,固赐姓曰唐将军,是朝总章二年
(669 年)奉敕驻闽,追厥子元光、(孙)珦公,累袭祖职,复进驻于漳城,其丰功伟
烈,卓越今古,啧啧载人口碑焉。历宋而明而来,世远年湮,生齿星散。"③

许氏:《漳州府志》记载:"许天正,河南光州固始人,陈元光首将也,从元光
入闽,……历仕泉潮团练副将、宣威将军兼翊府记室。至宋追论元功,封昭应侯。
今子孙散处南靖马坪及海澄等处。"④明孔贞运《漳南许氏家谱序》亦说:"其先
为河南光州固始人,唐总章二年,有宣威将军许陶者奉敕副玉铃卫将军陈政出镇
泉潮之间。陶子天正才兼文武,与政子元光削平苗蛮,表建漳州,变椎髻为衣冠,
粗鲁为文物,天正之功居多,以别驾加封太尉。宋绍兴中追论开漳功封翊忠昭应
侯,为名宦,今春秋世祀,时子孙世官永镇南诏,与唐祚相终始,至今族居焉。"⑤

李氏:《漳州府志》记载:唐高宗时,光州固始人李伯瑶,随陈元光开辟漳州,

①  [康熙]《漳浦县志》卷 19,《杂志·丛谈》。
②  陈易洲主编:《开漳圣王文化》,海风出版社,2005 年。
③  [同安]《浯阳陈氏族谱》卷首,陈颖昌《族谱序》,转引自陈支平:《福建族谱》,福建人民出版社,
    1996 年。
④  [万历]《漳州府志》卷 4,《秩官下》。
⑤  《古今图书集成》卷 409,《明伦汇编·氏族典·许姓部·艺文》。

子孙散居龙溪、漳浦各县。①

沈氏:《漳州府志》谓:"沈世纪……光州固始人,总章二年,从陈王政领军入闽……日与元光披荆棘、开村落,翼地数千里,厥功懋焉……今子孙散处龙溪、漳浦、南靖、长泰、诏安等处。"②

丁氏:《福建通志·丁儒传》载:"丁儒,固始人,通经术,喜吟咏,练达世务,陈政引为军谘祭酒。元光代政引儒佐郡,与元光驱盗贼,翦荆棘,营置漳郡,劝农重本,国用以周,负固不服者率轻锐捣之。漳人颂元光父子,辄称佐郡丁承事云。"③

戴氏:戴君胄,固始人,其父戴元理随陈政入闽,为府兵校尉。其子戴君胄被陈元光择为女婿,落籍漳州,辅佐陈元光之子陈珦继续为开发漳州做贡献。戴氏子孙分居尤溪、漳浦等地。④

林氏:《溪环社林氏族谱》记载:今漳州市芗城区浦南镇溪园村林氏始祖林行实,讳孔著,字秉序,谥鼎峙,为陈政的九女婿,原籍河南光州固始,唐高宗时随陈氏父子入闽,为军谘祭酒。政殁,佐元光,开扩山林有功。⑤

方氏:云霄《云阳方氏谱牒》曰:"吾祖出于周大夫方叔之后,历汉而唐而宋,治乱相仍,名氏俱泯。唯闻祖子重,系河南光州固始人,自唐高宗垂拱二年(686年),随陈将军政与其子元光下征南闽,侨居漳州。"⑥

郭氏:晋江金井钞岱郭氏入闽始祖名郭淑,字里之,号览溪,河南光州固始人,唐高宗总章年间随陈元光入闽平乱,定居漳州榴阳。⑦

何氏:清代云霄人何子祥《何氏源流记略》说:"何之先本光州固始人,唐仪凤间何嗣韩从陈元光经略全闽,因家焉。"⑧

柳氏:《云霄县志》载:"柳氏,鲁展禽食采于柳,后因以为氏,望出河东。彦

①　杨绪贤:《白话台湾区姓氏堂号考》,台湾新生报社,1981年。
②　《台湾省通志》卷2,《人民志·氏族篇》,台湾省文献委员会,1970年。
③　[乾隆]《福建通志》卷30,《名宦二·丁儒传》。
④　陈易洲主编:《开漳圣王文化》,海风出版社,2005年。
⑤　庄为玑、王连茂:《闽台关系族谱资料选编》,福建人民出版社,1985年。
⑥　[云霄]《云阳方氏谱牒》第一章,正德元年《序》,转引自陈支平:《福建族谱》,福建人民出版社,1996年。
⑦　陈仲初:《晋江风物·姓氏源流专辑》,国际文化出版公司,2001年。
⑧　清·何子祥:《蓉林笔抄》卷1,《何氏源流记略》。

深自河南固始随陈元光提军开漳,遂居焉。"①

卢氏:《福建通志·卢如金传》:"卢如金,光州固始人,领本州岛司户参军,始建屯营于云霄修竹里,与陈元光、许天正谋拓山林,置州漳水之北后岭南。流寇掠境,元光战殁,如金率兵讨之,群盗悉溃。漳以保全,卒葬于连珼山。"②

潘氏:《桃源潘氏族谱》称,今永春达埔、蓬莱一带的潘氏,其先祖于唐初随陈元光由河南光州入闽,定居于漳州。③

汤氏:《云霄县志》载:"汤氏,成汤之后,望出范阳。唐汤简公由河南光州固始随陈元光入闽开漳,居是地。"④

薛氏:东山《薛氏重修族谱序》载:唐高宗总章二年(669年),光州固始人薛使,随陈政领军入闽,从此定居漳州,数传至一平,迁居漳浦东山。⑤

余氏:《台湾省通志》说:"据《漳州府志》,陈元光开漳,已有固始余氏,随之入闽。"⑥

跟随陈元光入闽,并落籍当地的五十八姓军校,与家乡固始有着千丝万缕的联系。如雍正《河南通志》记载:"陈酆,字有芑,旧为光州人,因祖元光戍闽有功,世守漳州,遂为闽人。父珦举明经及第,授翰林承旨。珦生酆,幼耽经史,天宝六年举秀才,旋任辰州宁远令。在都见李林甫、杨国忠柄国,无意仕进,回访光州旧第,川原壮丽,再新而居之数年。安禄山乱,漳州民诣福建观察使乞遵旧制,命陈酆领州事,以拯民生。朝是其请。酆至漳,建学延师,锄强救灾,一如祖父之政。"⑦陈酆的儿子陈詠,后又任光州司马加本州团练使。陈詠的儿子陈章甫"字尚冠,建中初举明经……(贞元)十九年转光州司马,代父本州团练。元和三年,转京兆司田兼领度支郎中……元和十二年,詠卒,章甫扶柩葬于漳。敬宗初,复补光州司马加团练使,辅国左将军,士民爱之如慈母。"⑧

光绪《侯官乡土志》、《闽县乡土志》皆称,陈元光之孙詠回迁固始,官光州司

---

① [民国]《云霄县志》卷6,《氏族志》。
② [同治]《福建通志》卷30,《名宦·曹朋传》。
③ 庄为玑、郑山玉:《泉州谱牒华侨史料与研究》,中国华侨出版社,1998年。
④ [民国]《云霄县志》卷6,《氏族志》。
⑤ 杨绪贤:《白话台湾区姓氏堂号考》,台湾新生报社,1981年。
⑥ 《台湾省通志》卷2,《人民志·氏族篇》,台湾省文献委员会,1970年。
⑦ [雍正]《河南通志》卷60,《人物四》。
⑧ [光绪]《光州志》卷6,《宦迹列传》。

马,其后人又随王潮迁福州。由此可见,陈元光后裔子孙在漳州与固始之间架起了一座紧密联系的桥梁。正因为有此基础,此后不断有固始人迁居福建。

唐末以前固始人移居福建虽不像唐初随陈政父子戍闽时那样集中,但还是不断有固始人或因避乱、或因仕宦的原因入居福建。如,唐开元二年(714年),光州固始人田本盛迁居今大田梅岭①;唐德宗时,固始人翁轩任漳州刺史,遂卜居莆田兴福里竹啸(今北高镇竹庄村)②;唐大中年间,光州固始县用儒乡进贤里竹洲村人萧华,避乱避乱入闽,初居福州乌山③;光州固始县人谢文仕,唐宣宗官至兵部尚书,大中十三年(859年)辞职归田,由淮入闽,驻福州,后寻至福宁麦山下埔樟澳开基④。

唐末黄巢之乱以及王潮、王审知率兵据闽,形成了固始人迁居福建的又一个高潮,也是所有固始移民福建规模最大,时间最长的一次。唐朝末年,河南光州固始县的王潮、王审邦、王审知兄弟乘唐末大乱,率兵5 000人自光、寿两州南下,浩浩荡荡,转战安徽、浙江、江西、广东、福建,于唐光启元年(885年)从汀州进入闽南,受到泉州百姓的欢迎,次年八月,王氏取得泉州,随后占领福州,闽中各地纷纷降服。唐昭宗李晔只得于文德元年(888年)任命王潮为泉州刺史,随后又任命他为福建观察使,尽有闽中五州之地。王潮死后,其弟审知继位。公元907年唐亡,王审知被后梁太祖封为闽王。

王审知以民为本,知人善任,使福建在唐末五代战乱不断的年代,赢得了30年之久的社会安宁,把握住一个发展机遇。他推行保境息民政策,轻徭薄赋,奖励工商,鼓励垦荒,三年之内,人民衣食无虞;招集流亡,中原避乱人士,相从入闽,拓垦山林,兴修水利,一时闽中大治。他还十分重视发展海外贸易,在福州设置榷货务,由随王氏入闽的光州固始人张睦任之,张睦"招来蛮夷商贾,敛不加暴,而国用日以富饶"⑤。在福建泉州,王审知的侄儿王延彬继其父王审邦为泉州刺史17年,"每发蛮舶,无失坠者,人称招宝侍郎"⑥。《旧五代史》称:"审知

① 《大田县志》卷4,《人口·人口溯源》,中华书局,1996年。
② 《平潭县志》卷3,《人口·姓氏构成》,方志出版社,2000年。
③ 福建省文化厅编:《八闽祠堂大全》,海潮摄影艺术出版社,2002年。
④ 谢钧祥:《百家姓书库·谢》,陕西人民出版社,2002年。
⑤ 《十国春秋》卷95,《张睦传》。
⑥ 《十国春秋》卷94,《王审邦传》、《王延彬传》。

起自陇亩,以至富贵,每以节俭自处,选任良吏,省刑惜费,轻徭薄敛,与民休息,三十年间,一境晏然。"①

　　与闽地"草莱尽辟,鸡犬相闻,时和年半,家给人足"②,"千家灯火读书夜,万里桑麻商旅途"的升平景象相比,中原则是战乱不断。为了躲避战乱,福州及闽东一带便成了不少中原人徙居的首选目标。这一点从宋初福建激增的人口便可看出,唐元和年间(806～820年),漳州、汀州、泉州、福州、建州分别只有1 343户、2 618户、35 571户、19 455户、15 410户③;而到了北宋太平兴国年间(976～984年),上述5州则激增到24 007户、24 007户、76 581户、94 475户、90 492户④。

　　在唐末五代移居闽籍的中原人口中,到底有多少固始人移居福建已很难考证,但通过史志、族谱等资料有关固始入闽姓氏的梳理,还是能对当时固始人入闽的情况有个大概了解。《泉州谱牒华侨史料与研究》所收先祖来自光州固始的54部族谱中,有40部明确记载是"唐末自固始入闽",或"随王潮入闽"、"随王审知入闽",涉及王、彭、柯、许、郑、周、吕、谢、康、尤、苏、曾、涂、吴、蔡、卢、黄、龚、洪、刘、余、李、戴、施、董、庄、孙等27姓。《台湾通志·人民志·氏族篇》明确记载于唐末自固始入闽的有陈、李、王、吴、谢、郭、曾、周、庄、苏、高、詹、沈、柯等14个姓氏。《闽台关系族谱资料选编》明确记载祖先于唐末自固始入闽的族谱有曾、董、彭、游、傅5姓。《上海图书馆馆藏家谱提要》中也有黄、曾、邓、严、傅、刘6姓10部族谱称自己的先祖是于唐末自固始入闽的。综合正史、谱牒、地方志以及个人文集等资料,明确记载自唐末五代间由固始移居福建的姓氏就有蔡、曹、陈、程、戴、邓、董、范、方、傅、高、龚、郭、和、洪、侯、胡、黄、江、金、康、柯、赖、雷、李、连、梁、廖、林、柳、刘、卢、吕、罗、骆、马、茅、潘、彭、邱、商、沈、施、苏、孙、唐、涂、王、魏、吴、谢、许、薛、严、杨、姚、应、尤、游、余、袁、曾、詹、张、郑、周、朱、庄、卓、邹等70姓,各姓迁徙情况将在本章第四节中介绍。

　　北宋以降,继续有固始人入闽。光州固始人戴兴,于绍圣元年(1094年)进

①　《旧五代史》卷134,《王审知传》。
②　五代·于兢:《琅琊忠懿王德政碑》,载《全唐文》卷841。
③　唐·李吉甫:《元和郡县图志》卷29,《江南道五》。
④　宋·乐史:《太平寰宇记》卷100～102。漳州、汀州两州户数相同,恐有误,暂难考订。

士及第,授职尤溪,携眷入闽,定居尤溪①;光州固始人叶炎会,随宋室南渡,卜居仙游古濑,后代散处漳、泉二州②;南宋淳熙年间(1174~1189年),谢均兰从河南光州固始迁徙福建永定山前③;固始人张纂,宣和间拜朝散大夫,金人南侵,纂扈高宗南渡,官于闽,爱顺昌山水佳胜,因家焉④;河南光州人邵子厚在南宋高宗皇帝南渡迁都时而开闽定居邵厝村⑤;南宋度宗时,汉关内侯侯霸公之后因避元兵,子九人由河南光州固始迁福建南安十八都,地兴姓得名,因称侯埯乡⑥;南宋末年,固始人朱士宏官南剑州知州,扈从宋帝到海上,不幸遇难,其子孙留居剑浦(今福建南平)。⑦元代固始人郑本初,泰定年间,任福州路总管,遂家于闽⑧。

正是由于固始族人的不断入闽,使得今日不少福建人在提及"固始"这一名字时,都会产生一种敬意,因为,他们的根都在固始。

## 第三节　固始现象的文化透视

### 一、"闽人称祖皆曰自光州固始来"基本可信

(一)陈元光为光州固始人

关于陈元光的里籍历来有河东说、揭阳说、固始说三种,但最为可信,也最为人们认可的还是固始说。

1. 河东说。说陈元光为河东人者,文献依据有三:

唐代林宝《元和姓纂》"陈"氏条云:"诸郡陈氏,司农卿陈思门(注:"门"当为"问"),左豹韬将军陈集原,右鹰扬将军陈元光,河中少尹兼御史中丞陈雄,河东人。"⑨

---

① 南安市地方志编纂委员会:《南安姓氏志》(内部稿),2004年。
② 杨绪贤:《白话台湾区姓氏堂号考》,台湾新生报社,1981年。
③ 谢钧祥:《百家姓书库·谢》,陕西人民出版社,2002年。
④ [乾隆]《福建通志》卷52,《流寓·张纂传》。
⑤ 福建省文化厅编:《八闽祠堂大全》,海潮摄影艺术出版社,2002年。
⑥ 苏黎明《泉州家族文化》,中国言实出版社,2000年。
⑦ [乾隆]《福建通志》卷31,《名宦·朱士宏》。
⑧ 明·倪元璐:《倪文贞集》卷10,《赠中宪大夫玄圃郑公暨配陈恭人方恭人墓铭》。
⑨ 唐·林宝:《元和姓纂》卷3,《上平声·十七真》。

宋代《仙溪志》记载:"威惠灵著王庙二,在枫亭之南、北。按,漳浦《威惠庙记》云:陈政仕唐副诸卫上将,武后朝戍闽,遂家于温陵之北,曰枫亭,灵著王乃其子也。今枫亭二庙旧传乃其故居。"①《威惠庙记》记载:"陈元光,河东人。家于漳之溪口。唐仪凤中,广之崖山盗起,潮泉响应。王以布衣乞兵,遂平潮州。以泉之云霄为漳州,命王为左郎将守之。后以战殁,漳人哭之恸,立祠于径山。有'纪功碑'、'灵应记'见于庙云。"②

嘉靖《龙溪县志》:"威惠庙,城北门外,祀唐将军陈公元光,河东人,父政以诸卫将军戍闽出为岭南行军总管,平广寇,创漳州,以左郎将领州事,后战殁于阵,漳人至今思之。庙初建漳浦县,建炎四年始建今所,宋守章大任记灵著顺应昭烈广济王庙食于漳,历年数百祭皿未尝一日平也。"③

上述三条证据中,后两条晚出,均来自于第一条。因此,人们认为《元和姓纂》的那条证据最为有力。因为《元和姓纂》是太常博士林宝奉诏撰成的一部官书,有较高的史料价值和权威性,故而认定河东为陈元光祖籍。其实《元和姓纂》所说的"河东"是陈元光的郡望,而不是其籍贯。

魏晋南北朝时无论是选官还是婚嫁最重郡望门第,不同郡望的人即使是同姓,也不能担任相同的官职;朝中最为显赫的官位也只能有最著名郡望的人来担任;郡望较低的人无论才能多高,都是无法占有这些位置的。隋唐尽管开始实行开科取仕制度,但士族仍然矜夸门第,崔、卢、李、郑、王等旧时大族彼此互结婚姻,自矜高贵。唐太宗对此深为不满,诏吏部尚书高士廉、御史大夫韦挺、中书侍郎岑文本、礼部侍郎令狐德棻,以及各地谙练族姓的文人,在全国普遍蒐求谱牒,参照史传辨别真伪,评定各姓等第。书成以进,唐太宗不满意将山东士族崔民干等列入第一等,认为应当重唐朝冠冕,根据当朝官职的高下确定等第。高士廉等依照皇帝的旨意重修,于贞观十二年(638年)编成《贞观氏族志》一书。全书共收录293姓,1 651家,分为九等,颁于天下。在新修的《氏族志》中,崔民干降为第三等。④ 但由于崇尚旧族望的习惯势力根深蒂固,太宗朝的功臣新贵房玄

① 宋·黄岩孙:[宝祐]《仙溪志》卷3。
② 宋·朱翌:《威惠庙记》,载《舆地纪胜》卷91。
③ [嘉靖]《龙溪县志》卷3,《祠祀》。
④ 《唐会要》卷36,《氏族》。

龄、魏徵及李勣等人,仍然力求与山东氏族联姻,《氏族志》所能起的实际作用是有限的。不管是唐太宗的以唐朝功臣为核心的门阀体系,还是南北朝时期的旧门阀体系,强调的都是门第观念。因此,人们习惯于以姓氏、郡望标明出身门第贵贱和社会地位的影响。清代王士禛《池北偶谈》云:"唐人好称族望,如王则太原,郑则荥阳,李则陇西、赞皇,杜则京兆,梁则安定,张则河东、清河,崔则博陵之类,虽传志之文亦然,迄今考之,竟不知为何郡县人。"①这里王氏说到一个重要问题,就是由于唐代士人好标郡望、多题郡望,以官方修史亦不详细考辨人物的家乡籍贯,而姑且题署郡望了事,时风所在,竟成为所谓修史之"原则",造成了历史人物籍贯的极大混乱。唐著名史学家刘知几对此制颇为不满,他曾参与纂修国史,在写李义琰传的时候,因为义琰家住魏州昌乐,已有三代之久,所以如实写道:"义琰,魏州昌乐人也。"结果监修官竟指责他违背了写史原则,要他照李氏郡望改为"陇西成纪人"。因此,他感慨说:"自世重高门,人轻寒族,竟以姓望所出,邑里相矜。若仲远之寻郑玄,先云汝南应劭;文举之对曹操,自谓鲁国孔融是也。爰及近古,其言多伪。至于碑颂所勒,茅土定名,虚引他邦,冒为己邑。若乃称袁则饰之陈郡,言杜则加之京邑,姓卯金者咸曰彭城,氏禾女者皆云钜鹿。在诸史传,多与同风。"②

大家熟知的韩愈自称韩昌黎就是一个最好的例子。《旧唐书》上说:"韩愈,字退之,昌黎人。"韩愈本人又往往自称"昌黎韩愈"。后代人给他编订诗文集,也称之为《韩昌黎集》。宋神宗还追封韩愈为"昌黎伯"。然而,韩愈实际上是河阳(今河南孟州市)人,与昌黎没有任何关系。在隋唐时期,昌黎郡(治今辽宁义县)的韩姓是望族,所以天下韩姓都自称属昌黎韩氏。

另外,从上述《元和姓纂》引文中也可以得到证明。文中所列举的四名河东陈氏人物中,司农卿陈思问、河中少尹兼御史中丞陈雄的籍贯限于资料无法断定外,左豹韬将军陈集原,新旧《唐书》可都明明白白地写着"泷州开阳人",即今广东罗定人。《旧唐书·孝友传》载:"陈集原,泷州开阳人也。代为岭表酋长。父龙树,钦州刺史。集原幼有孝行,父才有疾,即终日不食。永徽中,丧父,呕血数

---

①　清·王士禛:《池北偶谈》卷22,《族望》。
②　《史通》卷5,《内篇·邑里》。

升,枕服苦庐,悲感行路。资财田宅及僮仆三十余人,并以让兄弟。则天时,官至左豹韬卫将军。"①《新唐书·孝友传》曰:"陈集原,泷州开阳人。世为酋长。父龙树,为钦州刺史,有疾,即集原辄不食。及亡,呕血数升,即茔作庐,尽以田赀让兄弟,里人高之。武后时,历右豹韬卫大将军。"②

由此可见,说陈元光为河东人,证据不够充分。

2. 揭阳说。说陈元光为揭阳人者,文献依据主要有:

万历《广东通志》:"陈元光,先世家颍川。祖洪,丞义安,因留居为揭阳人。父政以武功隶广州扬威府。元光明习韬钤,善用兵,有父风,累官鹰扬卫将军。仪凤中,崖山剧贼陈谦攻陷冈州,岭左闽粤惊扰。元光随父征戍闽,父死,代为将,潮州刺史常怀德甚倚重之。时高士廉孙琔嗣爵申国公,左迁循州司马。永隆二年盗起,攻南海边鄙,琔受命专征,令元光提兵入潮,伐山开道,潜袭寇垒,俘馘万计,岭表率平。还军于漳,奏请创置漳州。谓周官七闽宜增为八,诏从之,命元光镇抚。久之,残党复炽,元光力战而殁。事闻奇其忠,赠右豹韬卫大将军,诏立庙漳浦。开元四年,追封颍川侯,诏赐彤弓二,以彰有功,谥曰昭烈。"③

乾隆《潮州府志》:"陈元光,揭阳人。父政,以武功隶广州扬威府。……仪凤二年,崖山剧贼陈谦陷潮阳,潮州刺史常怀德檄光讨之。"④

雍正《广东通志》、乾隆《揭阳县志》亦称陈元光为揭阳人。

细加分析,上述说法疑点不少。首先,关于揭阳地名问题。揭阳县是秦始皇三十三年(前 214 年)时所设,治所在今揭阳县西北。西晋时便已废置,直到北宋宣和三年才再次设立。隋唐并无揭阳县。其次,冈州治所在今广东新会县北,当"崖山剧贼陈谦攻陷冈州"时,"隶广州扬威府"的陈政就应该领兵前往剿灭,却为何舍近求远、避其锋芒,从潮州提兵,到千里之外的漳州地区去呢?再次,既"隶广州扬威府",陈元光怎么又会听从循州司马高琔的调遣呢?还有,漳州属江南东道,广州、循州、潮州属岭南道,如果不是唐朝中央朝廷的旨意,"隶广州扬威府"的陈元光又怎敢越界到漳州平乱呢?众多疑问表明,陈元光不可能"隶

① 《旧唐书》卷 188,《孝友·陈集原传》。
② 《新唐书》卷 195,《孝友传》。
③ [雍正]《广东通志》卷 44,《潮州府·人物》。
④ [乾隆]《潮州府志》卷 29,《人物·武功》。

广州扬威府",也不可能是揭阳人。

另外,陈元光为揭阳人的文献依据均来自广东方志,很可能是修志先人出于"扬善颂贤"的感情而给予立书传世的做法,其说服力明显不足。持揭阳说者,也认识到了这一点,为了增加其说服力,他们又搬出唐人张鷟的《朝野金载》为佐证。其文曰:"周岭南首领陈元光设客,令一袍袴行酒。光怒,令曳出,遂杀之。须臾烂煮,以食诸客。后呈其二手,客惧,攫喉而吐。"从文中反映出陈元光性情暴戾,得出结论:"陈元光是岭南首领这一点决无可疑。"其实,张鷟被流放岭南,写《朝野金载》时,陈元光早已去世,他所记述的只是道听途说的传闻。潮学研究专家饶宗颐《潮州志》和民国《福建通志》都认为《朝野金载》"抑小说家言,固不足信欤"!洪迈《容斋续笔》也评论说:"《金载》记事,皆琐尾擿裂,且多媟语。"①可见,该笔记小说所说,是不能引以为据的。

3. 固始说。说陈元光为固始人者,文献依据最多,如:

成书于康熙年间的《粤闽巡视纪略》记载:"将军山,在云霄城西,与大臣山隔溪列峙,唐戍将陈元光居此。元光,字廷炬,固始人。"②

《全唐诗》陈元光诗前小传:"陈元光,字廷炬,光州人,高宗朝以左郎将戍闽,进岭南行军总管,奏开漳州为郡,世守刺史。"③

雍正《河南通志》:"陈元光,字廷炬,光州人。年十三领乡荐第一,总章间从其父政领将兵五十八姓以戍闽。"④

乾隆《福建通志》载:"陈政,字一民,光州固始人。太宗朝从父克耕攻克临汾等郡。高宗总章二年,泉潮间蛮獠啸乱,进政朝议大夫,统岭南行军总管事,出镇绥安。"同卷,"陈元光,光州固始人,以鹰扬卫将军随父政戍闽。"⑤

上述引文中,如果说《河南通志》可能会有感情因素在里面,可信度不是很高外,其他三种则完全可以让人信服。《粤闽巡视纪略》所记乃工部尚书、秀水(今属浙江)人杜臻奉诏巡视闽粤时的所见所闻,与"撷拾舆记者固异"⑥,具有

① 宋·洪迈:《容斋续笔》,卷12。
② 清·杜臻:《粤闽巡视纪略》卷4。
③ 《全唐诗》卷45,《陈元光小传》。
④ [雍正]《河南通志》卷63,《忠烈》。
⑤ [乾隆]《福建通志》卷30,《名宦·漳州府》。
⑥ 《四库全书总目》卷58,《史部十四·传记》。

较高的可信度。《全唐诗》是康熙年间由彭定求等一批翰林学士奉敕所编纂的一部唐代诗歌总集。关于陈元光的里籍,其时有河东、揭阳之说,包括彭定求等在内的饱学之士们不会不闻,可他们不从旧说,却选择晚出的固始之说,其中必定有一定道理。《福建通志》乃陈元光开漳之地的史志,他们对陈元光里籍的最有发言权。

我们还可以从唐初全国形势、军事制度以及固始人口状况来分析陈元光的里籍为光州固始的合理性。

唐代前期的主要军队为府兵和募兵。府兵是一种固定的兵制,有固定的兵员和编制。"凡三年一检点"①,"成丁而入,六十出役"②,一经检点入军,原则上到老才能从兵籍上除名。从府兵制特点来看,兵额有限,能够用于出征的数量不会太多。府兵从21岁到59岁,都在兵籍上,本身免除租庸调和杂役。府兵数量过多,就要严重影响政府的财政收入。"若次男以上,并点入军,租赋杂役,将何取给?"③因此,兵额必须严加控制。据文献记载,府兵兵额最多为六十多万。府兵又是轮番制(五番到九番),即使按五番计算,一次上番最多为十多万。如果一次征发府兵太多,就会影响它的正常运转。府兵的主要任务是:番上宿卫,保卫皇帝、保卫京师;征行;在镇戍防守。放在第一位的是宿卫。除了宿卫和戍守,能用于出征的数量不多。遇到大规模的战争,需要数量众多的兵员时,不得不求助于其他各种兵源。募兵是主要的一种。

募兵不是一种固定的兵制,平时没有固定的兵员和编制,有事征募,事罢即回到家乡,或就地恢复民丁的身份。正因为募兵具有开支小的特点,在唐代前期,被广泛采用。如贞观十八年(644年),唐太宗第一次对高丽的战争,虽然是御驾亲征,但统率的军队多数是募兵,府兵只是一小部分。④唐太宗自己说是接受了隋炀帝失败的教训⑤,这只是次要原因,更重要的原因是府兵兵员不够。唐太宗出征前,以房玄龄留守京师,萧瑀留守洛阳,又命刘洎辅佐太子李治在定州监国。这样一来,兵力分散,府兵兵员明显不够。尉迟敬德上疏云:"陛下亲征

---

① 《唐六典》卷5,《兵部》。
② 《通典》卷29,《折冲府》。
③ 《唐会要》卷85,《杂录》。
④ 《旧唐书》卷3,《太宗本纪下》。
⑤ 《资治通鉴》卷197,《唐纪十三》。

辽东,太子在定州监国,长安、洛阳心腹空虚,恐有玄感之变。"①长安、洛阳镇守兵也显得不够,可见府兵数量与实际需要有很大距离。贞观二十二年(648 年),唐太宗准备第二次进攻高丽,主力也是募兵。这从太宗"遣陕州刺史孙伏伽召募勇敢之士"②,以及房玄龄反对这次战争的疏文"罢应募之众"③,可以得到证明。

唐高宗时,灭百济、高丽时亦大量使用募兵。《旧唐书·刘仁轨传》述募兵云:"显庆五年,破百济勋,及向平壤苦战勋,当时军将号令,并言与高官厚赏,百方购募,无种不道。泊到西岸,唯闻枷锁推焚,夺赐破勋。"④所谓"破百济勋",指显庆五年募兵在灭百济之战中所获勋级;"平壤苦战",指龙朔元年(661 年)至龙朔二年二月,苏定方指挥唐军围攻平壤之战。可见,这两次大战,都有大量募兵参加。

显庆五年,唐灭百济之后,进而企图征服高丽,不断调遣募兵去朝鲜半岛。《旧唐书·高宗本纪》载:显庆六年(661 年)正月乙卯,"于河南、河北、淮南六十七州,募得四万四千六百四十六人,往平壤带方道行营。"⑤麟德元年(664 年),熊津都督府的镇兵都为募兵。这些募兵说,"自显庆五年以来,征人屡经渡海"⑥。

《旧唐书·高宗本纪》载:咸亨三年(672 年)"春正月辛丑,发梁、益等一十八州兵募五千三百人,遣右卫副率梁积寿往姚州击叛蛮。"⑦

仪凤二年(677 年)"十二月乙卯,敕关内、河东诸州召募勇敢,以讨吐蕃"⑧。三年正月"癸未,遣左金吾将军曹怀舜等分往河南、北募猛士,不问布衣及仕宦"⑨,"召募关内、河东及诸州骁勇,以为猛士,……又令益州长史李孝逸、巂州都督拓王奉等发剑南、山南兵募以防御之"⑩。

---

① 《资治通鉴》卷 197,《唐纪十三》。
② 《册府元龟》卷 135,《帝王部·好边功》。
③ 《旧唐书》卷 66,《房玄龄传》。
④ 《旧唐书》卷 84,《刘仁轨传》。
⑤ 《旧唐书》卷 4,《高宗本纪上》。
⑥ 《资治通鉴》卷 201,《唐纪十七》。
⑦ 《旧唐书》卷 5,《高宗本纪下》。
⑧ 《旧唐书》卷 5,《高宗本纪下》。
⑨ 《资治通鉴》卷 202,《唐纪十八》。
⑩ 《旧唐书》卷 196 上,《吐蕃传上》。

唐朝初年,朝廷的边防重心在西北的吐蕃和东北的百济、高丽,由此我们完全可以断定,当陈政所率府兵遇到阻力,唐廷无法派出增援的府兵时,自然会让陈政家乡光州固始县征集、差发募兵,前往增援。同时,当时固始的人口众多,又完全能够征集足够的募兵。据《元和郡县图志》记载,开元二十年(732年),光州"户二万九千六百九十五"①。当时光州领有定城、殷城、固始、光山、仙居5县,其中固始为上县,人口应该高于平均数六千户。再从唐代"量户口定州县等第例",即"至开元十八年三月七日,以六千户以上为上县,三千户以上为中县,不满三千户为中下县"②来看,固始当时的人口亦当在六千户以上。若以每户出一丁算,便可征集到6 000名兵士。

由此可见,从唐初全国形势、军事制度以及固始人口状况开看,陈元光里籍是光州固始都最具合理性。

陈元光是光州固始人,随陈政父子入闽的将士无疑以固始人居多,他们落籍闽地,使得固始人成为福建居民的重要组成部分。

(二)追随王潮、王审知兄弟入闽汉人以光州固始籍为主体

从文献记载来看,随王潮、王审知兄弟入闽的光州固始人的数量是很大的,《资治通鉴》载王绪军南迁之始,"悉举光、寿兵五千人,驱吏民渡江"③;元代文学家陆文圭也说"唐季王潮昆弟者,挟百八姓自固始转战入闽"④;《新五代史》称,当王绪军队进入福建之时已有数万人,"自南康入临汀,陷漳浦,有众数万"⑤。这数万义军中除起事时数百人为寿州人外,绝大多少应该是自光州固始随军南下的将士及随军家属。

王绪军是为逃避秦宗权的打击而被迫离开家乡的,因此,寻求安定的生存发展空间应是他们的首要任务。而唐初随陈元光入闽的固始人在福建定居下来后,就一直与固始老家保持着联系,固始人对人口较少,相对安定的福建早有耳闻,以固始人为主的王绪军自然会选择福建作为避难之所。不少固始人都是携家带口随着王绪军队南下的,关于这一点,从当军队遇到供应困难时王绪下令

---

① 唐·李吉甫:《元和郡县图志》卷9,《河南道五》。
② 宋·王溥:《唐会要》卷70,《量户口定州县等第例》。
③ 《资治通鉴》卷256,《唐纪七十二》。
④ 元·陆文圭:《墙东类稿》卷12,《清河令王公(友迪)墓志铭》。
⑤ 《新五代史》卷68,《闽世家》。

"无得以老弱自随"一事便能得到证实。

　　另,王潮是在固始籍乡人的支持下,从王绪手中夺取兵权的,因此入闽官兵中固始籍当不在少数,《十国春秋》记载的固始籍将领有张睦、邹勇夫、邹馨等,"张睦,固始人,唐末从太祖入闽"①,"邹馨,光州固始人,以宣府校卫从太祖入闽"②,"邹勇夫,光州固始人,以单骑从太祖兄弟入闽"③。邹馨殁于战场,张睦、邹勇夫则在福建定居了下来。《张志道墓碑》称:"其先有光禄大夫讳睦者,自光之固始从王审知入闽,始居古田之梅溪。"④《十国春秋》记载:"后南唐蓄吞并之志,归化镇适当要冲,景宗命勇夫往镇之……子相遂家于其地。"⑤

　　而地方史志、家乘谱牒等文献中记载随王潮兄弟入闽的固始军兵更是不胜枚举,他们大都在福建安了家。如,晋江《沪江侯氏族谱》记载:"据考,闽侯氏的先祖在山西上谷郡,汉朝大司徒侯霸公的后裔。唐僖宗光启元年,侯氏先祖就随王审知从河南光州南下征战并入闽至泉。侯祚昌是审知裨将,审知封为闽王后,提拔侯祚昌为节度判官。从此他的全家就居住在泉州府境内。"⑥仙游《罗峰傅氏族谱·唐入闽始祖恭记》记载:"实公之高祖时新公任光州固始邑令,厥后子姓相延,蕃衍于大江南北。唐广明时,实公则自光州固始同王潮渡江入闽,靖国宁疆,海邦建绩,官拜威武军节度招讨使、检校尚书左仆射兼御史大夫上柱国,爵加银青光禄大夫……生八子,遂宅于泉州东湖。"⑦宋黄榦《潘植行状》说:"君讳植,字立之,姓潘氏,九世祖讳某,事王氏为银青光禄大夫,自光州固始入闽,家于福州怀安县之水南。"⑧《蓬莱尤氏族谱·八修蓬莱族谱序》记载,今永春达埔镇蓬莱村尤氏,入闽始祖原姓沈,名思礼,唐河南光州固始县人,随王审知入闽,升为驸马都尉,因避王审知讳,乃将沈去水留冘,改为"尤氏",定居于武荣金田(今南安南厅乡)。福州尧沙唐氏入闽始祖唐绮,光州固始人,唐末随王潮、王审知

①　《十国春秋》卷95,《张睦传》。

②　《十国春秋》卷95,《邹馨传》。

③　《十国春秋》卷95,《邹勇夫传》。

④　明·杨荣:《文敏集》卷19,《故翰林侍读学士朝列大夫张公(志道)墓碑》。

⑤　《十国春秋》卷95,《邹勇夫传》。

⑥　苏黎明:《泉州家族文化》,中国言实出版社,2000年。

⑦　庄为玑、王连茂:《闽台关系族谱资料选编》,福建人民出版社,1985年。

⑧　宋·黄榦:《勉斋集》卷37,《处士潘君(植)立之行状》。

入闽,因功被赐封为开闽昭义大元帅,曾在福州于山北麓鳌峰坊建"元帅府"。①

从王氏兄弟入闽的固始人的数量非常可观,陆游就说:"唐广明之乱,光人相保聚,南徙闽中,今多为大家。"②明代宰相杨荣也说:"闽之著姓,其先世多光州固始人,盖自五代时从王审知入闽,遂家于此。"③以陈氏为例,宋代学者陈襄先祖便是随王氏兄弟入闽的,刘彝《陈先生祠堂记》称:"公(陈襄),字述古,其先光州固始人,唐广明初,巢贼乱中原,豪杰乘之蜂起,善族往往避地遐远,故随王潮入闽,寻仕于闽王审知,乃居福州。"④孙觉《陈襄墓志铭》也说:"公姓陈氏,讳襄,字述古,其先光州固始人,五代时王氏入闽因随家焉,今为福州侯官县古灵人。"⑤明代东阁大学士杨士奇为书法家陈思孝作墓志铭时,追述其先世说:"其先居光之固始,唐季从王审知入闽,家福唐之玉融。"⑥明代宰相杨荣称,今长乐古槐陈氏,其先世光州固始人,盖自五代时从王审知入闽。⑦ 明代刑部尚书何乔新在为刑部郎中陈文亮所作墓志铭中称:"其先有讳夷实者,家光之固始,仕唐累官节度使,封郡王,子翾累封房国公。广明之乱,房公从王审知入闽,始家福唐,至检覆使怀粲,又自福唐徙连江。"⑧明代大文学家王世贞《福清陈氏宗谱序》说:"其先光州之固始人,从王潮入闽而家福清之南阳村。"⑨《福清市志》记载,今福清玉涧"陈氏始祖为唐御史中丞陈崇,由今河南固始县随王审知入闽,居于福州石井,唐天祐年间福清为陈中丞封地,择居县城西涧,称玉涧陈氏。岱石陈氏先祖居河南光州固始县,号光州处士,五代时,从王入闽,居福州贡院后日剑池。宋时,陈寿官宣义郎,徙永宾里岱石村。深巷陈氏始祖陈守贞唐代由河南固始县,迁福清方成里。传数代后又迁永东里深巷。"⑩《罗源县志》称,今中房乡曹弯陈姓(始祖陈苏)和凤坂乡七步陈姓(始祖陈巢云),始祖皆于唐中和五年(885

① 曾意丹,徐鹤苹:《福州世家》,福建人民出版社,2001年。
② 宋·陆游:《渭南文集》卷33,《傅正义墓志铭》。
③ 明·杨荣:《文敏集》卷23,《故大理寺右评事陈以义墓志铭》。
④ 宋·刘彝:《陈先生祠堂记》,载陈襄《古灵集》。
⑤ 宋·孙觉:《先生(陈襄)墓志铭》,载陈襄《古灵集》。
⑥ 明·杨士奇:《东里文集》卷19,《陈思孝墓志铭》。
⑦ 明·杨荣:《文敏集》卷23,《故大理寺右评事陈以义墓志铭》。
⑧ 明·何乔新:《椒邱文集》卷30,《明封奉政大夫刑部郎中陈先生墓志铭》。
⑨ 明·王世贞:《弇州续稿》卷70,《陈氏族谱序》。
⑩ 《福清市志》卷3,《人口·姓氏》,厦门大学出版社,1994年。

年）自河南固始县随王审知入闽。①

又如林氏，明代杨士奇所作《林兴祖墓表》说："林之先居光州固始，唐末讳靖者从王审知于闽，以功封忠烈侯，终于闽，子孙遂家福清之古隆。"②李时勉在《林居墓志铭》中写道："林氏本光州固始人，其先有曰庆源者，五代时仕为某官，从王审知入闽，居侯官。"③李东阳《林氏族谱序》曰："福州林氏出光之固始，五代时从王氏入闽。"④《侯官县乡土志》载："光启初，林穆又由固始随王氏来闽。"《平潭县志》记载今平潭县敖东镇桥锦头林氏始祖林昕，河南固始县人，五代后梁开平年间随王审知驻闽，择居于福州。⑤

又如黄氏，宋黄榦《贡士黄君仲玉行状》称："君讳振龙，字仲玉，姓黄氏，九世祖自光之固始从王氏入闽，因仕焉。"⑥宋代程珌《黄君茂龄墓志铭》曰："黄氏之先光州固始人也，五季之乱从王审知入闽为判官，因家焉。后析而三，一居福清之塔林，一寓闽邑之黄巷，其居长乐北乡之黄垄者，君之祖也。"⑦《虎丘义山黄氏世谱·入闽始祖传》记载："唐末乾宁四年丁巳始祖敦公行五，与父霸公偕弟膺公自固始从忠懿王审知入闽，初居清流梓潭村，……后居（闽清）梅溪场盖平里凤栖山"。同治《福建通志》记载，"黄讽，唐光启中由光之固始入闽。仕王昶为谏议大夫。"嘉靖《邵武府志》记载，"黄伸，字彦发，其先固始人，从王潮入闽，家邵武伸登。"《崇正同人系谱》记载，"黄氏系出瀛氏陆终之后。……五代时，自光州固始从王潮入闽，家于邵武，散居于莆田、浦城、福州、龙溪、漳州间。"

再如李氏，宋代林之奇在《李和伯（楠）行状》中写道："公讳楠，和伯其字也，其先居光州固始，唐末从王氏入闽，遂为福州侯官人。"⑧《宋史·李虚己传》记载："李虚己，字公受，五世祖盈，自光州从王潮徙闽，遂家建安。"南安《芙蓉李氏族谱·白水公初次修谱原序》云："先君所言曰，祖系光州固始县人也。五季初

---

① 游文良、黄宏纲：《罗源县志》第三篇，《人口·姓氏》，方志出版社，1998 年。
② 明·杨士奇：《东里续集》卷 29，《故广西布政使司右参议林君（兴祖）墓表》。
③ 明·李时勉：《古廉文集》卷 10，《国子学正林先生（居）墓志铭》。
④ 明·李东阳：《怀麓堂集》卷 27，《林氏族谱序》。
⑤ 《平潭县志》卷 3，《人口·姓氏构成》，方志出版社，2000 年。
⑥ 宋·黄榦：《勉斋集》卷 37，《贡士黄君仲玉行状》。
⑦ 宋·程珌：《洺水集》卷 10，《黄君茂龄墓志铭》。
⑧ 宋·林之奇：《拙斋文集》卷 18，《李和伯行状》。

从王潮入闽,厥后子孙因家于武荣芙蓉乡。"①《岭兜李氏族谱》记载,今南安金淘镇李氏,远祖系光州固始县人,随王潮入闽,厥后裔孙肇居梅山芙蓉。传至李仰宗时,始由芙蓉徙居今之岭兜。②台北县《李氏族谱》云:李氏"先世光州固始人,唐末随王潮入闽"③。《同安地山李氏家谱引序》记载:"其始光州固始县人也,同闽王王审知入闽,遂卜于县南人(仁)德里地山保家焉。"④同安《李氏族谱·重修族谱序》:"吾(同安)地山一派,相传始自光州固始县居民,当唐末梁初之时,随闽王王审知入闽,兄弟叔侄散出闽地,分居五山。"⑤

随王审知兄弟入闽的固始人对福建人口的影响是巨大的。唐元和年间,福建人口仅有 74467 户⑥,唐末,黄巢入闽"焚室庐,杀人如薙"⑦,使福建人口又进一步减少,人口不过数万户而已,而入闽的光、寿移民就达数万人,若以一户五口为计,仅仅这一批以固始人为主体的中原移民,可能就占了福建总人口的五分之一。⑧

不仅如此,王潮、王审知兄弟建立闽政权后,又有大批固始人投亲靠友进入福建,使固始人的比重进一步增加。与中原战事纷扰不同,闽地社会安定、富裕,因此,入闽固始籍军兵远在固始老家的亲朋好友、左邻右舍源源不断拥向闽地。如晋江施氏始祖施典,于昭宗十六年(902 年)偕二子宣教、宣议自光州固始入闽,择居牙水之右定名钱江。⑨ 今长乐营田陈氏一世祖陈图,号南坡,于梁开平二年(908 年)由河南光州固始迁入长乐石门(今属长乐市江田镇)。⑩ 漳浦杜浔邱氏先祖原居河南光州固始县浮光山下,于后唐天成二年丁亥(927 年)迁居福建⑪。明代翰林编修陈完仲,其先光州固始人,五代时因避梁难入闽居玉融南阳

① 庄为玑、郑山玉:《泉州谱牒华侨史料与研究》,中国华侨出版社,1998 年。
② 庄为玑、郑山玉:《泉州谱牒华侨史料与研究》,中国华侨出版社,1998 年。
③ 《台湾省通志》卷2,《人民志·氏族篇》,台湾省文献委员会,1970 年。
④ 陈良策:《同安地山李氏家谱引序》,引自《兑山李氏烟墩兜房族谱》。
⑤ [同安]《地山李氏族谱·序言》,转引自陈方平《福建族谱》,福建人民出版社,1996 年。
⑥ 《新唐书》卷 225 下,《黄巢传》。
⑦ 唐·李吉甫:《元和郡县图志》卷 29,《江南道五》。
⑧ 徐晓望:《闽台汉族籍贯固始问题研究》,载《台湾研究》,1997 年第 2 期。
⑨ 庄为玑、郑山玉:《泉州谱牒华侨史料与研究》,中国华侨出版社,1998 年。
⑩ 张天禄主编:《福州姓氏志》第二章,《陈姓》,海潮摄影艺术出版社,2005 年。
⑪ 漳浦县政协编:《漳浦文史资料》第 8 辑,《漳浦与台湾渊源关系专辑》,1989 年。

之新丰"①。固始人陈守约,后唐为左司员外郎,于后晋天福二年(937年)避乱来闽,居城南(闽县)之上渡,称江南陈是也。② 晋江社店陈氏始祖陈钦,于后晋天福六年(941年)避石晋之乱由光州固始入闽。③

此外,王审知兄弟重乡情,据有闽地之后,固始籍军兵均得到了较好安置,"审知据闽,偏重故乡,但仕籍中有自光州固始来者,遂得美官,迁且不次"④;"王审知因其众以定闽中,以桑梓故独优固始人"⑤。这些落籍福建的固始人因为有较高的地位,因此他们的后代往往非常兴旺,使得固始人的比重又有所增加。王审知本人就有12个儿子,而且全都身任官职。长子王延翰,王审知的当然继承人。养子王延稟,任建州刺史。三子王延钧、任过泉州刺史,最后在闽中称帝。四子王延丰,任罗城都指挥使、检校尚书右仆射。五子王延美,任节度行军都指挥使、检校司徒、韶州刺史。六子王延保,任右散骑常侍、洪州长史。七子王延武,任右散骑常侍、光州长史。八子王延望,任右散骑常侍、梧州司马。九子王延羲,也曾任过闽国皇帝,庙号景宗。十子王延喜,任右散骑常侍、易州司马。十一子王延政,任建州节度使、封富沙王。十二子王延资,任右散骑常侍、虔州司马。追随王潮兄弟入闽的固始人傅实,生有8子,子孙广泛分布于福、兴、泉、延、漳、建、郡、汀等地⑥。

正是由于由固始人建立的闽国,创造了一个和平、安定的发展环境,不仅境内人口出生率增加,死亡率减小,而且吸引了包括固始人在内北方人的大量移入,才出现了唐末宋初福建人口增长率奇高、不符合常规的现象(见下表)。

---

① 明·杨荣:《文敏集》卷21,《故儒林郎左春坊左赞善兼翰林编修陈先生(完仲)墓志铭》。
② [乾隆]《福建通志》卷62,《古迹·陈守约墓》。
③ 陈仲初:《晋江风物·姓氏源流专辑》,国际文化出版公司,2001年。
④ 明·郑纪:《东园文集》卷9,《郑氏族谱序》。
⑤ 宋·方大琮:《铁庵集》卷33,《题跋跋叙长官迁莆事始》。
⑥ 庄为玑、王连茂:《闽台关系族谱资料选编》,福建人民出版社,1985年。

## 唐末宋初福建人口变化情况一览表

单位:户

| 时间<br>地区 | 元和五年(810 年)① | 太平兴国五年(980 年)② | | |
|---|---|---|---|---|
| | 户口 | 户口 | 增长 | 增长率(%) |
| 福州 | 19 455 | 94 475 | 75 020 | 2.3 |
| 泉州 | 35 571 | 130 288 | 94 717 | 1.7 |
| 建州 | 15480 | 194043 | 178 563 | 6.8 |
| 漳州 | 1 343 | 24 007 | 22 664 | 10.0 |
| 汀州 | 2 618 | 24 007 | 21 389 | 4.8 |
| 总计 | 74 467 | 466 820 | 392 353 | 3.1 |

**(三)遗传学研究证明闽南汉族与河南汉族有紧密关系**

汕头大学吴德清利用基因扫描技术对闽南地区 122 例汉族人群的 15 个 STR 基因座遗传多态性研究显示,闽南汉族与河南汉族之间有紧密关系。③

短串联重复序列 STR(short tandem repeat),又称微卫星 DNA(microsallite DNA),其多态性又称为简单序列长度多态性(simple sequence length polymorphism,SSLP),与可变数目串联重复序列 VNTR(variable number of tandem repeats)共同作为第二代 DNA 遗传标记(第一代的 DNA 遗传标记是限制性片断长度多态性 RFLP)。STR 也是一种 VNTR,其重复片断长度为 2~6bp,重复次数为 10~60 次,大小一般为 100~350bp,平均每 10kb 就有一个 STR 基因座,在人类基因组中约存在数万个 STR 串联重复序列。STR 在遗传上是共显性的,符合孟德尔遗传定律。同一类微卫星 DNA 可分布于整个基因组的不同位置上,这种多态性具有极其丰富的信息量。由于其广泛分布于人类基因组中且蕴含丰富的多态信息量,被广泛应用于遗传制图、基因定位、遗传病的诊断、群体遗传学的研究、法医学鉴定等领域,是目前应用最广泛的遗传标记。

吴德清先生的研究显示,闽地地区 122 例汉族人群的 15 个 STR 基因座共检出 130 个等位基因,其频率分布在 0.0041~0.5123 之间;检出 371 种基因型,其频率分布在 0.008~0.352 之间。

---

① 唐·李吉甫:《元和郡县图志》卷 29,《江南道五》。
② 宋·乐史:《太平寰宇记》卷 100~102。漳州、汀州两州户数相同,恐有误,暂难考订。
③ 吴德清:《闽南地区汉族人群常染色体 15 个 STR 基因座遗传多态性的研究》,2006 年。

吴先生又选取 9 个 STR 基因座的基因频率,计算闽南汉族与其它汉族亚群的遗传距离,结果显示:天津汉族(0.0288) > 浙江汉族(0.0278) > 山西汉族(0.0250) > 广东潮汕汉族(0.0178) > 台湾汉族(0.0154) > 河南汉族(0.0139),闽南汉族与河南汉族的遗传距离最近,其次为台湾汉族、潮汕汉族。利用 Power-Marker v3.25 软件及 MEGA3.0 软件绘制闽南地区汉族与其它汉族亚群系统发生树,结果显示:河南汉族与台湾汉族首先聚成一类,其次与潮汕汉族、闽南汉族、山西汉族聚成一类;而浙江汉族与天津汉族聚成一类,然后才与上述汉族亚群聚成一类。遗传学资料进一步证实闽南汉族与河南汉族之间的紧密关系。

### 二、闽人族谱中固始籍贯不实问题

不可否认,在闽人族谱中有一些自称"先祖自光州固始来"的闽人族谱存在不实现象。如泉州《刘氏大宗世谱·族谱世牒》云:"始祖刘公讳锜,字信叔,号重珍。先是河南汝宁光州固始人也。唐天祐年间,鼻祖显斋公不受梁命,避地入闽,居建安,又居莆阳,数传而生皇祖讳极,极公生宋仁宗天圣九年辛未八月十五日戌时,卒徽宗崇宁二年癸未八月廿七日未时,享年七十有三,举丈夫子二,长即制置公锜也。公生而英发,仪表修美,声如洪钟。高宗建炎初为泾原经略使,屡胜西夏。夏人儿啼,怖以刘至。绍兴十年为东京留守,统八字军四万。"① 然而《宋史·刘锜传》却称:"刘锜,字信叔,德顺军人,泸州军节度使仲武第九子也。美仪状,善射,声如洪钟"。② 同书又称"刘仲武,字子文,秦州成纪人。"③ 不难看出两书所记刘锜系同一人,显然前者关于刘锜籍贯的记载是不真实的。

又如,民国《莆田县志》引用吴氏族谱:"唐僖宗时,屯田员外郎吴祭随王审知入闽,居莆之华岩山下,其侄吴兴筑北洋海堤及延寿陂,子孙聚族居西都,祭又迁居黄石。今北洋吴姓多兴之后,南洋吴姓多祭之后。"④ 延寿陂是唐代莆田极为有名的水利工程,由吴兴主持修建,《八闽通志》记载:"延寿溪,西附山,东距海,南北皆通浦。溪流元出渡塘,赴浦以于海。兴始塍海为田,筑长堤于渡塘,遏

① 《温陵芝山刘氏宗谱·世牒》,转引自陈支平:《福建族谱》,福建人民出版社,1996 年。
② 《宋史》卷 366,《刘锜传》。
③ 《宋史》卷 350,《刘仲武传》。
④ [民国]《莆田县志》卷 7,《风俗志》。

大流南入沙塘坂,酾为巨沟者三,南沟、中沟、北沟,广五丈或六丈,并深一丈,折巨沟为股沟五十有九,广一丈二尺,或一丈五尺,并深□丈,横经直贯,所以蓄水也。即陂之口,别为二派:曰长生港,曰儿戏陂。濒海之地,环为六十泄,所以杀水也。其利几及莆田之半。今郡指李宏所开者为南洋,吴兴所开者为北洋云。"①可是吴兴修筑延寿陂却在唐代建中年间(780～783年),《福建通志》记载:"延寿陂,在府城北。唐建中间郡人吴长官兴筑,溉北洋田二千余顷。"②而王审知入闽是在唐光启元年(885年),两者相差一百余年,建中年间就在莆田建造延寿陂等大型水利工程的吴兴怎么可能为一百多年后入闽的吴祭的侄子呢?

对于造成福建族谱均称其祖先皆从光州固始来的原因,宋代史学家郑樵在《家谱》后序中解释说:"吾祖出荥阳,过江入闽,皆有沿流,孰谓固始人哉? 闽人称祖皆曰自光州固始来,实由王潮兄弟,以固始之众,从王绪入闽,王审知因其众克定闽中,以桑梓故,独优固始人,故闽人至今言氏族者皆曰固始,其实滥谬。"③文学家方大琮说:"曩见乡人凡诸姓志墓者佥曰自光州固始来,则从王氏入闽似矣。又见旧姓在王氏之前者,亦曰来自固始。诘其说,则曰固始之来有二:唐光启中,王审知兄弟自固始,诸同姓入闽,此光启之固始也;前此,晋永嘉乱,林、王、陈、郑、丘、黄、胡、何八姓入闽,亦自固始,此永嘉之固始也。非独莆也,凡闽人之说亦然。且闽之有长材秀民,旧矣。借曰衣冠避地远来,岂必一处,而必曰固始哉? 况永嘉距光启相望五百四十余年,而来自固始,前后吻合,心窃疑之。及观郑夹漈先生集,谓王绪举光、寿二州以附秦宗权,王潮兄弟以固始之众从之。后绪拔二州之众南走入闽。王审知因其众以定闽中,以桑梓故独优固始人。故闽人至今言氏族者皆云固始,以当审知之时尚固始人,其实非也。然后疑始释,知凡闽人所以牵合固始之由。"④明代文学家郑纪也说:"昔光州王潮兄弟克寿,以三千众入闽,分处闽越间。审知据闽偏重故乡,但仕籍中有自光州固始来者,遂得美官,迁且不次,故闽人自隋唐以来,土著旧姓亦迁就其谱曰'自光州固始入闽',以希不次之恩。"⑤这就是说,王氏据闽建国称王,其家乡固始人受到优待,

---

① 《八闽通志》卷24,《食货》。
② [乾隆]《福建通志》卷7,《水利·兴化府》。
③ [乾隆]《福建通志》卷66,《杂记·丛谈二》。
④ 宋·方大琮:《铁庵集》卷33,《题跋跋叙长官迁莆事始》。
⑤ 明·郑纪:《东园文集》卷9,《郑氏族谱序》。

一些原本并非固始的闽人为了能够得到好处,也自称固始人,是造成"闽人称祖皆曰自光州固始"现象的原因。

### 三、固始现象的文化透视

尽管福建族谱中对于祖先来自光州固始确实存在记载不实的问题。但我们仍然不能将其一概否定,一则闽人先祖确有不少来自光州固始;二则闽人皆称先祖来自光州固始有其深刻的社会原因,其中蕴含着很复杂的文化意义。

其一,闽人皆称先祖来自光州固始与"中华民族皆称炎黄子孙"一样,是一种文化认同,并非完全存在血缘上的关系。

史书记载,中原各族和边疆各族均认为华夷同祖,都是炎黄子孙。比如,司马迁在《史记·五帝本纪》中就记载了华夏族和各少数民族都是炎黄子孙的情况,他认为汉族的先民华夏族出于黄帝,说"黄帝者,少典之子",黄帝生有昌意、玄嚣等25子,昌意生高阳(即颛顼);玄嚣生蟜极,蟜极生高辛氏(即帝喾),高辛氏生帝尧(放勳)。司马迁说建立夏朝的禹是"黄帝之玄孙而帝颛顼之孙也",把夏朝说成是黄帝的直接后裔。说殷商始祖契为帝喾次妃所生,也就是说殷商的始祖契是帝喾的儿子,殷商也是黄帝的后裔。司马迁又说周朝的始祖后稷(弃)为帝喾元妃所生,也就是说周朝的始祖后稷也是帝喾的儿子,周朝也是黄帝的后裔。司马迁明确指出,"自黄帝至舜、禹,皆同姓而异其国号","黄帝为有熊,帝颛顼为高阳,帝喾为高辛,帝尧为陶唐,帝舜为有虞。帝禹为夏后而别氏,姓姒氏。契为商,姓子氏。弃为周,姓姬氏。"把夏商周都说成是黄帝的子孙。

司马迁不仅将华夏族说成是黄帝的子孙,把中国的少数民族也说成是黄帝的子孙,他认为少数民族与华夏族有着重要的渊源关系,认为舜请求尧"流共工于幽陵,以变北狄;放驩兜于崇山,以变南蛮;迁三苗于三危,以变西戎;殛鲧于羽山,以变东夷"。把后来的蛮夷戎狄都说成是由中原的炎帝族和黄帝族发展而来。他在《史记·秦本纪》中说"秦之先,帝颛顼之苗裔",把人们向来认为属于戎狄的秦朝先人说成是黄帝的孙子高阳氏颛顼的后人。在《史记·楚世家》中说,"楚之先祖出自帝颛顼高阳",把人们认为属于南蛮的楚说成是黄帝的后裔。在《史记·越王句践世家》中说,"越王句践,其先禹之苗裔,而夏后帝少康之庶子也",属于夏后氏的禹是黄帝玄孙(也有人认为是黄帝的九世孙),也就是说被人们视为夷蛮的越王句践也是黄帝的后人。在《史记·东越列传》中说"闽越王无诸及越东海王摇者,其先皆越王句践之后也",越王句践是黄帝的后裔,两越的夷蛮是越王句践的后裔,自然也就是黄帝的后裔了。《史记·吴太伯世家》太史公曰:"余读《春秋》古文,乃知中国之虞与荆蛮句吴兄弟也",认为建立句吴的吴太伯是周太王的儿子、周文王的伯父,周武王时分封吴太伯之后周章建立吴国,在"夷蛮";分封周章的弟弟虞仲建立虞国,在"中国"。虞向来被看成属于中国,吴则被视为荆蛮,在司马迁看来,虞和吴都是周朝太王的后人,周王又是黄帝的后人,属于荆蛮的吴也就成了黄帝的后人。司马迁在《史记·匈奴列传》中又说"匈奴,其先祖夏后氏之苗裔也,曰淳维",《史记·匈奴列传·索隐》引乐彦《括地谱》云"夏桀无道,汤放之鸣条,三年而死。其子獯粥妻桀之众妾,避居北野,随畜移徙,中国谓之匈奴",认为匈奴是夏桀之子的直接后裔,也就是夏后氏大禹的后裔,禹是黄帝的后裔,匈奴自然也就成了黄帝的后裔。

　　司马迁关于中国各个民族均为炎黄子孙的说法,对后世产生了深远影响,不仅为众多史学家所采纳,也得到了中国少数民族的普遍承认和赞赏。后来的少数民族大多沿袭司马迁的说法,强调自己是炎黄子孙。比如,《晋书·赫连勃勃载记》记载,十六国时期,匈奴人赫连勃勃建立的大夏政权,"自以匈奴夏后氏之苗裔也",因此定国号为大夏。赫连勃勃曾强调自己是"大禹之后",要"复大禹之业",完全把自己说成是黄帝的后人。十六国时期氐人苻洪曾建立前秦政权,《晋书·苻洪载记》说苻洪"其先盖有扈之苗裔,世为西戎酋长",《史记·夏本纪》记载,"禹为姒姓,其后分封,用国为姓,故有夏后氏、有扈氏、有男氏、斟寻氏、彤城氏"等,可知有扈氏为大禹之后,也就是说氐人也称自己为黄帝的后人。《晋书·姚弋仲载记》记载十六国时期建立后秦的羌人"其先有虞氏之苗裔",有虞氏即帝舜,他们认为"禹封舜少子于西戎,世为羌酋"。卢水胡人沮渠蒙逊也说,羌人姚氏"舜后,轩辕之苗裔也"①,轩辕即黄帝,说明不但羌人把黄帝看成了自己的始祖,就是其他少数民族也承认羌人是黄帝的后裔。《晋书·慕容廆载记》认为慕容鲜卑"其先有熊氏之苗裔,世居北夷,邑于紫蒙之野,号曰东胡",《十六国春秋·前燕录》则更加具体地说"昔高辛氏游于海滨,留少子厌越以君

---

① 《晋书》卷129,《沮渠蒙逊载记》。

北夷,邑于紫蒙之野,世居辽左,号曰东胡",有熊氏即黄帝,高辛氏帝喾是黄帝的后代,东胡族是帝喾少子厌越的后代,也就是黄帝的后代,由东胡族分出来的鲜卑自然也就是黄帝之后了。《魏书·序纪》又称"昔黄帝有子二十五人,或内列诸华,或外分荒服,昌意少子,受封北土,国有大鲜卑山,因以为号",建立北魏政权的拓跋鲜卑人以黄帝之子昌意少子为自己的直接祖先,他们认为"黄帝以土德王,北俗谓土为托,谓后为跋"①,因称自己为鲜卑拓跋氏。控制西魏政权的鲜卑人宇文泰则称"其先出自炎帝神农氏,为黄帝所灭,子孙遁居朔野"②。宇文泰的儿子建立北周政权的宇文觉更明确地说"予本自神农"③。炎帝和黄帝是兄弟,同出于少典,鲜卑人有关始祖的说法虽然有黄帝和炎帝之不同,但最终还是一源。从鲜卑族中分出来的契丹族也承认自己是炎黄子孙,《辽史·世表》记载说:"庖牺氏降,炎帝氏、黄帝氏子孙众多,王畿之封建有限,王政之布濩无穷,故君四方者,多二帝子孙","考之宇文周之书,辽本炎帝之后,而耶律俨称辽为轩辕后",也就是说《周书》认为契丹是炎帝之后,耶律俨所作《辽史》则将契丹说成是黄帝之后,脱脱主持编写的《辽史》经过考证,认为契丹出于"炎帝之裔曰葛乌菟者",主张契丹为炎帝之后。生活在东北地区的高句丽也把自己说成是黄帝的后裔,《晋书·慕容云载记》记载,被冯跋拥立建立北燕政权高云的祖父高和,本是"高句骊之支庶,自云高阳氏之苗裔,故以高为氏焉",高阳氏颛顼是黄帝的孙子,说明,高句丽也把黄帝看成了自己的祖先。西南蛮夷,多谓自己出于槃瓠,槃瓠虽非炎黄直接后裔,但据《后汉书》记载,也与黄帝的后人高辛氏帝喾有关。《后汉书·南蛮西南夷列传》说,高辛氏时期,犬戎常来寇掠,帝喾深以为患,遂下令说,如果有人能取得犬戎吴将军之头,赏赐黄金千镒,封邑万家,并将自己心爱的女儿嫁与他为妻。帝喾养有一条名叫槃瓠的五彩狗,据《后汉书》引《魏略》说:"高辛氏有老妇,居王室,得耳疾,挑之,乃得物大如茧。妇人盛瓠中,覆之以槃,俄顷化为犬,其文五色,因名槃瓠"。这条名叫槃瓠的狗,听说帝喾悬赏捉拿犬戎吴将军,遂将犬戎吴将军的头取来,交给了帝喾,帝喾见是一条狗杀死了犬戎吴将军,有意毁弃前言,不想将自己的爱女许配给这条狗。帝喾的女儿听说其

①　《魏书》卷1,《序纪》。
②　《周书》卷1,《文帝纪上》。
③　《周书》卷3,《孝闵帝纪》。

事,以为帝喾不应该违背前言,失去信誉,遂自愿请求嫁给槃瓠。于是,槃瓠与帝喾的爱女走入南山,居住在一个石室中,生了6男6女,后来子孙繁衍,号曰蛮夷。按照这一传说,西南蛮夷虽非黄帝子孙,但却是黄帝曾孙帝喾外甥的子孙,如果将女儿也按照父亲的世系计算的话,那么西南蛮夷也就成了高辛氏帝喾的直接后裔。这只是一种传说,还有的传说,说西南夷蛮是禹或舜的直接后人,如《汉书·地理志》说,粤地,包括苍梧、郁林、合浦、交阯、九真、南海、日南等地,"其君禹后,帝少康之庶子",把古代百越地区的少数民族说成是禹的后人少康的直接后裔。《明史·土司列传》则说"西南诸蛮,有虞氏之苗,商之鬼方,西汉之夜郎、靡莫、邛、莋、僰、爨之属皆是也",把西南蛮夷说成是帝舜有虞氏的直接后裔。可见,关于中国历史上西南少数民族始祖的传说,虽然不甚一致,但都与炎帝和黄帝的后裔有关。

以上可以看出,中国历史上的各个民族均主张自己的始祖出于炎帝和黄帝,而炎帝和黄帝都出于少典氏,又与盘古开天辟地有关,这种中华民族起源于一个祖先的一源论说法,今天看来,是不科学的,因为中华民族和文明的起源并非一源,而是多源,具有多元一体的特点,这已为中国长江流域、黄河流域、燕辽地区丰富的远古人类考古及其文化所证明,已经成为学界的普遍共识。①

尽管关于"华夷同祖"的中华民族起源的一源论说法是不科学的,但他却可以说明中国历史上的中原民族和边疆民族在血缘上是比较接近的民族,反映了中华各民族在发展过程中逐渐混血融合的趋势,反映了中国历史上"华戎一族"或"胡越一家"②思想的源远流长,反映了中原民族对边疆民族自古以来就是一家的思想认可,也反映了中国历史上少数民族对炎黄文化的心理趋同。确实,中国历史上各个民族在思想文化方面具有一定的同一性,中原文化不断向边疆地区辐射并不断吸收边疆文化中的有益成分,边疆民族则对中原文化有着一种似乎母体文化的心理认同,他们都崇尚以儒家思想为主要内容的汉文化,并将其作为自己修身、齐家、治国、平天下的指导思想,使得他们的文化成为中华文化的有机组成部分。

---

① 参见王钟翰主编:《中国民族史》,中国社会科学出版社,1994年。
② 《资治通鉴》卷194,《唐纪十》。

其二,与闽越文化相比,中原文化无疑是强势文化。文化本身并没有优劣之分,但有发展水平的高低程度的差别。所谓强势文化,主要是指代表了更高生产力水平,能够向其他文化单向流动并产生强烈影响的文化。强势文化的传播特征主要是从高文化区向低文化区单向流动。① 文化本身具有流动性,它一经形成,就会与其他文化发生交流,强势文化更是如此,由于它代表了更先进的生产力水平,其外溢性就更加强烈,在文化之间的交流中,主要体现为它朝生产力水平更低的区域单向流动。汉唐之间,中华文明已经取得举世瞩目的成就。尽管当时的文化成就是由各族人民共同缔造的,但当时的政治、经济和文化中心是在中原地区,因此,汉唐时期中华文明的发展程度实际上也同样体现了中原文化的发展水平。而当时的闽越地区由于开发较晚,文化相对落后。文化本身具有流动性,在这两种文明发展程度差距悬殊的情况下,中原地区的强势文化必然要占领闽越地区。

中原文化除了因为本身具有更为先进的文明程度而在对外传播中显示出强势文化的特征外,还会因为受到非文化因素——政治强权的大力扶持而带上强权文化的色彩。所谓强权文化,主要是指凭借政治力量强行向其他国家、地区和民族传播的文化。② 文化与政治的关系是辩证的,强势文化往往会产生强权政治,强权政治反过来又会支持和维护这种文化。强权政治建立后,统治者为了巩固和扩大自己的统治地位,必然会借助手中掌握的政治权力,推行自己的统治理念、道德秩序和价值观念,使之成为普遍接受的行为准则。就在这种政治权力的大力支持下,强势文化又获得了更大的对外传播的力量。与中原地区拥有先进的农耕文明相一致,这里很早就产生了中央集权。这些政权在"大一统者,天地之常经,古今之通谊也"③的思想支配下,都以统一天下为己任,凭借强大的经济和军事实力,积极向周边民族地区扩张。王审知建立闽国后,就颁行法令、设立学校、实行科举等,大力推行中原文化中的儒家道德体系和价值观念。正是在封建政权的大力推动下,先进的中原文化在这里得到了更加广泛而又深入的传播。

中原文化的先进性使得由北方南迁而来的中原人在闽地土著人面前往往表

---

① 张志昌:《论强势文化传播的主要特点》,载《西安工业学院学报》,2005 第 5 期。
② 郭洁敏:《析文化强权与文化冲突》,载《毛泽东邓小平理论研究》,1997 第 2 期。
③ 《汉书》卷56,《董仲舒传》。

现出某种自豪感和优越性。尤其是唐初随陈元光和唐末随王审知兄弟入闽的固始人是以征服者的身份进入闽中社会的,他们的自豪感更强。为了显示自己有别于其他入闽的北方汉人以及当地土著人,固始人便打出了"固始"这张牌。而那些其他地方入闽的汉人以及原有的福建土著为了适应社会生存和谋求发展的需要,也纷纷以"固始"相标榜。正是在闽地土著人对中原文化的认同和强势中原文化的渗透双重作用下,才有了闽人皆称先祖来自固始的现象。

## 第四节　固始入闽姓氏举略

为了全面反映固始人入闽的情况,也为了满足固始后人寻根问祖的需要,同时也为固始祖地开展寻根活动提供依据,这里将固始入闽姓氏的有关资料按汉语拼音的顺序予以罗列。

### 一、蔡氏

固始蔡氏入闽多在唐末,有避黄巢之乱来者,如《台湾省通志·人民志·氏族篇》记载:"(蔡姓)本周姬姓之后……唐时移迁河南光州固始县……唐末避黄巢之乱,迁于福建闽南。"[1]有随王审知兄弟而来者,如,石狮《晋邑仑山祥凤蔡氏家谱》称该族始祖蔡厚翁,于唐末自河南光州固始随王潮来泉,其后代即移居大仑。[2]《塘东蔡氏族谱》称晋江金井镇蔡氏,先祖于唐末由河南光州入闽,初居兴化,宋时始迁徙青阳,宋元之际定居塘东。[3] 宋代大书法家,官至端明殿学士的蔡襄的先祖也是唐末由光州固始迁居福建的,始祖蔡用元,在王潮、王审知兄弟率众从河南固始入闽时,举家迁居闽之泉州,初为同安人,后卜居仙游赤湖蕉溪,遂为莆阳一世祖,至蔡襄时迁居莆田南门外(即今蔡宅村)。[4] 关于蔡襄的祖籍,在宋元一些文献中均有记载,如宋代陈思《两宋名贤小集》蔡襄小传便称"蔡襄,

---

① 《台湾省通志》卷2,《人民志·氏族篇》,台湾省文献委员会,1970年。
② 庄为玑、郑山玉:《泉州谱牒华侨史料与研究》,中国华侨出版社,1998年。
③ 庄为玑、郑山玉:《泉州谱牒华侨史料与研究》,中国华侨出版社,1998年。
④ 陈仲初:《晋江风物·姓氏源流专辑》,国际文化出版公司,2001年。

字君谟,其先自光州固始入闽,家仙游,又迁莆田,遂为莆田人。"①元代陈高所作
《蔡氏族谱跋》也称:"今考其谱,三府君唐僖宗时由光之固始入闽,居赤湖,其子
分处平阳、莆田。居莆田者六世而为端明殿学士、忠惠公讳襄,以文章德业为宋
名臣。"②有为官来者,建阳《庐峰蔡氏族谱》称该族始祖蔡炉,字迁器,唐代固始
人,官至凤翔节度使。乾宁四年(897年)谪迁建阳令,于是择居建阳麻沙,开基
肇族。明代沈鲤为兖州同知蔡光所作墓志铭追述光先祖时也说:"公名光,字汝
谦,黙斋其别号也。世本光州人,唐乾宁中有入闽为建阳令者。"③还有一些家谱
由于世远年湮,先祖名号已不得而知仅记先祖来自固始,如琼林《蔡氏族谱序》
载:先世自光州固始迁福建同安,复由同安迁于梧州的许坑,其后有十七郎者入
赘于琼林(今属金门)陈家,是为琼林派始祖。④

　　宋代有固始蔡氏兄弟三人迁入福建,并在闽粤、台湾及南洋各地产生了蔡、
柯、辛三姓联宗现象。刘大治《济阳渊源考略》在谈及柯、蔡、辛联宗事时说:"时
移世移,代远年湮。至宋代,柯、蔡先祖由河南济阳府固始县入闽,兄弟三人,初
居福州下大路风陈鄞乡,及后分姓各处,辟地开族,起盖宗祠。长兄入辛姓,灯号
青阳堂,分支住惠安辖龙王庙前,离泉州路程六铺三里,离崇武一铺三里,后再分
支往漳州各县。次弟入柯姓,分支往泉州东门外晋江辖,后再分支永春诗山一
仑,并葬风水,在永春起盖宗祠,灯号瑞鹊堂,后分支泉州豪衙埕,亦起盖宗祠,祠
亦名瑞鹊堂,继而分支漳泉各县。三弟入蔡姓,分枝往东门外,离城二铺三里洛
阳桥南,聚众而居,兴建宗祠,地灵人杰,财丁兴旺,其后分枝莆田、漳、泉各地,又
分为青阳、莆阳、洛阳三世系。蔡姓灯号济阳堂。辛、柯、蔡三姓族亲春秋二度祭
祖,时在阴历二月十五日、八月十五日。赴席宴会,以敦族谊。蔡姓太祖之墓在
福州大陆风陈,三姓在福州之宗祠,三姓均有存志,惟济阳堂三姓均可通也。"⑤

## 二、曹氏

　　固始曹氏入闽在唐末,相传台湾省曹氏古居河南光州固始,唐末避黄巢乱,

①　宋·陈思:《两宋名贤小集》卷71,《蔡忠惠集》前蔡襄小传。
②　元·陈高:《不系舟渔集》卷14,《蔡氏族谱跋》。
③　明·沈鲤:《亦玉堂稿》卷10,《赠奉政大夫兖州府同知黙斋蔡公墓志铭》。
④　杨绪贤:《白话台湾区姓氏堂号考》,台湾新生报社,1981年。
⑤　刘大治:《济阳渊源考略》第八,转引自陈支平:《福建族谱》,福建人民出版社,1996年。

辗转入闽,定居漳州,其裔遍闽南。① 有名可考的固始曹氏入闽者是沙县开县始祖曹朋,同治《福建通志·宦绩传》记载,"曹朋,字仲益,光州固始人。中和间以汀州司录摄县。乾符初与崇安镇将邓光布协谋徙县治于沙坡。其子孙附籍于沙邑。"②

### 三、陈氏

有记载的固始陈氏入闽最早在西晋永嘉之乱后,闽侯县南通镇陈厝村陈氏始祖陈润官西晋散骑都尉、南海太守,为避乱于西晋末年自光州固始携眷入闽。③

唐初陈政父子奉敕率领 58 姓入闽,子孙留居漳州。《浯阳陈氏族谱》序称:"太始祖讳政公,原系汝宁府光州固始县籍也,股肱唐室,历建弘猷,固赐姓曰唐将军,是朝总章二年(669 年)奉敕驻闽,迨厥子元光、珦公,累袭祖职,复进驻于漳城,其丰功伟烈,卓越今古,啧啧载人口碑焉。"④晋江深沪陈氏系陈元光之弟陈元勋之后,宋元之际有名陈元恺者迁居晋江龙湖炉灶,后再徙深沪。⑤

固始陈氏大规模入闽在唐末,明代宰相杨荣就说:"闽之著姓,其先世多光州固始人,盖自五代时从王审知入闽,遂家于此,今长乐古槐陈氏其一焉。"⑥《台湾省通志·人民志·氏族篇》也说,"安禄山之变,中原板荡,留居河南之陈姓,随王潮入闽者,为数似亦不少。"光绪《侯官乡土志》、《闽县乡土志》皆称,陈元光之孙詠回迁固始,官光州司马,其后人又随王潮迁福州。陈氏子孙由此广布于福州的福清、闽侯、罗源、连江、长乐、平潭县,泉州的南安、晋江,以及莆田等地。

福清市:明代东阁大学士杨士奇所作《陈氏族谱序》谓:"陈,出虞舜之后,自周历汉晋至唐,代有显人。唐末居光州者,从节度使王审知入闽,居玉融,又徙长乐。"⑦他在为书法家陈思孝作墓志铭时,追述其先世又说:"其先居光之固始,唐

---

① 《台湾省通志》卷 2,《人民志·氏族篇》,台湾省文献委员会,1970 年。

② [同治]《福建通志》卷 31,《名宦·曹朋传》。

③ 福建省文化厅编:《八闽祠堂大全》,海潮摄影艺术出版社,2002 年。

④ [同安]《浯阳陈氏族谱》卷首,陈颖昌《族谱序》,转引自陈支平:《福建族谱》,福建人民出版社,1996 年。

⑤ 陈仲初:《晋江风物·姓氏源流专辑》,国际文化出版公司,2001 年。

⑥ 明·杨荣:《文敏集》卷 23,《故大理寺右评事陈以义墓志铭》。

⑦ 明·杨士奇:《东里续集》卷 12,《陈氏族谱序》。

季从王审知入闽,家福唐之玉融。"①明代杨荣在为翰林编修陈完仲所作的墓志铭中指出:"先生讳完仲,完其字也,以其恬憺简约,自号曰简斋,其先光州固始人,五代时因避梁难入闽居玉融南阳之新丰。"②明代刑部尚书何乔新在为刑部郎中陈文亮所作墓志铭中称:"先生讳文亮,字景明,梅轩其别号也。其先有讳夷实者,家光之固始,仕唐累官节度使,封郡王,子翾累封房国公。广明之乱,房公从王审知入闽,始家福唐,至检覆使怀粲,又自福唐徙连江。"③明代大文学家王世贞《福清陈氏宗谱序》说:"其先光州之固始人,从王潮入闽而家福清之南阳村,三传而讳泰者徙长乐之江田,十四传而文海公复徙古县。"④《福清市志》记载,今福清玉涧陈氏始祖为唐御史中丞陈崇,由河南固始县随王审知入闽,居于福州石井,唐天祐年间福清为陈中丞封地,择居县城西涧,称玉涧陈氏。岱石陈氏先祖居河南光州固始县,号光州处士,五代时,从王入闽,居福州贡院后曰剑池。宋时,陈寿官宣义郎,徙永宾里岱石村。深巷陈氏始祖陈守贞唐代由河南固始县,迁福清方成里。传数代后又迁永东里深巷。⑤

唐代固始迁入福清的陈氏还有不少,有些具体迁入时间已不得而知,如宋代魏了翁为参知政事兼同知枢密院事陈贵谊所作的神道碑称:"陈公讳贵谊,字正甫,其先固始人,后徙居于福清。"⑥明初文学家刘基为宋代平江府司户参军陈浩一所作墓志铭中称:"陈氏上世居光州固始县,唐兵部侍郎勋始迁福唐,其子孙再世仕闽,遂留为闽人。"⑦

闽侯县:唐末固始人陈檄随王潮兄弟入闽,子孙在今闽侯繁衍,成为当地望族。宋代学者陈襄的好朋友刘彝在《陈先生祠堂记》称:"公字述古,其先光州固始人,唐广明初,巢贼乱中原,豪杰乘之蜂起,善族往往避地遐远,故随王潮入闽,寻仕于闽王审知,乃居福州。"⑧陈襄的门生孙觉为其作墓志铭,追述其先祖时也说:"公姓陈氏,讳襄,字述古,其先光州固始人,五代时王氏入闽因随家焉,今为

① 明·杨士奇:《东里文集》卷 19,《陈思孝墓志铭》。
② 明·杨荣:《文敏集》卷 21,《故儒林郎左春坊左赞善兼翰林编修陈先生(完仲)墓志铭》。
③ 明·何乔新:《椒邱文集》卷 30,《明封奉政大夫刑部郎中陈先生墓志铭》。
④ 明·王世贞:《弇州续稿》卷 70,《陈氏族谱序》。
⑤ 《福清市志》卷 3,《人口·姓氏》,厦门大学出版社,1994 年。
⑥ 宋·魏了翁:《鹤山集》卷 87,《故参知政事兼同知枢密院事赠少保陈公神道碑》。
⑦ 明·刘基:《诚意伯文集》卷 9,《陈司户(浩一)墓志铭》。
⑧ 宋·刘彝:《陈先生祠堂记》,载陈襄《古灵集》。

福州侯官县古灵人。"①元代文学家、莆田人陈旅所作陈恕可墓志铭："公讳恕可，字行之，一字如心。惟陈氏由颍川居光州之固始，五代间有讳橄者避地闽中，仕闽为太尉，子孙散处它郡。"②明代杨荣所作陈钰墓表记载："处士讳钰，字伯荣，其先世与古灵先生襄皆出于太尉橄。太尉自光州固始从王氏入闽。"③明代学者王直在侍读学士陈枨墓志铭中称："陈氏之先光州固始人也，唐末有讳橄者，从王审知入闽。"④明代文学家刘球所作陈振行状也说："陈之先，光州固始人，唐末之乱有讳橄者，从王审知入闽。官闽，至太尉。其子令镕居闽之大义，令图居侯官之古灵。"⑤另有固始人陈守约，后唐为左司员外郎，于后晋天福二年(937 年)避乱来闽，居城南(闽县)之上渡，称江南陈是也。⑥

罗源县：宋代名相苏颂在为宁国军节度推官王硕之妻陈氏所作墓志铭中写道："夫人陈氏讳池安，赞善大夫、知循州讳庄之女，宁国军节度推官、福清王君讳硕之妻。其先世占籍光州固始，唐季避地徙闽，今为福州罗源人。"⑦《罗源县志》称，今中房乡曹弯陈姓(始祖陈苏)和凤坂乡七步陈姓(始祖陈巢云)，始祖皆于唐中和五年(885 年)自河南固始县随王审知入闽。⑧

连江县：明代何乔新所作陈廷泰哀辞中说："廷泰，姓陈氏，今秋官郎中廷仪之兄也。其先世家光之固始，唐季避乱入闽，遂为闽之连江人。"⑨

长乐市：杨荣在为大理寺右评事陈以义所作的墓志铭中便称长乐古槐陈氏先世为光州固始人，五代时从王审知入闽，遂家于此。⑩《营田陈氏族谱》称，营田陈氏一世祖陈图，号南坡，于梁开平二年(908 年)由河南光州固始迁入长乐石门(今属长乐市江田镇)，至二世祖陈愈，仕宋，官至营田侍郎，因称营田陈氏。⑪

平潭县：仙宫下陈氏先祖陈显、陈勋、陈黯三人唐时自河南固始县入闽，其后

---

①　宋·孙觉：《先生(陈襄)墓志铭》，载陈襄《古灵集》。
②　元·陈旅：《安雅堂集》卷 12，《陈如心(恕可)墓志铭》。
③　明·杨荣：《文敏集》卷 20，《陈处士(钰)墓表》。
④　明·王直：《抑庵文后集》卷 31，《侍读陈君(枨)墓志铭》。
⑤　明·刘球：《两溪文集》卷 22，《翰林侍读承直郎陈公(振)行状》。
⑥　[乾隆]《福建通志》卷 62，《古迹·陈守约墓》。
⑦　宋·苏颂：《苏魏公文集》卷 62，《福清陈氏墓志铭》。
⑧　游文良、黄宏纲：《罗源县志》第三篇，《人口·姓氏》，方志出版社，1998 年。
⑨　明·何乔新：《椒邱文集》卷 26，《陈君廷泰哀辞》。
⑩　明·杨荣：《文敏集》卷 23，《故大理寺右评事陈以义墓志铭》。
⑪　张天禄主编：《福州姓氏志》第二章，《陈姓》，海潮摄影艺术出版社，2005 年。

裔移居福清后营村。明万历年间,陈圯迁平潭仙宫下村,陈道明迁南安村,陈国仪迁南澳仔村,陈上省、陈上夏迁寨顶村。①

晋江市:涵江陈氏在族谱世系篇中称:"晋安诸陈为最繁,诸陈有派别之,涵江之陈,派出固始,自唐季入闽,世家晋江青阳山,至元祐年间始迁涵江。"而社店陈氏始祖为陈钦,于后晋天福六年(941年)避石晋之乱由光州固始入闽。②

南安市:明代文学家宋濂所作陈克和墓志铭说:"君讳克和,字惟中,陈姓。陈为固始著姓,唐末有迁泉之南安者。"③

莆田市:杨荣所作《陈处士(观)墓志铭》称:"处士讳观,字宗仁,姓陈氏,其先光州固始人,五代时迁闽中,因家莆之水南。"④

## 四、程姓

唐光启元年(885年),光州固始兴贤里人程赟随王审知兄弟入闽,受封司马,后为漳州刺史。⑤

## 五、戴氏

固始戴氏入闽分别在唐初、唐末以及北宋末年。《台湾省通志·人民志·氏族篇》引《漳州府志》曰:"唐初有陈元光将佐戴君胄父子,随之入闽开漳,似为戴姓入闽之始。"⑥《开漳圣王文化》更确定地讲戴君胄就是固始人,其父戴元理随陈政入闽,为府兵校尉。其子戴君胄被陈元光择为女婿,落籍漳州,辅佐陈元光之子陈珦继续为开发漳州做贡献。戴氏子孙分居尤溪、漳浦等地。⑦

《诗山戴氏族谱》记载:今南安码头镇大庭村诗山戴氏,始祖于唐僖宗光启元年随王审知入闽,择诗山之锦坂(即今大庭村锦坂)而居,此即戴氏居诗之始。⑧

① 《平潭县志》卷3,《人口·姓氏构成》,方志出版社,2000年。
② 陈仲初:《晋江风物·姓氏源流专辑》,国际文化出版公司,2001年。
③ 明·宋濂:《文宪集》卷22,《会稽陈君(克和)墓志铭》。
④ 明·杨荣:《文敏集》卷21,《陈处士(观)墓志铭》。
⑤ 张天禄主编:《福州姓氏志》,海潮摄影艺术出版社,2005年。
⑥ 《台湾省通志》卷2,《人民志·氏族篇》,台湾省文献委员会,1970年。
⑦ 陈易洲主编:《开漳圣王文化》,海风出版社,2005年。
⑧ 庄为玑、郑山玉:《泉州谱牒华侨史料与研究》,中国华侨出版社,1998年。

南安琉瑭戴氏入闽肇祖戴兴,号沈魁,河南光州固始人,于绍圣元年(1094年)进士及第,授职尤溪,携眷入闽,定居尤溪。七世孙戴维清再迁琉瑭乡(今分辖于洪濑、梅山、洪梅三镇)。①

### 六、邓氏

唐末固始人邓光布官崇安镇将,驻守沙县。乾符年间,战事烽起,社会动荡不已。邓光布作为一方的军事首脑从地方安全考虑,便与当时的汀州司录兼沙县事曹朋商议将县治从琅口古县迁到凤林岗杨簧坂(即今凤岗镇),这样杨簧坂就成了历代县治所在地。邓光布也因此被称为沙县"开县始祖"。乾符五年(878年),黄巢起义军攻进福建,邓光布率众抵御,中流箭而死。光布子孙定居沙县。沙县《剑沙三元邓氏家谱》称邓光布为入闽始祖:始迁祖光布,唐末自河南固始随王绪入闽,子孙遂定居于剑沙。② 另有光州人邓璙,唐末随王审知入闽,定居光泽县。元代学者刘将孙所作《邓乌山墓志铭》称:"邓氏自光州随闽王入闽,有名璙者,掌兵昭武,子孙家光泽之乌佩。"③《光泽县志》也说:"后唐光州人邓璙,以仆射镇邵武,后去官,卜居于此(光泽县),子孙家焉。"④

### 七、丁氏

固始丁氏入闽始祖丁儒,字学道,先世为淄州济阳(今河南兰考县东北)人,后徙至固始县。唐麟德元年(664年)随诸卫将军曾溥镇守龙溪,入赘曾府。总章二年(669年),闽南"蛮獠啸乱",曾溥年老告退,朝廷派归德将军陈政率府兵3 600人屯守龙溪,丁儒被任为军谙祭酒,甚得陈政信任。陈元光建置漳州后,他兼任州承事郎,后任别驾,匡助陈元光,劝农重本,惠工通商,开拓闽疆。子孙蕃衍于漳郡各县,主要聚居地为漳浦、龙海等地。元、明之际,有丁君益者分居漳浦

① 南安市地方志编纂委员会:《南安姓氏志》(内部稿),2004年。
② 上海图书馆:《上海图书馆藏家谱提要》,上海古籍出版社,2000年。邓光布入闽较王绪为先,此说不实。
③ 元·刘将孙:《养吾斋集》卷31,《邓乌山(金可)墓志铭》。
④ [光绪]《光泽县志》卷29,《杂录·祠宇》。

白石,为始迁白石始祖。①《福建通志·丁儒传》载:"丁儒,固始人,通经术,喜吟咏,练达世务,陈政引为军谘祭酒。元光代政引儒佐郡,与元光驱盗贼,翦荆棘,营置漳郡,劝农重本,国用以周,负固不服者率轻锐捣之。漳人颂元光父子,辄称佐郡丁承事云。"②宋代文学家刘克庄为莆田人丁伯杞所作墓志铭称,莆田丁氏来自固始,"莆无他丁,君之先自固始迁。校书郎讳彦先者,传四世至君之先府君讳宝成。"③

### 八、董氏

固始董氏入闽始祖董思安,唐末,随王审知入闽,择居晋江,为董氏入闽始祖。④ 泉州《董氏大成宗谱》记载,董氏一世祖思安,于唐末随王潮兄弟入闽后,籍晋江。天福七年(942年),朱文进杀王延曦自立,董思安曾与留从效等人共谋恢复王氏统治。及王延政降唐,建州陷,思安即整众奔泉州。⑤《开闽董氏沙堤分派宗谱》称:今石狮市永宁镇沙堤村董氏,始祖董思安于唐末随王潮兄弟入闽,籍晋江。至十四世孙董倚鹿徙居沙堤,衍为五派:长盛、东城、祥芝、中璜、西轩。后各派子孙繁衍,遂成今日之沙堤董氏。⑥

### 九、范氏

唐朝光启年间,河南光州节度使王审知率光州百姓南下闽中避乱,后王审知为闽王,跟随南下的百姓便散居八闽各地,光州固始人范大三定居今南平市峡阳,后裔遍布闽北、闽西及赣南。⑦

### 十、方氏

固始方氏有随陈元光入闽者,如《云霄县志》记载:"方氏,方雷氏之后,方雷

---

① 清·丁仰高等编修:《白石丁氏古谱》,1986年漳州市地方志编委会据清乾隆、嘉庆间增补抄本影印。
② [乾隆]《福建通志》卷30,《名宦二·丁儒传》。
③ 宋·刘克庄:《后村集》卷38,《丁元有(伯杞)墓志铭》。
④ 杨绪贤:《白话台湾区姓氏堂号考》,台湾新生报社,1981年。
⑤ 庄为玑、王连茂:《闽台关系族谱资料选编》,福建人民出版社,1985年。
⑥ 庄为玑、王连茂:《闽台关系族谱资料选编》,福建人民出版社,1985年。
⑦ 福建省文化厅编:《八闽祠堂大全》,海潮摄影艺术出版社,2002年。

为黄帝次妃女节。榆罔之子曰雷,封于方山,后人以地为氏,望出河南。唐时方
子重(名伯虞,子重字也)随陈将军政提军开漳,因家焉。"①云霄《云阳方氏谱
牒》亦曰:"吾祖出于周大夫方叔之后,历汉而唐而宋,治乱相仍,名氏俱泯。唯
闻祖子重,系河南光州固始人,自唐高宗垂拱二年(686 年),随陈将军政与其子
元光下征南闽,侨居漳州。"②唐末,又有固始人方廷(庭)范为官闽地,并在当地
落籍。唐宣宗时,进士方琡迁还光州固始,官都督府长史。琡子殷符,唐僖宗朝
进士,官威王府谘议参军,平黄巢之乱有功,授御史中丞。殷符子廷范,唐昭宗朝
进士,历官福建长溪、古田、长乐三县,便择居莆田刺桐巷(即方巷)。③ 宋代以来
不少文献在提及福建方氏的来源时都把方廷范作为始迁祖。南宋政治家、文学
家周必大为京西转运判官方崧卿所作墓志铭中有"君讳崧卿,季申字也,九世祖
自光州固始县徙家兴化军"④的记载。南宋哲学家叶适在为方崧卿所作神道碑
开头便说"方氏自固始迁莆田九世矣"⑤。南宋诗人王迈《莆阳方梅叔墓志铭》
曰:"方氏自光之固始来十有四代。祖金紫公庭范宰长乐,治产于莆,遂为莆
人。"⑥刘克庄所作南宋文学家方信孺行状说:"公讳信孺,字孚若,系出河南。繇
琡而下代有闻人,琡自固始迁莆田,至金紫公廷范六子皆贵显。"⑦明代礼部侍郎
余继登亦说:"固始之方所从来久远矣,唐末自固始徙闽之莆田,入国朝自闽复
还固始。"⑧

## 十一、冯氏

永安冯氏祖籍河南固始,自唐入闽,宋户部侍郎冯泽居剑浦(今南平),其孙
冯阳迁居浮流镇,即今之永安。⑨

---

① [民国]《云霄县志》卷 6,《氏族志》。
② [云霄]《云阳方氏谱牒》第一章,正德元年《序》,转引自陈支平:《福建族谱》,福建人民出版社,
1996 年。
③ 杨绪贤:《白话台湾区姓氏堂号考》,台湾新生报社,1981 年。
④ 宋·周必大:《文忠集》卷 71,《京西转运判官方君(崧卿)墓志铭》。
⑤ 宋·叶适:《水心集》卷 19,《京西运判方公(崧卿)神道碑》。
⑥ 宋·王迈:《臞轩集》卷 11,《莆阳方梅叔墓志铭》。
⑦ 宋·刘克庄:《后村集》卷 38,《方公(信孺)行状》。
⑧ 明·余继登:《淡然轩集》卷 6,《封承德郎户部主事方公(志充)墓志铭》。
⑨ 福建省文化厅编:《八闽祠堂大全》,海潮摄影艺术出版社,2002 年。

## 十二、傅氏

福建傅氏多奉唐末入闽固始人傅实为始祖。如宋代大文学家陆游《傅正议墓志铭》就说："公讳某,字凝远,其先为北地清河著姓,后徙光州,为固始人。唐广明之乱,光人相保聚,南徙闽中,今多为大家。而傅氏之祖曰府君实,与其夫人林氏始居泉州晋江县。"①明代散文家吴宽《南安傅氏族谱序》也说"傅之先为光州固始人,在唐有讳实者,仕至威武军节度使、尚书左仆射兼御史大夫,广明间避乱入闽,家于泉之东郊,而闽始有傅氏。"②仙游《罗峰傅氏族谱》、泉州《武荣傅氏家谱》均尊傅实为入闽始祖。仙游《罗峰傅氏族谱·唐入闽始祖恭记》记载:"实公之高祖时新公任光州固始邑令,厥后子姓相延,蕃衍于大江南北。唐广明时,实公则自光州固始同王潮渡江入闽,靖国宁疆,海邦建绩,官拜威武军节度招讨使、检校尚书左仆射兼御史大夫上柱国,爵加银青光禄大夫。……生八子,遂宅于泉州东湖,后则分析于各郡,福、兴、漳、泉、延、建、邵、汀,各有其子姓之安居乐业,而溯源则皆以实公为始祖,为第一世入闽之始也。"③泉州《武荣傅氏家谱》记载,始祖傅实,唐僖宗光启间避地入闽。子傅居献,宋初始迁武荣周井。④ 民国《莆田县志》也记载,莆田傅姓,"其先由光州固始随王潮入闽,官泉州。"

## 十三、高氏

福建不少高氏族人尊唐末入闽的固始人高钢为始祖,漳浦《中山高氏家谱》称该支高氏原籍河南光州固始,入闽始祖高钢。唐僖宗中和元年(881年),为避黄巢之乱,高钢携眷入闽,卜居怀安(今闽侯县)凤岗,后裔散居各地。宋时高登迁居漳浦,为漳浦高氏之始祖。台北县木栅乡《安平高氏族谱》记载:"高氏之先,齐太公六世孙,文公子高之孙傒者,以字为氏,迁移渤海,遂以渤海郡著。唐僖宗中和元年(881年),其入闽始祖钢,避黄巢之乱,挈眷由河南光州固始入闽,占籍于福建闽侯县凤岗。至五世祖壑于后周显德年间,殉节泉州,赐葬晋江二

① 宋·陆游:《渭南文集》卷33,《傅正议墓志铭》。
② 明·吴宽:《家藏集》卷41,《南安傅氏族谱序》。
③ 庄为玑、王连茂:《闽台关系族谱资料选编》,福建人民出版社,1985年。
④ 上海图书馆:《上海图书馆藏家谱提要》,上海古籍出版社,2000年。

都,其后遂迁安平(晋江安海),子孙蕃衍,瓜分散处,或居晋江永宁,或迁南安埕边,或赘同安高浦。元末,又有高氏一派,避乱入安溪,卜居大平。"①固始高氏入闽之事在其他一些文献中也有反映,如明代王直《高知县(昊)墓表》就说:"高氏本光州固始人,从王氏入闽,遂为闽县人。"②明代吴宽《故封孺人高氏墓志铭》也说:"孺人讳伟,字俊卿,姓高氏,其先光州固始人也,唐末迁闽,遂为闽县人。"③

### 十四、龚氏

固始龚氏有随王审知兄弟入闽的,《沙堤蓬莱龚氏家谱》就说今石狮永宁镇沙堤村龚氏,因王潮来自固始,潮既有闽,遂卜筑于龚山,后分于此。④《西偏西房龚氏家乘》也说今石狮永宁镇西偏村龚氏始祖龚十三,来自光州固始县,首居晋江之龚山(盖以其姓而名村),子孙分居沙堤、南塘、西偏等村。⑤

### 十五、顾氏

固始顾氏族人入闽的记载不多,仅见刘克庄《顾安人墓志铭》:"安人之先,自固始徙莆。"⑥文中尽管对于顾氏迁入福建的时间以及迁入祖都没有交代,但足以说明有固始顾氏移入福建这一事实。

### 十六、郭氏

固始郭氏有多支迁入福建,较早的一支在唐初,随陈元光而来:晋江金井钞岱郭氏入闽始祖名郭淑,字里之,号览溪,河南光州固始人,唐高宗总章年间随陈元光入闽平乱,定居漳州榴阳。元末明初,钞岱郭氏肇基祖郭敬从漳州迁晋江,卜居滨海蔡埭(钞岱)。⑦唐末有固始人郭嵩随王审知入闽,台北县汐止镇《蓬岛郭氏家谱》就尊郭嵩为入闽始祖。郭嵩"初为光州固始人,嗣奉汾阳王香火,从

---

① 《台湾省通志》卷2,《人民志·氏族篇》,台湾省文献委员会,1970年。
② 明·王直:《抑庵文后集》卷26,《高知县(昊)墓表》。
③ 明·吴宽:《家藏集》卷69,《故封孺人高氏墓志铭》。
④ 庄为玑、王连茂:《闽台关系族谱资料选编》,福建人民出版社,1985年。
⑤ 庄为玑、郑山玉:《泉州谱牒华侨史料与研究》,中国华侨出版社,1998年。
⑥ 宋·刘克庄:《后村集》卷38,《顾安人墓志铭》。
⑦ 陈仲初:《晋江风物·姓氏源流专辑》,国际文化出版公司,2001年。

王审知从弟想入闽。祖嵩，想假以新宁（今福建长乐）令，乃家焉。数传而入仙游，转莆田。汴宋南迁，累遭兵火，世系难详。然由福而兴而泉，大概可按。"①元初文学家程文海《纯德郭先生（隍）墓碣》记载："君讳隍，字德基，其先避梁开平之难，鬶期思抱汾阳庙器从王审知入闽，至长乐芝山下居焉。"②文中虽没有提及入闽始祖姓名，但联系上文知两者所指当同为一事。元末明初学者黄仲元所作郭堂（隍）也说："先生讳堂，字德基，其世出自光之固始，来家长乐芝山。"③晋江东石郭氏则是固始迁入的另外一支。乾隆三十四年《东石汾阳郭氏族谱》序谓：郭氏之祖郭志学，系自河南光州固始转徙入闽，具体时间，已不可考。惟知郭志学入闽后，初居于兴化，为郡博士。其后代或居泉州，或居福宁，或居兴化涵头。④

### 十七、韩氏

五代以前已有固始韩氏迁入福建，明代文学家苏伯衡所作《韩君（汝楫）墓志铭》称："韩氏上世河南人，初迁光之固始，再迁闽之长溪。五代之际，名硕者又自长溪迁温之平阳。"⑤

### 十八、何氏

固始何氏多次迁居福建，最早在西晋永嘉之乱时，《平潭县志》称，本县院前何氏远祖为河南固始县人，西晋永嘉二年（308 年）入闽，明天启二年（1622 年）何定再迁平潭县院前村。⑥ 东晋末年又有固始何氏迁居福建，《邵武何氏族谱》记载：其先光州固始人，东晋末避乱入闽，居邵武小溪（含邵武东区七台）。⑦ 陈元光开漳之时，固始人何嗣韩跟随前往，并在福建定居，台北县《何氏族谱》记载：先祖何嗣韩，世居庐江（今属安徽），唐高宗仪凤年间，跟随陈元光戍闽，后定

---

① 《台湾省通志》卷 2,《人民志・氏族篇》,台湾省文献委员会,1970 年。
② 元・程文海:《雪楼集》卷 17,《纯德郭先生（隍）墓碣》。
③ 宋・黄仲元:《四如集》卷 4,《故梅西先生郭教授（堂）墓铭》。
④ 庄为玑、王连茂:《闽台关系族谱资料选编》,福建人民出版社,1985 年。
⑤ 明・苏伯衡:《苏平仲文集》卷 13,《韩君（汝楫）墓志铭》。
⑥ 《平潭县志》卷 3,《人口・姓氏构成》,方志出版社,2000 年。
⑦ 陈仲初:《晋江风物・姓氏源流专辑》,国际文化出版公司,2003 年。

居于闽。① 清代云霄人何子祥《何氏源流记略》一文较为详细地记述了何氏入闽源流:"何之先本光州固始人,唐仪凤间何嗣韩从陈元光经略全闽,因家焉。昭宗时王绪举光寿二州附秦宗权,绪先锋擒绪,奉王潮,惧众不附,求固始人先世有功于闽者,以慰民望,表授我某代祖安抚使,分田画地,安插闽人,当时赖之。后王审知据闽,引身去。闽人思其德,塑像以祀。宋淳祐间逊居公由螺阳卜居温陵浔江。德祐以来,宋失其柄,服役不胜,隐于清源洞麓下学道,足迹不入城市。"②

### 十九、和氏

固始和氏有于唐末随王审知兄弟入闽者,宋代徐铉《慧悟大禅师墓志铭》说:"大禅师名冲煦,字大明,姓和氏。昔者帝尧光宅天下,我祖世掌天官,保姓受氏,冠冕百代。在汉则调鼎之重,在晋则专车之贤。末叶湮沉,徙居固始。父从郡豪王氏,南据闽中,今为晋安人也。"③

### 二十、洪氏

固始洪氏入闽在唐末,泉州《梅岗洪氏族谱》称该族原籍河南光州固始,唐光启年间洪员道从王潮弃官入闽,定居泉州路晋江三十都梅屿。晋江《英林洪氏族谱》称该族始祖洪朝奉,河南光州固始人,于唐末随王审知入闽,初居晋邑十四都洪厝,旋而移居厝迹、前娖,三迁而肇基英林,子孙繁衍至今,为晋江望族之一,素称"英林五十三乡洪"。④ 固始洪氏入闽记载尚有宋代卫宗武《府判中奉洪公(应辰)墓志铭》:"公讳应辰,字用和,本居浮光之固始,亦郜之派也。"⑤明代杨荣《洪征士(夑)墓志铭》:"征士讳夑,字子美,先世来自光州固始。"⑥

### 二十一、侯氏

唐末有固始侯氏族人随王审知兄弟入闽,定居泉州。晋江《沪江侯氏族谱》

① 陈仲初:《晋江风物·姓氏源流专辑》,国际文化出版公司,2003 年。
② 清·何子祥:《蓉林笔抄》卷1,《何氏源流记略》。
③ 宋·徐铉:《骑省集》卷30,《故唐慧悟大禅师墓志铭》。
④ 庄为玑、王连茂:《闽台关系族谱资料选编》,福建人民出版社,1985 年。
⑤ 宋·卫宗武:《秋声集》卷5,《府判中奉洪公(应辰)墓志铭》。
⑥ 明·杨荣:《文敏集》卷22,《洪征士(夑)墓志铭》。

记载："据考,闽侯氏的先祖在山西上谷郡,汉朝大司徒侯霸公的后裔。唐僖宗
光启元年,侯氏先祖就随王审知从河南光州南下征战并入闽至泉。侯祚昌是审
知裨将,审知封为闽王后,提拔侯祚昌为节度判官。从此他的全家就居住在泉州
府境内。"①宋元之际又有固始侯氏族人移居福建。南安侯垵《侯氏族谱》:"南
宋度宗时,汉关内侯侯霸公之后因避元兵,子九人由河南光州固始迁福建南安十
八都,地兴姓得名,因称侯垵乡。长子侯华姿,次华岳,三华美,四华和等俱居南
安,余五子迁回原籍固始。侯华美传至启明,迁居晋江杨厝乡,启九传至克任,迁
居晋江李厝乡。"②

唐末迁入福建的侯氏中,还有一支是刘姓避难改为侯氏者。南安《刘林乡
刘氏族谱》载:"我侯氏者,系出卯金,按旧籍,唐文静刘公,武德间人也,遭谗身
杀,其子中兴逃隐光州,以爵为姓。僖宗光启元年正月,光州刺史王绪与妹夫刘
行全、军正王潮及弟审知等,举光、寿二州兵五千人渡江入闽,……分居七邑。故
泉之诸族多祖光州,大抵皆一时相从而来,若然则祖在其中矣。……至南宋永斋
公启宇北坑,更其名曰刘林。"③后再徙居武荣(今南安),宋代,刘恒(永斋)开基
刘林,为刘林侯氏之祖,直到民国年间,刘林刘氏仍称侯氏。④《泉南芦川侯氏族
谱》也载:"我族本姓刘也,……至唐文静公被谗,子孙避祸逃入光州固始县,而
易为侯姓。传至永斋(刘恒)公不知凡几世。"⑤刘恒后裔再迁梅山明新,另立芦
川一派。

## 二十二、胡氏

唐末,有固始胡氏族人随王潮兄弟入闽,明代王直曾为胡氏家谱作序说:
"《胡氏家乘》,蕲水令胡侯奎之所辑录也。胡氏之先光州人,五代时从王潮入
闽,遂家建州。"⑥明代散文家王慎中《胡榕溪(道)暨李孺人志铭》载:"安溪著

---

① 苏黎明:《泉州家族文化》,中国言实出版社,2000年。
② 苏黎明:《泉州家族文化》,中国言实出版社,2000年。
③ [南安]《刘林乡刘氏族谱》,转引自陈支平:《福建族谱》,福建人民出版社,1996年。
④ 庄为玑、郑山玉:《泉州谱牒华侨史料与研究》,中国华侨出版社,1998年。
⑤ 《芦川刘氏族谱》,转引自《福建族谱》;庄为玑、郑山玉:《泉州谱牒华侨史料与研究》,中国华侨
  出版社,1998年。
⑥ 明·王直:《抑庵文后集》卷11,《胡氏家乘序》。

姓,胡氏在甲乙,始自光州入闽。"①

## 二十三、黄氏

固始黄氏入闽最早在东汉,黄道隆是入闽第一人。黄道隆,河南固始人,曾任会稽令。东汉末年,天下大乱,弃官入闽,居仙游县大尖山、小尖山之间,即今之平朋山,俗称双阳山。后来迁徙到桐城(即泉州)居住。北宋榜眼黄宗旦在追述自己的家史时说:"汉道隆公,光州固始人,为东郡会稽市令。东汉建安之乱,弃官避地入闽。初居仙游大、小尖山之间,后改迁桐城之西关。"②《惠安县续志》也称:"锦田黄氏,泉之世家著姓。始祖隆公,为东汉会稽令。东汉末乱甚,于建安年间弃职避世入闽。"③

西晋永嘉之乱时,有固始黄氏族人为躲避战乱迁入福建者,明代黄凤翥在《金墩黄氏族谱序》中写道:"晋永嘉中,中州板荡,衣冠入闽,而我黄迁自光州之固始,居于侯官(今福州)"。④《侯官县乡土志》也说:"黄以国为氏,晋马南浮,固始人黄允随徙,辗转入闽,居侯官。"⑤台北县深坑乡《黄氏族谱》云:"世居光州固始,至晋,中州板荡,南迁入闽,始祖黄元方仕晋,卜居侯官。"⑥

唐朝末年,固始人黄敦与弟弟黄膺随王审知兄弟入闽,初居清流泰宁乡梓潭村,后敦居闽清凤栖山,膺居邵武。《虎丘义山黄氏世谱·入闽始祖传》记载:"唐末乾宁四年丁巳始祖敦公行五,与父霸公偕弟膺公自固始从忠懿王审知入闽,初居清流梓潭村,……后居(闽清)梅溪场盖平里凤栖山"。子孙繁衍至永泰、闽侯、福清、厦门、德化、古田、尤溪、宁德等地。永泰《麟峰黄氏家谱》也称该祖始祖敦,唐末自光州固始迁福建梅溪(即闽清),衍派于永福麟峰。⑦ 朱熹在为黄膺后人作墓志铭时,两次述及黄膺定居邵武之事。"黄公讳崇,字彦高,其先

① 明·王慎中:《遵岩集》卷14,《胡榕溪(道)暨李孺人志铭》。
② 黄磐石:《紫云黄氏宗史资料》,惠安锦田古迹修建委员会编印,1991年。
③ [道光]《惠安县续志》卷9,《艺文志》。
④ 《莆田溪黄氏宗谱》乙辑,《金墩黄氏族谱序》,转引自陈支平:《福建族谱》,福建人民出版社,1996年。
⑤ [光绪]《侯官县乡土志》,《版籍略三·氏族》。
⑥ 《台湾省通志》卷2,《人民志·氏族篇》,台湾省文献委员会,1970年。
⑦ 上海图书馆:《上海图书馆藏家谱提要》,上海古籍出版社,2000年。

光州固始人,十一世祖膺避地闽中,今为邵武军邵武县人。"①"公姓黄氏,讳中,字通老,其先有讳膺者,自光州固始县入闽,始家邵武。"②

唐末入闽的固始黄氏人还有黄岸、黄惟淡。黄岸官至桂州刺史,唐肃宗(756~762 年)时因留恋福建山水,定居于莆田。晋江《东石檗谷黄氏族谱》称:"我族兴起于唐末,有讳岸者,其先人从光州固始避乱居闽",传至其裔孙黄龙,宋举进士,除龙溪令,后从母归仁和里檗谷,自号为"檗谷逸叟"。③ 明代黄凤翥《金墩黄氏族谱序》说:"自唐桂州刺史岸公,当肃宗时,归自桂州,过莆之涵头乡,乐其山水,因居焉。"④明代刑部尚书林俊《黄巷黄氏祠堂记》记载:"黄自固始入闽,唐桂州刺史岸,始迁莆之黄巷,为诸黄共祖。"⑤林俊《见素集》还有几次提及黄岸:(黄开颜)字公悦,唐桂州刺史岸公之后,由涵江来居桃源,世称长厚","莆重士族,在涵江宜莫如黄。黄宜莫如黄巷,桂州刺史岸始迁祖也","黄出刺史岸之后"。⑥ 明代官至右副都御史、莆田人方良永为同邑人黄宗所作墓志铭也说:"黄系出唐刺史岸公,世有闻人。"⑦

黄惟淡则由固始迁居邵武,入闽时间不可考。元代文学家苏天爵在为邵武人黄清老所作的墓志铭中写道:"黄氏之先固始人,讳惟淡者徙闽。五子各明一经,世号黄五经家。贵溪令知良,第三子也,居邵武之和平乡。"⑧黄清老善诗,《元诗选》收有其多篇,诗前小传称:"清老,字子肃,其先光之固始人,讳惟淡者徙居邵武。"⑨

黄氏作为当今福建人口最多的三大姓氏之一,固始入闽黄氏当远不止上文提到的这些,在宋代以来的文献中有不少述及黄氏自固始入闽者。南宋高宗朝宰相李纲在为北宋书法家黄伯思所作墓志铭中写道:"公讳伯思,字长睿。父姓

① 宋·朱熹:《晦庵集》卷91,《金紫光禄大夫黄公(崇)墓志铭》。
② 宋·朱熹:《晦庵集》卷91,《端明殿学士黄公(中)墓志铭》。
③ 庄为玑、郑山玉:《泉州谱牒华侨史料与研究》,中国华侨出版社,1998 年。
④ 《莆田溪黄氏宗谱》乙辑,《金墩黄氏族谱序》,转引自陈支平:《福建族谱》,福建人民出版社,1996 年。
⑤ 明·林俊:《见素集》卷12,《黄巷黄氏祠堂记》。
⑥ 明·林俊:《见素集》卷16,《明将士郎南京武学教授黄抑斋(开颜)墓志铭》;卷15,《黄巷黄君(凤)仪韶改葬墓志铭》;《续集》卷10,《明赠朝列大夫南京大理寺右少卿后峰黄君(巩)墓碑》。
⑦ 明·方良永:《方简肃文集》卷6,《宣德郎忻州同知黄君(宗)墓志铭》。
⑧ 元·苏天爵:《滋溪文集》卷13,《元故奉训大夫湖广等处儒学提举黄公墓碑》。
⑨ 清·顾嗣立:《元诗选二集》卷15,《黄清老》小传。

黄氏,其远祖自光州固始徙居闽中,为邵武人。"①朱熹在黄洧墓志铭中说:"公讳洧,字清臣,姓黄氏,建宁府人。其先世相传自光州固始入闽,居建阳之水东,后徙瓯宁之演平。"②宋黄榦《贡士黄君仲玉行状》:"君讳振龙,字仲玉,姓黄氏,九世祖自光之固始从王氏入闽,因仕焉。"③宋代程珌《黄君茂龄墓志铭》:"黄氏之先光州固始人也,五季之乱从王审知入闽为判官,因家焉。后析而三,一居福清之塔林,一寓闽邑之黄巷,其居长乐北乡之黄垄者,君之祖也。"④宋代真德秀《宋故乡贡进士黄君墓志铭》:"君名振龙,仲玉字也,其先自固始入闽。"⑤宋代刘克庄《黄柳州墓志铭》:"黄氏自固始迁闽,至八世祖校兴公兴,自泉迁莆。"⑥明代章懋,《束鹿知县三无黄先生墓志铭》:"黄先生姓也,遯名也,子嘉字也,三无其别号也。光之固始、闽之侯官与莆,先世所迁居也。"⑦《崇正同人系谱》记载,"黄氏系出瀛氏陆终之后。……五代时,自光州固始从王潮入闽,家于邵武,散居于莆田、浦城、福州、龙溪、漳州间。"同治《福建通志·五代列传》记载,"黄讽,唐光启中由光之固始入闽。仕王昶为谏议大夫。"嘉靖《邵武府志》记载,"黄伸,字彦发,其先固始人,从王潮入闽,家邵武伸登。"

## 二十四、江氏

唐末有固始江氏随王审知迁居福建者,长乐《云路江氏族谱》称该族始祖于唐末由河南固始从王审知入闽,定居福州。⑧

## 二十五、金氏

闽侯《璧团金氏支谱》称闽侯县璧团洲金氏家族入闽始祖金衡,于唐末自河南光州固始移居福建长乐,十一世孙金景文携眷迁居浙江兰溪,传三世至金履丰

---

① 宋·李纲:《梁溪集》卷168,《故秘书省秘书郎黄公(伯思)墓志铭》。
② 宋·朱熹:《晦庵集》卷93,《转运判官黄公(洧)墓碣铭》。
③ 宋·黄榦:《勉斋集》卷37,《贡士黄君仲玉行状》。
④ 宋·程珌:《洺水集》卷10,《黄君茂龄墓志铭》。
⑤ 宋·真德秀:《西山文集》卷45,《宋故乡贡进士黄君(振龙)墓志铭》。
⑥ 宋·刘克庄:《后村集》卷38,《黄柳州(简)墓志铭》。
⑦ 明·章懋:《枫山集》卷3,《束鹿知县三无黄先生(遯)墓志铭》。
⑧ 张天禄主编:《福州姓氏志》第二章,《陈姓》,海潮摄影艺术出版社,2005年。

再迁闽侯璧团洲。履丰子标生有四子,分福、寿、康、宁为房,遂为大族。①

### 二十六、康氏

《桃源凤山康氏族谱》记载,今永春玉斗镇桃源凤山康氏,其先祖于唐末由河南光州固始入闽,先居兴化,后迁安溪感化里。明中期康粪,迁居永春,为入永始祖。②

### 二十七、柯氏

固始柯氏族人入闽在唐末,随王审知而来。《鳌岱柯氏族谱·重修鳌岱二房柯氏族谱序》记载:今晋江英林镇埭边村柯氏"其支祖讳延公,唐僖宗丁巳年由河南光州固始县从王审知入闽,择居塘市,号曰南塘。……传至塘边叟公与东边叟公兄弟二人,东边叟徙居虺河之柯坑;而塘边叟传至五世元孙,兄弟三人,长开塘市派,次开上郭派,三即本支祖,讳椿公,先居柯仓,再分鳌岱,择地建祠而居,生聚成族。"③台湾《柯蔡氏族谱·南塘派序》谓:"唐僖宗光启二年,祖自河南光州固始,从王审知入蛮(即闽),而居泉之元如观西水沟巷,今呼柯厝巷即是。石晋天福元年,祖讳宝公,自水沟巷分居莆阳,其仍居泉之观西者,历五世及北宋至庆文公……为泉之望族。及南渡后,家道中微,始分散播迁。"④安溪《坵城柯氏族谱》谱序也称,今安溪蓬莱镇蓬溪村柯氏先祖,于唐光启二年由河南光州固始入闽,世居泉州之元妙观西水沟巷。元朝中叶柯万山、柯万水兄弟移居安溪崇善里(今蓬莱)坵城。⑤《晋邑华林分支引后埔顶房柯氏房谱》载,该支柯氏系于唐季由河南光州固始入闽。⑥

### 二十八、赖氏

唐末,固始人赖孝尧随王审知入闽,定居福州侯官,后迁往德化。《侯卿赖

---

① 张天禄主编:《福州姓氏志》第二章,《陈姓》,海潮摄影艺术出版社,2005 年。

② 庄为玑、郑山玉:《泉州谱牒华侨史料与研究》,中国华侨出版社,1998 年。

③ 庄为玑、郑山玉:《泉州谱牒华侨史料与研究》,中国华侨出版社,1998 年。

④ 《台湾省通志》卷 2,《人民志·氏族篇》,台湾省文献委员会,1970 年。

⑤ 庄为玑、郑山玉:《泉州谱牒华侨史料与研究》,中国华侨出版社,1998 年。

⑥ 庄为玑、王连茂:《闽台关系族谱资料选编》,福建人民出版社,1985 年。

氏族谱》称,今德化县上涌乡赖氏之始祖赖孝尧,光州固始人,唐僖宗中和二年(882年),随王审知入闽,居福州侯官孝悌乡感化里。宋末赖洁入居德化县下涌钱塘,创其地名曰"赖厝园",其长子赖汝明得侯卿之地,遂为侯卿之祖。明代王慎中在为赖乐行状中写道:"公讳乐,字尧和,号东溪。其始由光州固始入闽,为泉之晋江人。而定居于南安之梅溪山者,公之五世祖君锡也。"①从赖乐先祖定居晋江看,此支赖氏不是赖孝尧之后,当是固始赖氏入闽的又一支。

## 二十九、雷氏

五代时有固始雷氏迁入福建。明初散文家宋濂在给元代翰林待制雷机所作的墓志铭中写道:"府君讳机,字子枢,姓雷氏,其先出万春之后,传至五代时有讳鸾者,由光州固始迁建宁之建安。"②

## 三十、李氏

唐总章二年,固始人李伯瑶以前部先锋,从陈政入闽。队伍行至九龙江时,遭遇"蛮獠"阻击,两军对峙。伯瑶令部下沿江插柳,佯装不进,以迷惑对方,待机擒杀其首领,又连平敌寨数十个。鹅头山娘子洞一役,伯瑶智勇双全,功居第一。建州后,陈元光以伯瑶有干略,上表荐为州司马。伯瑶留居漳州。《漳州府志》记载:唐高宗时,光州固始人李伯瑶,随陈元光开辟漳州,子孙散居龙溪、漳浦各县。③

唐末,固始李氏再次迁入福建。宋代学者林之奇在《李和伯(楠)行状》中写道:"公讳楠,和伯其字也,其先居光州固始,唐末从王氏入闽,遂为福州侯官人。"④《宋史·李虚己传》记载:"李虚己,字公受,五世祖盈,自光州从王潮徙闽,遂家建安。"南安《芙蓉李氏族谱·白水公初次修谱原序》云:"先君所言曰,祖系光州固始县人也。五季初从王潮入闽,厥后子孙因家于武荣芙蓉乡,迨宗族大以蕃昌而有前房、后房、楼下、下仓之号。元季,不幸中叶门祚一替祖宗之绪,

---

① 明·王慎中:《遵岩集》卷17,《赖氏(乐)行状》。
② 明·宋濂:《文宪集》卷21,《元故翰林待制朝散大夫致仕雷府君(机)墓志铭》。
③ 杨绪贤:《白话台湾区姓氏堂号考》,台湾新生报社,1981年。
④ 宋·林之奇:《拙斋文集》卷18,《李和伯行状》。

如抽独茧，年代世次莫得而详。"①《岭兜李氏族谱》记载，今南安金淘镇李氏，远祖系光州固始县人，随王潮入闽，厥后裔孙肇居梅山芙蓉。传至李仰宗时，始由芙蓉徙居今之岭兜。②台北县《李氏族谱》云：李氏"先世光州固始人，唐末随王潮入闽"。③《同安地山李代家谱引序》记载："其始光州固始人也，同闽王王审知入闽，遂卜于县南人（仁）德里地山保家焉。"④同安《李氏族谱·重修族谱序》："吾（同）地山一派，相传始自光州固始县居民，当唐末梁初之时，随闽王王审知入闽，兄弟叔侄散出闽地，分居五山。"⑤

今晋江市金井镇李氏称其先祖来自固始，《晋邑圳山李氏族谱》谱序记载："……就我圳山而言，初时祖号晦翁，原住砀山，以中原多故，侨居光州固始县，后又偕其子乐泉公避兵福建。元末，洪武龙兴，陈友谅以福建拒命，公策其必败，乃由福州徙泉州，择圳山而卜居焉。"⑥宋代国子监主簿李冲亦先祖来自固始。南宋学者真德秀在为李冲所作的墓志铭中写道："公之先自固始入闽，为侯官人。"⑦

### 三十一、连氏

唐末固始人连恺为躲避战乱，携父母入闽。福建仙游前连《凤阿连氏阿头族谱》记载："余连姓，上党郡也，世居光州之固始，至唐僖宗乾符间，恺公以明经擢第，任叶州通议大夫。弃官避乱，奉双亲入闽，家于福建闽县。"⑧惠安县原山腰乡坝头村《连氏族谱》也称："凡连姓均连称公后。我祖发源于山西上党郡，传芳河南固始，唐末，始祖恺公携母入闽，初居闽侯。"

### 三十二、梁氏

唐代中期有固始梁氏入闽。天宝十四年（755 年），梁文仲率子梁进章、梁直

① 庄为玑、郑山玉：《泉州谱牒华侨史料与研究》，中国华侨出版社，1998 年。
② 庄为玑、郑山玉：《泉州谱牒华侨史料与研究》，中国华侨出版社，1998 年。
③ 《台湾省通志》卷 2，《人民志·氏族篇》，台湾省文献委员会，1970 年。
④ 陈良策：《同安地山李氏家谱经序》，引自《兑山李氏烟墩兜族谱》。
⑤ ［同安］《地山李氏族谱》，《序言》，转引自陈支平：《福建族谱》，福建人民出版社，1996 年。
⑥ 庄为玑、郑山玉：《泉州谱牒华侨史料与研究》，中国华侨出版社，1998 年。
⑦ 宋·真德秀：《西山文集》卷 45，《国子监主簿李（冲）公墓志铭》。
⑧ 连心豪：《闽台连氏源流考略》，载《连横学术思想暨学术成就研讨会论文选》，海峡文艺出版社，1994 年。

辉由河南固始垅山溪后垾堡入闽,定居闽南南安县象运乡。①《象山梁氏家谱》
记载,唐末五代初,光州固始人梁震随王审知入闽,居长乐江田,其后代散居各
地,成为福建著名的一支姓氏。②宋代天禧三年(1019年),安定梁氏从河南光
州固始入闽,梁宗为闽县主簿,居鼓岭茶洋,称入闽始祖,至五世梁汝嘉分迁闽县
永盛燕山,成为梁厝村(属仓山区城门镇)的始祖。③

### 三十三、廖氏

固始廖氏在唐代有两次入闽,一在唐初,廖圭随陈元光入闽。台湾《廖氏大
族谱》说:"廖圭公时,适唐朝陈元光将军开辟漳州,乃从戎随军,驻扎上杭。"一
在唐末,随王审知入闽。台湾《廖氏家谱·续修廖姓家谱序》称其先祖自河南固
始随王审知入闽,家于福建之将乐。第二世廖俨自将乐迁于安溪。

### 三十四、林氏

中原林氏入闽最早在西晋永嘉之乱时,不过,见于记载的固始林氏移居福建
是在唐朝初年,始祖是随陈元光进入福建的林孔著。《溪环社林氏族谱》记载:
今漳州市芗城区浦南镇溪园村林氏始祖林行实,讳孔著,字秉序,谥鼎峙,为陈政
的九女婿,原籍河南光州固始,唐高宗时随陈氏父子入闽,为军谘祭酒。政殁,佐
元光,开扩山林有功。④

固始林氏大举移居福建是在唐末五代时,在随王审知兄弟入闽的队伍中有
不少林氏族人,如"控鹤林氏"入闽始祖林延皓。《控鹤林氏族谱》记载:"广明
中,黄巢据亳,抵安丰,一苇可航,州民惊鼠窜。吾祖延皓与固始县王潮弟审知有
旧,遂往家焉。"后随王审知入闽,助王审知攻下福州,立了大功,被任命为"拱
宸、控鹤都指挥使",并因此定居下来。⑤

"陶江林氏"入闽始祖林穆,随王审知一路攻到福州,官左朝奉大夫。福州
《尚干林氏族谱》记载,"(尚干林氏)始祖讳穆,字然佑,父讳卫,将侍郎,世居河

①　张天禄主编:《福州姓氏志》,海潮摄影艺术出版社,2005年。
②　[南安]《象山梁氏家谱》,康熙二十二年(1683)刻本。
③　李乡浏、李达:《福州地名》,福建人民出版社,2001年。
④　庄为玑、王连茂:《闽台关系族谱资料选编》,福建人民出版社,1985年。
⑤　《控鹤林氏族谱》,转引自曾意丹,徐鹤苹著《福州世家》。

南光州固始县,系出济南,唐僖宗中和辛丑(881年)八月,寿州人王绪起兵据本州,复陷光州,自称将军,蔡州节度使秦宗权方募壮士,乃表绪为光州刺史。固始县吏王潮及弟审知、审邽皆以材器知名,绪召军中为军校,信用之。……我始祖避乱,见潮兄弟识度异常,遂依焉。……我始祖功绩居多,故位居左朝奉大夫。后国家胥庆王恩,与从己之人自择桑梓为裕后之计,于是王自择藤山,我始祖瞻顾枕峰一脉一回龙,经营处所卜宅名区焉。"明代吴宽在其所作《林樵墓志铭》中写道:"林为闽著姓,考其初多迁自固始。公之先则始迁者曰唐左朝奉大夫穆。"①明代郑善夫所作《林允大墓志铭》也说:"君名德昌,字允大,以字行,林姓,十九代祖穆自光州固始入闽,居方山。"②

"濂江林氏"祖先也随王审知打到福州。《濂江林氏家谱》所收明代林镠(字元美)序云:"稽我远祖五代间自固始入闽,卜居斯乡。因用吾姓而名乡之浦曰林浦(今福州仓山区城门镇林浦),歧曰林歧,桥曰林桥。"③

唐末五代入闽的固始林氏还有不少,如《台北县虎丘林氏族谱》记载:"先世固始人,祖有林一郎者,于光启乙巳,迁福建永春机源大杉林保。其后一派入泉之清溪,依仁里西头井兜,至明分居安溪之虎丘。"④明代杨士奇所作《林兴祖墓表》说:"林之先居光州固始,唐末讳靖者从王审知于闽,以功封忠烈侯,终于闽,子孙遂家福清之古隆。"⑤明代李时勉在《林居墓志铭》中写道:"林氏本光州固始人,其先有曰庆源者,五代时仕为某官,从王审知入闽,居侯官。"⑥明代王世贞《林宗伯传》:"林宗伯者,讳燫,字贞恒,其先自光州之固始避五季乱入闽,遂为闽人。"⑦明李东阳《林氏族谱序》曰:"福州林氏出光之固始,五代时从王氏入闽。"⑧宋代刘克庄《林埏墓志铭》:"公讳埏,字仲成,其先固始人,八世祖著作平迁福清。"⑨其中尽管没有言及始祖入闽时间,但以埏生于南宋高宗建炎二年

① 明·吴宽:《家藏集》卷65,《封奉直大夫户部员外郎林公(樵)墓志铭》。
② 明·郑善夫:《少谷集》卷12,《闽进士林允大墓志铭》。
③ 《濂江林氏家谱》,转引自曾意丹,徐鹤苹著《福州世家》。
④ 《台湾省通志》卷2,《人民志·氏族篇》,台湾省文献委员会,1970年。
⑤ 明·杨士奇:《东里续集》卷29,《故广西布政使司右参议林君(兴祖)墓表》。
⑥ 明·李时勉:《古廉文集》卷10,《国子学正林先生(居)墓志铭》。
⑦ 明·王世贞:《弇州续稿》卷75,《林宗伯传》。
⑧ 明·李东阳:《怀麓堂集》卷27,《林氏族谱序》。
⑨ 宋·刘克庄:《后村集》卷37,《林沆州(埏)墓志铭》。

(1128 年），推测其八世祖入闽亦当在唐末五代时。《明文海》所录《宋石塘林氏》也说："福清县东里许，石塘林氏居焉，其先固始人，唐著作平迁此。"①《平潭县志》记载今平潭县敖东镇桥锦头林氏也是五代时由固始迁入的。始祖林昕，河南固始县人，五代后梁开平年间随王审知驻闽，择居于福州。其后裔子孙林胜于宋代迁福清北林村，林永盛于元代迁福清沙玉村，明、清时先后播迁平潭桥锦头、吉钓、草屿的西楼、岑兜、莲澳等村。② 宋代林光朝《林师说墓志铭》说："林氏其先光州固始人，居仙游，六世而公曾祖晟。"③文中虽没有言及始祖入闽时间，但以墓志铭中所说师说卒于绍兴二十三年（1153 年）推测，迁闽亦当在唐末五代之时。

### 三十五、柳氏

《云霄县志》载："柳氏，鲁展禽食采于柳，后因以为氏，望出河东。彦深自河南固始随陈元光提军开漳，遂居焉。"④

### 三十六、刘氏

固始刘氏入闽以唐末五代居多，《福建通志·唐侨寓传》载："刘存，字一心，号淮叟，光州固始人。中和初，黄巢寇乱，率子侄避地入闽，卜居侯官之凤岗。"《十国春秋·刘琼传》载："刘琼，固始人。天德初，为永平镇将。南唐侵建州，琼统兵入援，师至镛州，闻天德帝已降唐，众兵欲推琼为王，琼义不肯受，自刎死。部将收其尸，葬山麓，乡人建祠祀之。"⑤民国《莆田县志》记载，刘韶"固始人，随王审知入闽，官泉州别驾，卜居涵江。"

刘存后裔非常兴旺，〔光绪〕《侯官乡土志》说，唐末刘存自固始随王氏入闽，仍号淮叟，八贤皆其后也。⑥ 所谓八贤即刘彝、刘藻、刘康夫、刘嘉誉、刘世南、刘砥、刘砺、刘子玠等八位理学家。今晋江、闽清、福清、平潭等地皆有刘存后裔居

---

① 清·黄宗羲：《明文海》卷 428，《宋石塘林氏》。
② 《平潭县志》卷 3，《人口·姓氏构成》，方志出版社，2000 年。
③ 宋·林光朝：《艾轩集》卷 9，《林兵部（师说）墓志铭》。
④ ［民国］《云霄县志》卷 6，《氏族志》。
⑤ 《十国春秋》卷 96，《刘琼传》。
⑥ ［光绪］《侯官县乡土志》，《版籍略三·氏族》。

住,《塘滨刘氏九耀公斯派·塘滨刘氏分自塔江考》记载,今晋江英林镇的塘滨刘氏源自东石塔头刘。追溯塔头刘氏渊源,属"彭城派",其先世刘存偕侄昌祖,于唐末自河南光州率部入闽,开基福州凤岗一带,后又分至长乐、福清,其裔孙于宋末元初由福清徙居晋江塔头,历经十世,塔头刘氏再分基塘滨。① 闽清《玉阪刘氏续修家谱》记载:该族始祖刘存,为光州固始人,唐末随王潮兄弟入闽,卜居今福州市西北凤岗。②《福清市志》载:"旗山刘氏迁闽始祖刘存,唐末自河南光州固始入闽,居福州凤冈,二世昌茂,由凤冈迁入旗山麓。"③《平潭县志》记载:"青峰、东庠刘氏始祖刘存,字一心,号淮叟,唐末自河南固始率侄昌祖入闽,居福州凤冈。传至十三世刘浚,居福清平北里龙江(今高山镇龙尾村),其后裔先后迁入平潭青峰、东庠、渔塘等处定居。"④

随王审知兄弟移居福建固始刘氏中,还有一支是比较特殊的。唐民部尚书刘文静遭谗后,子孙逃入光州固始,后易姓为侯,于唐末入闽,徙居武荣(南安),民国初年这支侯氏又改回刘氏。

五代时,刘爚自固始迁入福建,是固始刘氏入闽的又一支。宋代真德秀《刘爚神道碑》说:"公讳爚,字晦伯,盖汉之胄,出于讳豳者,遭五季之乱,自光州固始迁焉,遂为建阳后山人。"⑤

### 三十七、卢氏

固始卢氏进入福建,有记载最早是在唐初,卢如金随陈元光入闽。《福建通志·卢如金传》:"卢如金,光州固始人,领本州岛司户参军,始建屯营于云霄修竹里,与陈元光、许天正谋拓山林,置州漳水之北后岭南。流寇掠境,元光战殁,如金率兵讨之,群盗悉溃。漳以保全,卒葬于连玭山。"⑥唐末又有固始卢氏族人移居福建。石狮《沙美卢氏族谱》称,石狮市永宁镇始祖卢天禄唐末随王审知兄弟从河南光州固始县入闽,先定居于西北山区,后逐渐向东南迁徙,其后代散居

---

① 庄为玑、郑山玉:《泉州谱牒华侨史料与研究》,中国华侨出版社,1998 年。
② 上海图书馆:《上海图书馆藏家谱提要》,上海古籍出版社,2000 年。
③ 《福清市志》卷3,《人口·姓氏》,厦门大学出版社,1994 年。
④ 《平潭县志》卷3,《人口·姓氏构成》,方志出版社,2000 年。
⑤ 宋·真德秀:《西山文集》卷41,《刘文简公(爚)神道碑》。
⑥ [同治]《福建通志》卷30,《名宦·曹朋传》。

于永定、平和、清流等地。① 明代吴鉴《卢琦墓志铭》记载："先世光州固始人也，唐末避乱从王绪入闽，居泉之惠安。"②《平潭县志》也说："五代时，卢皓、林甲自河南光州随王审知入闽，隐居于平潭小练岛。'后二姓繁盛，遂为福州巨族'。"③

### 三十八、吕氏

固始吕氏移居福建在唐末。《杰山吕氏族谱》记载，今永春蓬壶镇杰山吕氏，系唐末随王潮入闽，先居泉州，后徙居南安朴乡，至宋迁居永春上场，续迁蓬壶杰山。④《吕氏大宗谱》载：唐末，吕兢尚由固始迁居福建晋江。⑤

### 三十九、罗氏

唐末固始人罗汉冲为避黄巢之乱移居福安县穆洋，《福建通志》记载："忠惠庙，在福安县穆洋，神为罗汉冲，光州固始人，任江州司户，黄巢之乱，避地入闽，居穆洋。斩荆棘、治阡陌、召民耕种，遂成沃壤。既殁，民怀其德，立庙祀之。水旱灾疫祈祷皆应，宋时赐庙额曰忠惠。"⑥

### 四十、骆氏

今南平峡阳骆氏始祖骆万安，系河南光州固始县人，唐末，同弟骆万保随闽王王审知入闽，万保居闽地南街，发于骆家铺（今福州）；而兄万安择地相土，卜居南平西峡。⑦

### 四十一、马氏

有固始马氏于唐末五代时移居福建。如明代王世贞《马森神道碑》写道："马公者讳森，字孔养，其先豫之固始人，以唐季从王潮下闽，遂居怀安之卯峰

---

① 庄为玑、郑山玉：《泉州谱牒华侨史料与研究》，中国华侨出版社，1998 年。
② 明·吴鉴：《故前村居士卢公(琦)墓志铭》，载罗珵《圭峰集》。
③ 《平潭县志》卷 3，《人口·姓氏构成》，方志出版社，2000 年。
④ 庄为玑、郑山玉：《泉州谱牒华侨史料与研究》，中国华侨出版社，1998 年。
⑤ 杨绪贤：《白话台湾区姓氏堂号考》，台湾新生报社，1981 年。
⑥ ［乾隆］《福建通志》卷 15，《祠祀·忠惠庙》。
⑦ 福建省文化厅编：《八闽祠堂大全》，海潮摄影艺术出版社，2002 年。

坑。"①《福建通志》"光禄大夫马浙墓"下这样说，"固始人，南唐时徙闽，隐于草峰山，因葬焉。②

### 四十二、茅氏

固始茅氏入闽在唐末，今仙游县蓝溪茅氏先祖就是在唐末入闽的。蓝溪茅氏入闽始祖茅爽，号晶寰，累仕江淮。唐光启之乱，由光州随王潮军入闽。爽季子君宠再由福州析居仙游县南迎熏门之蓝溪。③ 明代黄仲昭所作《茅襄墓志铭》也认为茂襄先世入闽在唐末，"处士讳襄，字宏赞，自号梅涧道人，曰处士者，乡人称之也。茅氏系出周公，先世居光州，唐光启之乱从王氏入闽，因析仙游之蓝溪，即今之所居也。"④

### 四十三、倪氏

《福清市志》称音西镇霞楼倪氏先祖由河南固始县迁入福清。明洪武九年（1376年），福清倪氏有因避乱，徙晋江县陈江村，故称陈江倪氏。传七世倪继浩，生四子，第四子廷祥，于明末迁新丰里霞楼村。⑤

### 四十四、潘氏

固始潘氏有随陈元光入闽者，《桃源潘氏族谱》称，今永春达埔、蓬莱一带的潘氏，其先祖于唐初随陈元光由河南光州入闽，定居于漳州。至元代，潘银湖由漳州迁居永春，肇基于溪源，是为入永始祖。⑥ 有随王审知入闽者，宋黄榦《潘植行状》说："君讳植，字立之，姓潘氏，九世祖讳某，事王氏为银青光禄大夫，自光州固始入闽，家于福州怀安县之水南。"⑦明·徐溥《潘荣神道碑铭》记载："公姓潘氏，讳荣，字尊用，其先出河南之固始，唐末从王审知入闽，有仕于漳为龙溪县

① 明·王世贞：《弇州续稿》卷129，《资政大夫户部尚书钟阳马公（森）神道碑》。
② ［乾隆］《福建通志》卷62，《古迹》。
③ 福建省文化厅编：《八闽祠堂大全》，海潮摄影艺术出版社，2002年。
④ 明·黄仲昭：《未轩文集》卷6，《梅涧处士茅公（襄）墓志铭》。
⑤ 《福清市志》卷3，《人口·姓氏》，厦门大学出版社，1994年。
⑥ 庄为玑、郑山玉：《泉州谱牒华侨史料与研究》，中国华侨出版社，1998年。
⑦ 宋·黄榦：《勉斋集》卷37，《处士潘君（植）立之行状》。

簿者,因籍焉。"①明代李东阳《潘荣墓志铭》有几乎相同的记载:"公姓潘氏,讳荣,尊用其字也,先世出河南固始,唐季从王氏入闽,有为龙溪簿者,始居漳。"②另有《台北县志·氏族志》载:该县石门、三芝二乡潘姓先世居光州固始,后迁福建漳州诏安五都。③

### 四十五、彭氏

唐末有固始彭氏族人迁入泉州。《虹山彭氏族谱》云:"吾祖派在河南汝宁府光州固始县乃宜,其居今亦难考其几世矣,及唐僖宗广明元年,黄巢起义,吾祖随王潮过江,始居闽之泉,次迁城西之南安居,自椿公复迁晋江之中山,舍于瑁峰下居焉,斯祖之上,世次失真,故以椿公为我中山一世祖也。"④

### 四十六、邱氏

早在西晋永嘉年间便有固始邱氏族人移居福建,台北县土城乡《邱氏族谱》谓:"五胡之乱,南迁入闽,居兴化之莆田。宋皇祐间再分支入粤,家饶平。明初,有邱必仁者,经商杭、汀间,遂又别为长汀邱氏。据本谱记载,固始邱姓,乃自晋代永嘉年间入闽莆田,支派繁衍。至宋仁宗时,再分支入粤。"⑤唐僖宗时有邱祯、邱祥、邱福兄弟三人由固始随王潮入闽,居崇安之黎阳。⑥五代时,又有固始邱氏入闽,漳浦杜浔邱氏保存的邱氏古谱残本记载,其先祖原居河南光州固始县浮光山下,其祖于后唐天成二年丁亥(927年)迁居福建⑦。而在闽粤以及台湾影响最大一支邱氏是在北宋时迁入的,邱萃英称:"我邱氏在台湾,无论闽粤,俱尊俶秀公为太始祖,成实公为始祖。"《邱氏族谱》记载:北宋中期,邱俶秀由河南光州固始,迁居福建莆田,其子成实于皇祐年间再迁广东饶平,子孙散居闽、粤各地。台湾北埔《邱氏家谱序》载:宋末,邱氏族人由河南固始迁居福建宁化石壁

---

①　明·徐溥:《谦斋文录》卷4,《资善大夫南京户部尚书致仕潘公(荣)神道碑铭》。

②　明·李东阳:《怀麓堂集》卷82,《保潘公(荣)墓志铭》。

③　杨绪贤:《白话台湾区姓氏堂号考》,台湾新生报社,1981年。

④　许在堂、林中和:《泉州姓氏堂号》,福建人民出版社,2006年。

⑤　《台湾省通志》卷2,《人民志·氏族篇》,台湾省文献委员会,1970年。

⑥　郑丰稔修:[民国]《崇安县新志》卷4,《氏族志》。

⑦　漳浦县政协编:《漳浦文史资料》第8辑,《漳浦与台湾渊源关系专辑》,1989年。

乡,是为广东客族发祥之始。①

### 四十七、商氏

漳浦县大南坂农场上埔作业区商姓称,祖上河南固始人,唐末随王潮、王审知兄弟入闽,居福州东郊鼓山下横屿。传至宋庆历年间,商玄胤"相地"至福清,看中石竹山东南(今东张镇)一片"风水宝地",便在那里定居,后裔人才辈出,其中,南宋庆元二年进士商景春,曾任湖南桃源知县,归休后隐居于偏僻的福清赤礁。宋末元初,景春之弟景夏组织义军抗元,失败被俘,自杀,商氏族受清剿。景春的长子商禹和第三子商当逃避于赤礁,战事过后,商禹回居石竹,商当留在赤礁,分别传下长房和三房裔孙。景春的次子商稷,逃到漳浦,见县治西南鹿溪之滨一片沃土,便住下来垦荒拓土,传衍第二房裔孙,建立商氏埔社,并传衍后裔于杜浔和诏安。②

### 四十八、邵氏

晋江永和镇邵厝村邵氏开基始祖邵子厚系河南光州人,在南宋高宗皇帝南渡迁都时而开闽定居邵厝村。③

### 四十九、沈氏

唐朝初年,固始人沈世纪随陈政父子南下进入福建平乱,任分营将,功勋卓著。《漳州府志》谓:"沈世纪……光州固始人,总章二年,从陈王政领军入闽……日与元光披荆棘、开村落、翼地数千里,厥功懋焉……今子孙散处龙溪、漳浦、南靖、长泰、诏安等处。"④唐末又有固始沈氏族人随王审知兄弟入闽。《蓬莱尤氏族谱·八修蓬莱族谱序》记载,今永春达埔镇蓬莱村尤氏,入闽始祖原姓沈,名思礼,唐河南光州固始县人,随王审知入闽,升为驸马都尉,因避王审知讳,乃将沈去水留芏,改为"尤氏",定居于武荣金田(今南安南厅乡)。《崇正同人系

---

① 杨绪贤:《白话台湾区姓氏堂号考》,台湾新生报社,1981年。
② 漳浦县政协编:《漳浦村社要览》(内部出版),2002年。
③ 福建省文化厅编:《八闽祠堂大全》,海潮摄影艺术出版社,2002年。
④ 《台湾省通志》卷2,《人民志·氏族篇》,台湾省文献委员会,1970年。

谱》卷二载:"五代时,其族有从王潮入居福建长汀。"

## 五十、施氏

晋江施氏分钱江派的前港施和浔江派的后港施,先世都来自光州固始。《钱江长房派石厦厝后分施氏家谱》载,今晋江龙湖镇石厦村施氏,俗称"前港施",始祖施典于唐昭宗十六年(902年)避乱入闽,屡经周折,最后择牙水之右钱江而居,故以"钱江"为堂号,传数世至施宽惠开基石厦,为石厦施氏之鼻祖。① 《浔海承德堂施氏家谱》:今石狮永宁镇前埔村施氏之祖施炳,由河南光州固始县播迁福清高楼,迨四世施菊逸徙晋江南浔(今晋江市龙湖镇衙口村),清初分居各处。② 台湾《施氏合谱》谓:"唐之中叶,始由河南光州迁徙入闽,有秘书丞公者,宅居于泉州钱江乡。迨吾始祖大理寺评事讳炳公,自福清移居浔江,嗣是而子孙繁衍,支分派别。"③《永南施氏宗谱》记载,今南安施氏,其先世自唐僖宗光启间由光州固始入闽,先居浔海(今晋江龙湖衙口),后迁居永南。④

## 五十一、宋氏

唐末有固始宋氏族人迁入福建者,《儒林宋氏族谱》称,今永春五里街宋氏,为唐右丞相宋璟的后裔。宋璟玄孙宋骈为福建观察判官,携其祖父宋易自河南光州固始入闽,居莆田,宋易被奉为入闽始祖。传至元季,宋瑄由莆田迁永春。⑤宋代林光朝《宋棐墓志铭》也载:"公之先系来自固始,有曰骈者,官至主客员外郎,子为仁鲁起居舍人,徙于莆,自是数世。"⑥

## 五十二、苏氏

福建苏姓族人尊苏益为入闽始祖。宋代苏颂《苏绎墓志铭》称,"奕,元和中终光州刺史,子孙因家于固始。光州之四世孙、赠隰州刺史讳益自固始从王潮入

---

① 庄为玑、郑山玉:《泉州谱牒华侨史料与研究》,中国华侨出版社,1998年。
② 庄为玑、郑山玉:《泉州谱牒华侨史料与研究》,中国华侨出版社,1998年。
③ 《台湾省通志》卷2,《人民志·氏族篇》,台湾省文献委员会,1970年。
④ 庄为玑、郑山玉:《泉州谱牒华侨史料与研究》,中国华侨出版社,1998年。
⑤ 庄为玑、郑山玉:《泉州谱牒华侨史料与研究》,中国华侨出版社,1998年。
⑥ 宋·林光朝:《艾轩集》卷9,《敷文阁待制开国宋公(棐)墓志铭》。

闽,又为泉州同安人。"①宋代曾肇《苏颂墓志铭》载:"元和中,(苏)瓒曾孙奕卒光州刺史,始家固始。又四世孙益随王潮入闽。生光海,仕闽为漳州刺史,居泉州同安,遂为同安人。"②宋代邹浩在《苏颂行状》中亦写道:"奕,元和中终光州刺史,家固始。光州之孙益自固始随王潮入闽,为王氏领军使。"③清代李清馥《苏光海传》载:"苏光海父益自光州固始随王潮入闽,诛叛将黄绍颇、留从效,表为漳州刺史,陈洪进惮之,计召至同安,为大第留不遣,密使人之漳夺其任,遂为同安人。"④同治《福建通志》:"有苏绅者,同安人,曾祖苏益,亦从王潮入闽。"晋江《仑山衍派苏氏族谱·湖美苏氏由浯仑分基家谱序》载:苏氏始祖益以隰州刺史于河南光州固始随王审知入闽,居同安永丰葫芦山下。传至一元,生二子,长栖梧,次金梧。栖梧生五子,其中之一珏峰为湖美苏氏开基始祖。⑤《苏氏族谱·苏益自序》:"晚生益,唐衰世乱……随王潮入闽。潮卒,其弟审知乞为留后,吾子光海,少谙兵法,行年二十,诛黄绍颇,留从效表为潮州刺史。平海卫节度使陈洪进惮之,计诱至同安,为大第留之不遣,密使人夺其任,遂居同安,择地永丰湖芦山下居焉。"⑥德化《双翰苏氏族谱》谱序谓:其先祖苏益侍于隰州,值黄巢起事,以都统职随王潮入闽,是为苏氏之入闽始祖。苏益后裔苏奉礼,于宋初肇居于德化石城(今雷峰一带)。⑦ 德化《龙井苏氏族谱》记载,龙井苏氏其远祖苏奕(注:当为益),唐僖宗广明间从王潮入闽,是为苏氏入闽始祖。苏奕之裔孙秉礼、奉礼于北宋淳化五年始迁居德化石城。传至明洪武年间,其后裔始徙居龙井(今浔中镇)。⑧

### 五十三、孙氏

固始孙氏迁居福建在唐末,宋代魏了翁在《孙调墓志》中写道:"君和卿,讳调,系出江表,世居光之固始,唐末从福之乌石山。历数世散处长溪县大留村,数

① 宋·苏颂:《苏魏公文集》卷62,《叔父卫尉寺丞景陵府君(绎)墓志铭》。
② 宋·曾肇:《曲阜集》卷3,《赠苏司空(颂)墓志铭》。
③ 宋·邹浩:《道乡集》卷39,《故观文殿大学士苏(颂)公行状》。
④ 清·李清馥:《闽中理学渊源考》卷12,《苏先生光海》。
⑤ 庄为玑、郑山玉:《泉州谱牒华侨史料与研究》,中国华侨出版社,1998年。
⑥ 《台湾省通志》卷2,《人民志·氏族篇》,台湾省文献委员会,1970年。
⑦ 庄为玑、郑山玉:《泉州谱牒华侨史料与研究》,中国华侨出版社,1998年。
⑧ 庄为玑、郑山玉:《泉州谱牒华侨史料与研究》,中国华侨出版社,1998年。

世又徙龙坡。"他又在《孙武义（景玉）墓志铭》又说："孙氏系出江表，其居福之乌石山下者，故光之固始迁也。后又徙长溪之西乡。五代时割西乡以西为宁德县，故君所居号宁德之宽岭。"①《玉塘孙氏族谱》记载：其先祖于唐末自河南光州固始入闽，肇基福清，再迁泉州东桥，而后衍派晋江、同安等地。②《台湾通志·人民志·氏族篇》载："本省孙姓，未修谱牒。相传，其先世居光州固始，唐末五季之乱，南迁入闽，居泉州东门，后迁银邑（今同安）之嘉禾。"

### 五十四、汤氏

《云霄县志》载："汤氏，成汤之后，望出范阳。唐汤简公由河南光州固始随陈元光入闽开漳，居是地。"③

### 五十五、唐氏

福建唐氏有尊唐末固始人唐绮为始祖者。福州尧沙唐氏入闽始祖唐绮，光州固始人，唐末随王潮、王审知入闽，因功被赐封为开闽昭义大元帅，曾在福州于山北麓鳌峰坊建"元帅府"。④ 福州市《马尾区志》：马尾区南兜唐氏源出河南光州固始县魏陵乡怡山境，唐景福元年（892年）随王审知入闽，居福州鳌峰坊，后迁闽侯南港，传二十四世，分迁琅岐镇南兜村。⑤

### 五十六、田氏

固始田氏有于唐代中期迁入福建者，今大田县的田氏始迁祖田本盛，原籍光州固始，于唐开元二年（714年）迁入大田梅林。⑥

### 五十七、涂氏

《相卿涂氏族谱》记载，今德化县盖德乡上坑村涂氏，先祖涂建昌于唐季随

---

① 宋·魏了翁：《鹤山集》卷80，《孙和卿（调）墓志》；同卷，《孙武义（景玉）墓志铭》。
② 庄为玑、郑山玉：《泉州谱牒华侨史料与研究》，中国华侨出版社，1998年。
③ [民国]《云霄县志》卷6，《氏族志》。
④ 曾意丹、徐鹤苹：《福州世家》，福建人民出版社，2001年。
⑤ 《马尾区志》第三篇，《人口·姓氏构成》，方志出版社，2002年。
⑥ 《大田县志》卷4，《人口·人口溯源》，中华书局，1996年。

王审知入闽,为涂氏入闽始祖。建昌公之一支裔孙侨居于浔西上流,因姓号其地,名曰涂坂。①

### 五十八、汪氏

晋江汪氏源于安海史厝围,据十六世孙汪杭盛于清道光元年修撰的《安平汪氏三房潜翁公沛下杭恩公家谱》记载:始祖太原公自光州府固始县入闽,居于泉之首邑第八都鳌江安平镇,子孙繁衍镇城南柑庶巷,祠宇在焉。②

### 五十九、王氏

早在东晋南渡之时便有固始王氏族人进入福建,明代宋濂《王公縠墓版文》称,"太原之裔有分居光之固始者,自东晋南渡来迁泉之晋江温陵里"③。

但固始王氏入闽影响最大的一次无疑是在唐末。王潮、王审知兄弟率军入闽,建立闽国后,派王氏宗亲到福建各州县为官,王氏也因此遍布全省各地。《闽县乡土志》记载:"唐末,王潮率其子姓入闽,世称开闽王氏。审知之后,有奕庭者,居晋江。明王君朝自泉迁闽藤山,王官升亦审知裔,仕宋,历官提干,亦自长乐徙省后屿,别有审邽子孙王朝,于明初亦由长乐迁省垣,传二十余代。④《侯官县乡土志》亦载:"唐季王潮率其族姓入闽,今之开闽王,即王潮之嫡派也。审邽后人别居长乐。按审知之裔,亦有居长乐者。宋时王官升历官提举干办,从长乐徙省后屿,即审知后也。明初,有王朝元者,由长乐迁会城,传二十余世。又国朝康熙间,有王子韬者,由福清迁本境之凤冈,传八世。⑤ 安溪《峣阳开闽王氏族谱》记载,今安溪西坪镇西部的峣阳王氏,为当地大姓,其先祖上溯唐末入闽之王潮、王审知一脉,是以谱名冠称"开闽王氏"。⑥

今之福建王氏有不少为王审知之后,明代罗亨信《澄海南洋王氏族谱序》说:"所谓闽王审知者,则出自琅琊,由威武节度使以绥靖邦民有功,进封王爵,

---

① 庄为玑、郑山玉:《泉州谱牒华浩史料与研究》,中国华侨出版社,1998年。
② 陈仲初:《晋江风物·姓氏源流专辑》,国际文化出版公司,2001年。
③ 明·宋濂:《文宪集》卷24,《故封承事郎给事中王府君(公谷)墓版文》。
④ [光绪]《闽县乡土志》,《版籍略三·大姓》。
⑤ [光绪]《侯官县乡土志》,《版籍略三·氏族》。
⑥ 庄为玑、郑山玉:《泉州谱牒华侨史料与研究》,中国华侨出版社,1998年。

居闽为最久,生长子孙遂成茂族。世传闽之王氏,多其遗裔为不诬矣。"①《平潭县志》称,今岚城乡三门澳村王氏姓祖为闽王王审知,后裔王永康徙居福清港头。传至王国馨,迁平潭澳尾村。馨之孙王过山,生 5 子,长子平坦,居平潭斗石垄村;次子寿海、三子通明,居澳尾村;四子竹园,居三门澳村;五子芝田,居澳前田中村。②《福清市志》也说今三山镇官路村王氏始祖王源,为王审知后裔,元末自怀安县水西南山屿迁平北里上都官道(今官路村)。③

　　一些族谱奉王审邽为始祖,如《晋江凤头王氏族谱》谱序云:王氏追王审邽为入闽始祖。明洪武十年,王氏第二十世王宾和肇基凤里,遂居斯地。④ 永春《桃源东熙王氏族谱》谱序载,东熙王氏入闽始祖系王审邽。唐光启年间,王氏兄弟入闽,后审邽任泉州刺史,其子王延彬继之。至北宋熙宁、元祐年间,其裔孙始迁居永春东熙。⑤ 台北县板桥镇《王姓族谱》谓:"三十四世晔,为光州定城令,因家于固始,晔曾孙曰恁,三子:曰审潮、审邽、审知,兄弟有才气,王绪辟为军正,以副前锋提兵入汀、漳,遂有闽泉土地。而审邽之曾孙烨,又分居泉之西南隅船方巷。"⑥晋江《金瓯王氏五柱敦顼公派家谱》称王氏出于五代泉州刺史王延彬之后,推武肃王王审邽为入闽始祖,与漳州上坂王氏、同安泗州王氏同出一源。⑦

　　唐末随王审知兄弟入闽的固始王氏当不在少数,然较闽王兄弟的光芒,他们就显得暗淡了许多,有的甚至连自己的名姓都没有留下来。明代林俊《王管墓表》载:"君讳管,字玉和,王姓,质庵其号。咸通间兵部侍郎汉,固始入闽,居芝山假令新县,今长乐也。"⑧固始王氏入闽记载尚有,宋代王安石《王深父(回)墓志铭》载:"深父讳回,本河南王氏,其后自光州之固始迁福州之侯官。"⑨曾巩在为王回之弟王同所作墓志铭中也说:"容季,王氏,讳同,其先太原人,中徙河南,其后自光州之固始徙福州之侯官。徙侯官者五世矣。"⑩明杨士奇《王举逸墓志

① 载清陈梦雷编《古今图书集成》卷280,《明伦汇编·氏族典·王姓部·艺文》。
② 《平潭县志》卷3,《人口·姓氏构成》,方志出版社,2000年。
③ 《福清市志》卷3,《人口·姓氏》,厦门大学出版社,1994年。
④ 庄为玑、郑山玉:《泉州谱牒华侨史料与研究》,中国华侨出版社,1998年。
⑤ 庄为玑、郑山玉:《泉州谱牒华侨史料与研究》,中国华侨出版社,1998年。
⑥ 《台湾省通志》卷2,《人民志·氏族篇》,台湾省文献委员会,1970年。
⑦ 庄为玑、郑山玉:《泉州谱牒华侨史料与研究》,中国华侨出版社,1998年。
⑧ 明·林俊:《见素续集》卷10,《明赠承德郎刑部主事质庵王君(管)墓表》。
⑨ 宋·王安石:《临川文集》卷93,《王深父(回)墓志铭》。
⑩ 宋·曾巩:《元丰类稿》卷42,《王容季(同)墓志铭》。

铭》：“王氏之先居光州固始，自唐徙闽，而家漳之龙溪。”①

### 六十、魏氏

《平潭县志》称，今敖东镇钱便澳魏氏始祖魏看，世居河南固始县，唐末随王审知入闽，卜居福清清远里（今宏路镇），其裔孙迁福清六十都文林（今东瀚文林村）。元至正十五年（1355年），第十四世孙魏天乐，迁福清东瀚西营村；其次子魏仁德，迁平潭钱便澳。第十七世孙魏天祥，从东瀚西坊迁入平潭钱便澳。第二十五世魏桥、魏梓从福清西营迁平潭敖东镇渔庄村；魏杉、魏栋迁苍霞坂村。②元代贡师泰《送心泉上人还福州序》记载：“有僧称心泉者，持诗一章来谒。问之，则长乐儒家子，姓魏氏，其先本浮光人。”③元代吴海《魏氏世谱叙》也说：“魏氏，先浮光人，入闽首居福清，后继长乐陈氏。”④

### 六十一、翁氏

《平潭县志》称，今中楼乡后旺村、岚城乡正旺村一埠翁氏远祖翁轩，为河南固始县人，唐德宗时任闽州、漳州刺史，后卜居莆田兴福里竹啸（今北高镇竹庄村），其孙翁巨隅徙居今福清新厝镇漆林村。宋神宗熙宁七年（1074年）四月，翁善迁今福清三山镇瑟江。明成化十四年（1478年），翁奉迁今平潭岚城乡霞屿村，翁导训迁平潭一埠村。清代，翁绍陟从瑟江迁入平潭中楼乡后旺村。⑤

### 六十二、吴氏

固始吴氏移居福建人数最多是在唐末，有确切姓名者就有吴祭、吴英、吴文卿等人。台湾《吴氏族谱·祭公家传》谓：其祖有吴祭者，固始县青云乡铁井兜人，唐僖宗中和四年，兄弟一行二十余人，住福州侯官县，王审知据八闽之地，乃避地福、泉之间，遂为闽人。⑥《福清市志》称，今福清市音西镇玉塘吴氏入闽始

① 明·杨士奇：《东里续集》卷38，《王处士（举逸）墓志铭》。
② 《平潭县志》卷3，《人口·姓氏构成》，方志出版社，2000年。
③ 元·贡师泰：《玩斋集》卷六，《送心泉上人还福州序》。
④ 元·吴海：《闻过斋集》卷2，《魏氏世谱叙》。
⑤ 《平潭县志》卷3，《人口·姓氏构成》，方志出版社，2000年。
⑥ 《台湾省通志》卷2，《人民志·氏族篇》，台湾省文献委员会，1970年。

祖吴祭,字孝先,河南光州人,唐工部屯田员外郎,唐乾符时入闽,居莆田黄石钱坡。传十四世元益(字惕谦,号六善),宋嘉熙时,自莆田县迁文兴里玉塘村。①今平潭县苏澳镇玉屿村、白青乡伯塘村吴氏亦认吴祭为始祖,是从福清迁徙而来的。《平潭县志》记载:吴祭,字孝先,河南固始县人,唐僖宗中和四年(884 年),随王审知入闽。传至二十二世(明万历年间)的秦、泰、春三兄弟,先后从福清市音西镇玉塘村迁入平潭。秦的后裔居苏澳镇康安、屿头乡的玉瑶、北楼、后垱等村;泰的后裔居玉屿村;春的后裔居伯塘村。② 元代吴海《吴氏世谱序》记载:"吴本姬姓,泰伯之后,以国氏,后子孙散居天下。其在闽有繇光州来者,唐光启中,有曰英从王氏入闽,相传始祖也。"③《侯官县乡土志》记载:"唐末有吴文卿者,自固始随王氏入闽,卜居井关外西园乡,传二十五世。④

　　唐末五代间由固始入闽的吴氏族人中,由于世远年湮,有不少已无法得知其名号了。如,南安《诗山古宅吴氏族谱》谱序云:唐僖宗时,吴氏随王审知由光州固始县入闽,堂从六人分居福泉间。至宋,有定公登进士,居于武荣黄龙江之滨(今泉州鲤城浮桥镇一带),故称黄龙吴氏。明洪武年间,大治公卜居南安诗山古宅岭兜,遂传古宅吴氏,是为该吴氏之开基祖。⑤ 晋江《安海灵水吴氏族谱》称,今晋江安海镇吴氏,先世本居河南光州固始,唐末随王审知入闽,始居长乐,元时徙居泉州东门,至明代其裔孙名懒翁者由泉迁至灵水定居,子孙繁衍至今。⑥《崇正同人系谱》卷二载:吴氏"世居渤海,散处中州,其后有随王潮入闽,由闽而入于粤之潮、嘉等处"。

　　《古东吴氏通族谱》称,今石狮宝盖镇坑东村吴氏,先祖由光州固始入闽后,卜居于兴化平海卫。约宋元间,吴仙护迁居坑东村。⑦ 明初文学家贝琼在《送吴义孚序》中写道:"其先由固始迁闽,居兴化之莆田,凡十二世。"⑧上述两条记载,尽管没有交代吴氏自固始入闽的时间,但据"宋元间"、"十二世"等文字推测当

①　《福清市志》卷 3,《人口·姓氏》,厦门大学出版社,1994 年。
②　《平潭县志》卷 3,《人口·姓氏构成》,方志出版社,2 000 年。
③　元·吴海:《闻过斋集》卷 1,《吴氏世谱序》。
④　[光绪]《侯官县乡土志》,《版籍略三·氏族》。
⑤　庄为玑、郑山玉:《泉州谱牒华侨史料与研究》,中国华侨出版社,1998 年。
⑥　庄为玑、郑山玉:《泉州谱牒华侨史料与研究》,中国华侨出版社,1998 年。
⑦　庄为玑、郑山玉:《泉州谱牒华侨史料与研究》,中国华侨出版社,1998 年。
⑧　明·贝琼:《清江文集》卷 29,《送吴义孚序》。

不会晚于宋代。《闽县乡土志》记载："宋迪功郎吴德广,由固始迁长乐,子孙再迁本境,传二十余代。"①

明清时期又有固始吴氏族人迁居福建境内,如福清市御塘边吴氏是明初自河南光州固始县迁临江里御塘边村的。港头镇南门村吴氏是清初自河南固始县迁入漳州,又由漳州迁化北里南门村的。②

### 六十三、萧氏

台湾萧氏多称"其先由光州固始入闽"。据《漳州府志》记载,唐初跟随陈元光开漳58姓132将佐中,有萧润尔其人,与所传由固始入闽事基本相符。③ 今周宁县浦源镇萌源村萧氏始祖原居河南光州固始县用儒乡进贤里竹洲村。唐大中年间,其祖萧华避乱入闽。初居福州乌山,至其子丙二迁居宁德白鹤岭尾,又于中和四年复徙周宁南坂。④

### 六十四、谢氏

唐末谢文仕避乱入闽,《谢氏族谱》载:"文仕公号闽峰,原河南光州固始县人,仕唐,大中宣宗朝甲戌八年(854年)特授光禄大夫,受兵部尚书职,至大中己卯十三年(859年)辞职归田,由淮入闽,驻福州,后寻至福宁麦山下埔樟澳开基。"⑤随王审知入闽的固始谢氏族人很多,宁化、连城、松溪《谢氏族谱》称:"始祖文乐公,字季远,左学士登幼子也,世居河南光州固始县。唐僖宗时,公兄弟自大梁徙居杭州,再投金陵,任威武节度使。唐末,王审知闻公博学多才,奏辟为判官。公挈家随王审知入闽。审知后为闽王,令文乐公为王府长史。初寓居邵武禾坪鹳树下,后徙建州黄连。"《魁斗谢氏族谱》记载,今永春坑仔口镇魁斗谢氏远祖于唐末随王潮入闽,始居莆仙,其裔孙谢十五迁居安溪,南宋始徙居永春,先到留塅,后定居魁斗。⑥ 福建闽侯大箬池塘《谢氏族谱》载:"始祖绍公,字嗣宗,

---

① [光绪]《闽县乡土志》,《版籍略三·大姓》。
② 《福清市志》卷3,《人口·姓氏》,厦门大学出版社,1994年。
③ 《台湾省通志》卷2,《人民志·氏族篇》,台湾省文献委员会,1970年。
④ 福建省文化厅编:《八闽祠堂大全》,海潮摄影艺术出版社,2002年。
⑤ 谢钧祥:《百家姓书库·谢》,陕西人民出版社,2002年。
⑥ 庄为玑、郑山玉:《泉州谱牒华侨史料与研究》,中国华侨出版社,1998年。

于唐僖宗乾符二年(875 年)擢河南道御史中丞。男孜,昭宗景福二年(893 年)擢进士第,除中书舍人。孜男讳浩亦为兵马使,世居光州固始。后随王审知入闽。因朱文进弑王延羲,闽政日乱,浩子十九公讳雍,字太和,与兄弟永和、义和弃官屯于古田县石床。"福建宁德漳湾王坑《重修黄岗洛上谢氏宗谱》载:"先祖由光州固始随王审知入闽,居右田杉洋,至十七世高公为始迁宁德五都黄岗洛上祖。"福建安溪厚安厚安《清溪谢氏宗谱》称:"祖自光州固始,后梁开平间从王审知入闽,始迁泉州之安溪永安里东皋。"①台湾清溪《永安谢氏族谱》谓:"祖为光州固始人,从审知入闽,始迁泉州之安溪县永安东皋居焉。"②遂昌《墩山谢氏宗谱》称,该族谢氏始祖伯一郎,唐乾宁年间自河南固始县迁居福建宁化县墩山谢屋村(今安乐乡谢坊村)。③ 明代杨荣所作《谢得原墓志铭》亦载:"以敬讳得原,其先河南光州固始人。"④宋代继续有固始谢氏族人移居福建。南宋淳熙年间(1174~1189 年),谢均兰从河南光州固始迁徙福建永定山前。⑤

## 六十五、许氏

唐总章二年(669 年),许天正跟随父亲许陶追随陈政、陈元光父子入闽,当时,许陶是陈政的副使。不久,许陶战殁,陈政也相继去世,许天正就辅佐陈政之子陈元光协力削平苗蛮,并上表建置漳州。许天正功封为泉潮团练副使,驻南诏(今福建诏安),后又居泉州。《福建通志》载:"许天正,固始人,陈元光前锋将也。博学能文,长于训练。元光藉其力平惠、潮、虔、抚诸寇,三年内岭海肃清,升中奉大夫,兼岭南团练副使。裴采访、张燕公荐掌史馆,天正力辞。历泉潮团练副使。民庙祀之。宋时追封顺应侯。"⑥《漳州府志》有更为详细的记载:"许天正,河南光州固始人,陈元光首将也,从元光入闽,元光有所申请,必讨论而后行。博学能文,领泉、潮事,以儒术饬吏治,以忠勇练士卒,平惠、潮、虔、抚诸寇,置堡三十六所,泉潮蒙其教诲捍卫之功,改左衽椎髻之习,三年之内,岭海宁戢。升中

---

① 转引自任崇岳:《中原移民简史》,河南人民出版社,2006 年。
② 《台湾省通志》卷 2,《人民志·氏族篇》,台湾省文献委员会,1970 年。
③ 程小澜主编:《浙江家谱总目提要》,浙江人民出版社,2005 年。
④ 明·杨荣:《文敏集》卷 22,《封翰林院编修文林郎谢以敬墓志铭》。
⑤ 谢钧祥:《百家姓书库·谢》,陕西人民出版社,2002 年。
⑥ [乾隆]《福建通志》卷 30,《名宦·许天正传》。

奉大夫兼岭南团练副使。又平寇于潮阳。陈元光题诗末云：'参军许天正，是用纪邦勋'。时裴采访与张燕公荐于朝，欲抢掌史馆，天正力辞。历仕泉潮团练副将、宣威将军兼翊府记室。至宋追论元功，封昭应侯。今子孙散处南靖马坪及海澄等处。"①明孔贞运《漳南许氏家谱序》亦说："乙丑会试，余以春秋分典礼闱，所得士许光岳为漳之南靖人。余阅其年录，祖父兄弟冠裳济济，已知其为漳望族矣。今丁丑春，光岳入觐，因持其家谱问序于余。余阅其世系，又知其先为河南光州固始人，唐总章二年，有宣威将军许陶者奉敕副玉钤卫将军陈政出镇泉潮之间。陶子天正才兼文武，与政子元光削平苗蛮，表建漳州，变椎髻为衣冠，粗鲁为文物，天正之功居多，以别驾加封太尉。宋绍兴中追论开漳功封翊忠昭应侯，为名宦，今春秋世祀，时子孙世官永镇南诏，与唐祚相终始，至今族居焉。"②许天正的后裔散居于闽、粤、台各省。如许士彬《高阳许氏族谱考》云："天正……统领岭南泉军、平泉湖等州……（其）子孙散处于漳、泉、福、兴、永、德、延、邵、汀者，不可胜纪。而广、潮、苏、浙、京师、海外，远近名省，亦多有焉。"③

　　唐末又有固始许氏族人迁居福建，《湖头虞都许氏家谱》谱序云：今安溪湖头镇郭埔村许氏，始祖许受为光州固始人，官唐代侍御史，唐末奉旨入闽，镇守漳州诏安。而后不久，即又侨居晋江县十七、十八都之石龟（今晋江石龙湖镇石龟村）。历传数世至许景玉，从石龟分支，徙入南安县十二都钱塘（今南安县诗山镇钱塘村）。景玉次子许振奴后来移居安溪县来苏里虞都，遂传虞都许氏。④

　　北宋末年龙图阁直学士、闽（今闽侯）人许份先祖亦来自固始，"许份，字子大，其先光之固始人，今为闽人，以父将恩补承务郎。"⑤

## 六十六、薛氏

　　固始薛氏曾于唐初、唐末两次入闽，东山《薛氏重修族谱序》载：唐高宗总章二年（668年），光州固始人薛使，随陈政领军入闽，从此定居漳州，数传至一平，

---

① ［万历］《漳州府志》卷4，《秩官下》。
② 《古今图书集成》卷409，《明伦汇编·氏族典·许姓部·艺文》。
③ 《台湾省通志》卷2，《人民志·氏族篇》，台湾省文献委员会，1970年。
④ 庄为玑、郑山玉：《泉州谱牒华侨史料与研究》，中国华侨出版社，1998年。
⑤ 宋·李幼武：《宋名臣言行录续集》卷2，《许份》。

迁居漳浦东山。① 《平潭县志》称今敖东镇东昆村、北厝镇跨海村薛氏,远祖薛凤池,河南固始县人,唐末入闽,居福清凤池村。因名字失传,后人以其居住地尊称"凤池公"。传至第二十三世薛太和,由福清坑北转迁薛厝岐村,生五子,即尚仁、尚义、尚礼、尚智、尚信。尚义后代迁平潭龙美楼村,尚礼后代迁湖尾、后楼、深坞等村,尚智后代迁吉钓岭兜村。尚仁生三子,即孟富、孟贵、孟显。孟富后代迁平潭东昆村,孟贵后代迁跨海村。②

## 六十七、严氏

唐末有固始人严怀英随王审知军队入闽,闽侯《阳岐严氏宗系略纪》记载:始迁祖严怀英,唐天祐间自河南固始县随王审知军队入闽,卜居于侯官(今福州闽侯)阳岐乡③。

## 六十八、杨氏

唐末有多支固始杨氏迁入福建。台湾《栖霞杨氏族谱》记载,其先世居河南光州固始县,唐末,"杨荣禄带子逸、肃及孙明珠,随王审知入闽。杨逸居安溪,杨肃同明珠择居南安高美。"其后子孙蕃衍于闽、台各地,蔚为大族。④ 今福清市潜山乡、平潭县志苏澳镇梧井杨氏奉唐末入闽的杨盈为始祖。《福清市志》载:今潜山乡杨氏始祖杨盈,唐代自河南固始县随王审知入闽,居龙田潜山乡。⑤《平潭县志》称,今苏澳镇梧井杨氏始祖杨盈,为河南固始县南井人,唐僖宗时官居防御使,后随王潮入闽。传至第十三世杨斌,迁福清钱山(又称"前坑",即龙田潜山乡)。至后四世杨伯复,于明季从钱山迁西坪,后迁入平潭梧井。清康熙时调迁内地,22 年后复归梧井。⑥ 福州市马尾区青洲、海屿杨氏也都是唐末由固始迁入的。《马尾区志》称,福州市马尾区青洲杨氏,唐末自河南固始随王审知入闽,居南平,再迁长乐桶头,清雍正三年(1725 年)迁青洲洲尾,称为旧杨。福

---

① 杨绪贤:《白话台湾区姓氏堂号考》,台湾新生报社,1981 年。
② 《平潭县志》卷 3,《人口·姓氏构成》,方志出版社,2000 年。
③ 上海图书馆:《上海图书馆藏家谱提要》,上海古籍出版社,2000 年。
④ 杨绪贤:《白话台湾区姓氏堂号考》,台湾新生报社,1981 年。
⑤ 《福清市志》卷 3,《人口·姓氏》,厦门大学出版社,1994 年。
⑥ 《平潭县志》卷 3,《人口·姓氏构成》,方志出版社,2000 年。

州市马尾区海屿杨氏,唐僖宗年间,由河南固始随王审知入闽,迁居福州传十三世。宋时,从福州分迁琅岐海屿村。①

### 六十九、姚氏

固始姚氏在五代之前已迁居福建,明代杨士奇《姚氏祠堂记》说:"工科给事中姚铣间诣余,请曰,先世自光州至固始徙闽,族益蕃。更五季之乱,谱亡无传。今所知者,宋绍兴中国子祭酒子材始家侯官,遂世为侯官人。"②《晋江姚姓源流》称,闽地姚氏为唐朝宰相姚崇后裔。姚崇六世孙姚天明,赐进士第,官拜太常奉礼郎,因事避居光州固始,唐光启年间,天下大乱,从王审知入闽,为侯官大尹,择居福清、莆田交界处诏溪。③ 明代杨荣亦在《姚忠墓志铭》中写道:"处士讳忠,用恕其字也,其先自光州固始徙闽,因家怀安,遂为怀安人。"④

### 七十、叶氏

北宋末年有固始叶氏移居仙游,《古濑叶氏族谱》谓:古濑叶氏始祖叶谌,世居雍州,五季之乱,举族流徙莫定。至宋,卜居光州固始,传至叶炎会,随宋室南渡,卜居仙游古濑,后代散处漳、泉二州。⑤ 宋代林光朝在《叶颙行状》中写道:"公讳颙,字子昂,其家牒为光州固始,避地而南,今为兴化之属县仙游人。"⑥明代罗玘《叶氏墓志铭》也说:"晋江之叶,徙自光之固始来居焉。"⑦

### 七十一、应氏

唐僖宗光启元年(885年),峡阳应氏始祖应世哲从河南光州固始县随王审知入闽,卜居南平市峡阳。⑧

---

① 《马尾区志》第三篇,《人口·姓氏构成》,方志出版社,2002年。
② 明·杨士奇:《东里续集》卷4,《姚氏祠堂记》。
③ 粘良图:《晋江姚姓源流》,载《晋江风物·姓氏源流专辑》,国际文化出版公司,2001年。
④ 明·杨荣:《文敏集》卷21,《处士姚用恕墓志铭》。
⑤ 杨绪贤:《白话台湾区姓氏堂号考》,台湾新生报社,1981年。
⑥ 宋·林光朝:《艾轩集》卷8,《叶公(颙)行状》。
⑦ 明·罗玘:《圭峰集》卷17,《封太安人赵母叶氏墓志铭》。
⑧ 福建省文化厅编:《八闽祠堂大全》,海潮摄影艺术出版社,2002年。

### 七十二、尤氏

尤氏源于沈氏,来自固始。永春《蓬莱尤氏族谱·八修蓬莱族谱序》记载,尤氏源出沈氏。尤氏入闽始祖原姓沈名思礼,唐河南光州固始县人,随王审知入闽,升为驸马都尉,因避王审知讳(沈、审谐音),乃将沈去水留茵,改为"尤氏",定居于武荣金田(即今南安南厅乡)。①《闽泉吴兴分派卿田尤氏族谱》:"吾宗始祖公讳思礼,姓沈氏,其先光州固始人也。因唐僖宗光启二年(886年)同光州德胜将军王审知公入闽,托始之基自此始也。审知公兄弟三人,以兵克闽,分镇三州,长镇漳、次审知公镇泉,三镇福也。其后审知公统五州,以其女配吾祖思礼公为驸马都尉,至唐季世,公以沈与审同音,因避讳去水为尤,而尤之姓所自来也。"该谱《尤氏大宗祠源流》:"尤之先光州固始人也,初姓沈,唐驸马都尉思礼公从王审知入闽,婿于王,始避王讳,去水为尤,肇域于闽之泉州。尤之得姓,自公昉也。"②

### 七十三、游氏

诏安《秀篆游氏族谱》谱序记载,"闽中游氏多以文肃公为始祖,然世远年湮,难凭臆说。再据省志:我族同姓共有三十六族于五代时随王审知入闽,俱系我河南固始县人。"③然而《平潭县志》却说,今东庠游氏入闽始祖游匹,字五丈,河南固始人,官长史,唐末随王审知入闽,驻福州杨桥路,后人迁建阳县麻沙镇富垅村。其裔孙游奉(字玉光)迁福清县城头庠柄村。奉之后代游玉于明嘉靖年间迁平潭东庠村。其后游辉迁招康村,游永贵迁玉堂村。④

### 七十四、俞氏

北宋靖康年间,有光州固始双板桥俞氏族人随高宗南渡,后辗转入闽,寓居邵武、建宁、沙县等地。⑤

---

①　庄为玑、郑山玉:《泉州谱牒华侨史料与研究》,中国华侨出版社,1998年。
②　[泉州]《闽泉吴兴分派卿田尤氏族谱》,转引自陈支平:《福建族谱》,福建人民出版社,1996年。
③　庄为玑、王连茂:《闽台关系族谱资料选编》,福建人民出版社,1985年。
④　《平潭县志》卷3,《人口·姓氏构成》,方志出版社,2000年。
⑤　张天禄主编:《福州姓氏志》,海潮摄影艺术出版社,2005年。

### 七十五、余氏

固始余氏入闽较早,梁时已有族人因仕宦的原因而定居福建,建阳《余氏宗谱》称:"余氏系出夏王大禹之季子,……至中大通庚戌二年(530 年),计五十二世,有青公者,出奋亿载之余烈,树一代之伟声,由河南固始而宰建阳……是为入闽鼻祖也。"①唐初,又有余氏族人自固始随陈元光入闽开漳,并辗转入粤,其后族人繁衍,极为旺盛。②《台湾省通志》说:"据《漳州府志》,陈元光开漳,已有固始余氏,随之入闽。"③唐末固始人余黄敦迁居福建,《诗山前山余氏族谱》记载,今南安诗山镇前山村余氏,始祖余黄敦本居光州固始,唐末五代间,迁居南剑新安,后择武荣(今南安)之北而家焉,其地号曰余山。黄敦之后裔子孙余汪裕,元代来居诗山,是为前山余氏之开基祖。④ 南宋时又有固始余氏族人入闽,福清市志说,今龙田镇东营村余氏是南宋时从河南固始县迁入的。⑤

### 七十六、袁氏

柘荣袁氏始祖袁璜,原籍河南光州固始县,唐末避黄巢之乱,随王潮入闽,徙居柘荣富溪天井里。⑥

### 七十七、曾氏

唐末有固始曾氏随王审知兄弟移居福建,晋江《武城曾氏宗谱》载韩琦于宋治平二年(1065 年)所撰《清源曾氏族谱序》云:"唐僖宗光启间,王潮由光州固始趋闽,中原士民避难者皆徙以从,曾氏亦随迁于福漳之间,子孙因居焉。"⑦晋江苏内曾氏先世,唐末避乱,从光州固始入闽,居泉州城西龙头山,开龙山衍派,

---

① [建阳]《书林余氏重修宗谱·增修余氏宗谱总序》,转引自陈支平:《客家源流新论》,广西教育出版社,1997 年。

② 杨绪贤:《白话台湾区姓氏堂号考》,台湾新生报社,1981 年。

③ 《台湾省通志》卷 2,《人民志·氏族篇》,台湾省文献委员会,1970 年。

④ 庄为玑、郑山玉:《泉州谱牒华侨史料与研究》,中国华侨出版社,1998 年。

⑤ 《福清市志》卷 3,《人口·姓氏》,厦门大学出版社,1994 年。

⑥ 福建省文化厅编:《八闽祠堂大全》,海潮摄影艺术出版社,2002 年。

⑦ 庄为玑、郑山玉:《泉州谱牒华侨史料与研究》,中国华侨出版社,1998 年。

又由龙山分衍南安,明中叶开基苏内。①《东阳曾君(贤)墓志铭》:"曾氏之先浮光人,自唐末避乱来居于是(连江县东阳儒泽里),子孙世业儒,因名里儒。"②其中曾延世之后,最为兴旺,子孙分居福建、浙江等地。明代林俊:《沂山曾氏祠堂记》载:"曾自团练使延世固始入闽,居龙浔桐城东里,传十四世,少师从龙弟用虎知兴化军,人德之,留其子承务敬仲于莆,居之沂山。"③泉州《温陵曾氏族谱》称:该族始迁祖曾延世(一作延祚),光州固始人,唐僖宗时入闽,居泉州。④晋江《武城曾氏重修族谱(畲店派)》记载:三十六世曾隐,于唐末"避乱出家,自河南光州固始入闽,历由汀、漳、泉、福诸郡,方于泉之晋江而居焉。"⑤晋江《曾氏族谱》录《清源曾氏族谱序》谓:"唐僖宗光启间,王潮由光州固始入闽,中原士民避难者皆徙以从,曾姓亦随迁于漳、泉、福、兴之间,晋江之曾,始祖延世,为光州刺史。"⑥《福清市志》称,玉池曾氏始祖曾延世,为唐团练使,河南固始县人,避乱,同王潮领兵入闽,择居晋江县。传三十五世初□,清康熙时,自永春县迁清源里(今东张乡)玉池村。⑦浙江泰顺《曾氏宗谱》、瑞安《鲁国郡曾氏宗谱》也都奉曾延世为始祖⑧。

## 七十八、詹氏

唐末固始詹氏有詹缵者从王潮入闽,遂为福建詹氏始祖。台北县泉州《佛耳山詹氏族谱》谓:"先世居光州固始,始祖詹缵,仕唐,官至金紫光禄大夫前锋检点使,从王潮入闽,既而谢事,隐于仙游之植德。有孙曰敦仁,五代高士。时闽王政乱,岳革攘扰,乃依清源节度使留从效以居;旋退隐于清溪之崇信里佛耳山,遂家焉。"⑨《十国春秋》记载:"詹敦仁,字君泽,固始人,避乱来隐仙游植德山下。"⑩宋代哲学家叶适《詹体仁墓志铭》记载:"公姓詹氏,讳体仁,字符善,初后

① 陈晓亮、万淳慧:《寻根揽胜话泉州》,华艺出版社出版,1991年。
② 元·贡师泰:《玩斋集》卷10,《东阳曾君(贤)墓志铭》。
③ 明·林俊:《见素续集》卷9,《沂山曾氏祠堂记》。
④ 上海图书馆:《上海图书馆藏家谱提要》,上海古籍出版社,2000年。
⑤ 庄为玑、王连茂:《闽台关系族谱资料选编》,福建人民出版社,1985年。
⑥ 《台湾省志》卷2,《人民志·氏族篇》,台湾省文献委员会,1970年。
⑦ 《福清市志》卷3,《人口·姓氏》,厦门大学出版社,1994年。
⑧ 程小澜主编:《浙江家谱总目提要》,浙江人民出版社,2005年。
⑨ 《台湾省通志》卷2,《人民志·氏族篇》,台湾省文献委员会,1970年。
⑩ 《十国春秋》卷97,《詹敦仁传》。

其舅张氏,既复为詹氏。詹氏之先有自光州固始家于建武夷者。"①南宋学者真德秀《詹体仁行状》亦载:"公讳体仁,字符善,姓詹氏,其先光州固始人,十八世祖迁于建之武夷。"②真德秀在《詹景宪墓志铭》中写道:"景宪名渊,姓詹氏,其先有自固始入闽者,至武夷之下居焉,遂为崇安人。"③

### 七十九、张氏

唐末五代时,固始张氏族人有多人入闽,其中以张睦影响最大。《十国春秋》卷九十五载:"张睦,固始人。唐末从太祖入闽。太祖封琅琊王,授睦三品官,领榷货务。睦抢攘之际,雍容下士,招来蛮夷商贾,敛不加暴,而国用日以富饶。累封梁国公。卒,葬福州赤塘山。"张睦后人在福建兴旺繁衍,光绪《侯官乡土志》记载,"唐季张睦自固始随王氏官闽,子孙亦盛,……后人多迁省垣。"《平潭县志》称,今平潭县中楼乡至凤张氏始祖张睦,号太和,河南固始县人,唐昭宗时入闽。传至张谋,原居福清东张云山庄,后迁永宾里岱石山下(即城头后俸)。再传至张宗来(字君瑞),清顺治年间迁入平潭至凤村。④ 今福清市城头镇后俸村张氏唐昭宗时,张睦号太和,由河南光州固始县入闽,传至谋,原居东张云山庄,后迁永宾里岱石山下(即后俸)。⑤ 明清不少文献在追述福建张氏先祖时均提到张睦,如明代杨荣《张志道墓碑》说,"其先有光禄大夫讳睦者,自光之固始从王审知入闽,始居古田之梅溪。"⑥明代倪谦《张凤墓表》载:"公讳凤,字景翔,号白羽生,其先光州固始人,后唐间有为太师梁国公者,随王氏入闽,后有为将乐簿者,因家焉,故今为将乐人。"⑦明代程敏政《仙游张氏遗像风木图记》亦载:"张氏出唐梁国公睦之后,曰团练招讨副使浚自光州固始迁闽之仙游。"⑧

唐末五代时固始入闽张氏族人还有张天觉、张威兄弟、张延齐等人。泉州贤坂《张氏族谱》记载:始祖张天觉,河南光州人,唐僖宗乾符五年(878年),以参

---

① 宋·叶适:《水心集》卷15,《司农卿湖广总领参公(体仁)行状》。
② 宋·真德秀:《西山文集》卷45,《司农卿湖广总领詹公(体仁)行状》。
③ 宋·真德秀:《西山文集》卷45,《监车辂院詹君(景宪)墓志铭》。
④ 《平潭县志》卷3,《人口·姓氏构成》,方志出版社,2000年。
⑤ 《福清市志》卷3,《人口·姓氏》,厦门大学出版社,1994年。
⑥ 明·杨荣:《文敏集》卷19,《故翰林侍读学士朝列大夫张公(志道)墓碑》。
⑦ 明·倪谦:《倪文僖集》卷26,《明故奉议大夫周府长史张公(凤)墓表》。
⑧ 明·程敏政:《篁墩文集》卷16,《仙游张氏遗像风木图记》。

谋削王仙芝之乱,授南剑刺史。及朱温篡唐,便弃官避乱入闽。兄弟五人,长兄居驷行铺,次兄迁兴化,三兄迁岱登,四兄处漳州,天觉择居泉南灯檠山贤坂里,其后昌盛,遍及闽地。①福州市马尾区马尾村青洲村张氏,祖籍河南光州固始县魏陵乡祥符里,唐光启元年(885年)入闽,居侯官县孝悌乡惠化里,后分迁城门浚边村,清中叶分迁青洲浦西村。②《清溪张氏族谱》记载,"惟清河之派,流于光州,及唐末五季遭世板荡,有由光州固始入闽者,卜居晋之张林。"明代廖道南《翰林院侍读学士张以宁》:"张以宁,字志道,其先河南固始人,厥祖光禄大夫从王审知入闽,遂居福建之古田。"③《崇安县新志》:"唐广平(明)间,张威偕兄感、弟咸由固始入闽,威居建阳,感居三山,咸居浦城。威孙义赘于本邑会仙里……遂留居于此。其子孙散处于下梅吴屯及大浑之西山。"《台湾通志·人民志·氏族篇》引台北县《张氏族谱》云:张氏"世居光州固始,唐末有张延齐等兄弟三人,随王潮入闽,居泉州之惠安、安溪等地,支派甚盛。"

北宋末年又有固始张氏入闽而来,如《福建通志》载:"张纂,固始人,宣和间拜朝散大夫,金人南侵,纂扈高宗南渡,官于闽,爱顺昌山水佳胜,因家焉。"④

## 八十、郑氏

唐末有固始人郑可远、郑佰等人随王氏兄弟入闽。《永春鹏翔郑氏族谱》记载,今永春城关东门桃东村郑氏,入闽始祖郑可远因中州战乱,避地光州固始,于唐末随王潮入闽,统戍桃林场(即今永春县),后肇居姜莲龟山坪上。传至四世有郑懋,为宋真宗潮阳军都巡检使,告老后卜居今县城东门一带,因地在大鹏山之阳,又取原祖居"坪上"之谐音,故称鹏翔郑氏。⑤《景定建康志》载:"郑侠,字介夫,其先光州固始人。四世祖佰,唐末随王氏入闽,遂为福清人。"⑥

唐末随王潮兄弟入闽的固始郑氏族人还有不少,只是年代久远,名字已无法得知,如宋代范祖禹在《郑闳中墓志铭》中写道:"公字闳中,其先光州固始人。

---

① 杨绪贤:《白话台湾区姓氏堂号考》,台湾新生报社,1981年。
② 《马尾区志》第三篇,《人口·姓氏构成》,方志出版社,2002年。
③ 明·廖道南:《殿阁词林记》卷4,《翰林院侍读学士张以宁》。
④ [乾隆]《福建通志》卷52,《流寓·张纂传》。
⑤ 庄为玑、郑山玉:《泉州谱牒华侨史料与研究》,中国华侨出版社,1998年。
⑥ 宋·周应合:《景定建康志》卷48,《直臣·郑侠传》。

唐末高祖为王潮所虏入闽，遂死之。子孙家福州，今为侯官人。"①宋代杨时《郑毂墓志铭》："公讳毂，字致刚，姓郑氏，其先光州固始人，唐僖宗时避乱，从王潮入闽，居建城南乡之龙池，故今为建州人。"②宋代袁燮《李太淑人郑氏行状》："太淑人讳和悟，福州闽县人也，其先家于光之固始，五季末徙焉。"③明代郑岳《郑明允墓志铭》亦载："郑本姬姓，五季初有讳摄者，自河南光州入闽，居长乐。长乐之有郑始此。"④

宋代以前迁入福建的固始郑氏族人还有郑济时，《福建通志》载："灵应庙，在惠安县十都。有二神，曰监仓陈公国忠，曰青屿郑公济时，皆固始人。宋时海潮暴溢，庙独存赐今名。"⑤元代又有固始人郑本初因官居福建，明代倪元璐《郑元勋墓铭》载："公讳元勋，字无功，别号为玄圃，其先世河南固始人，时有为福州路总管者遂家于闽。"⑥光绪《闽县乡土志》也说，元代固始人郑本初，泰定年间，任福州路军民总管府，遂家本境下渡，传三十代。

还有一些迁入福建的固始郑氏族人，名字与迁入时代都难以考证清楚了，如石井《郑氏本宗族谱》记载："石井郑氏，先世自光州固始县入闽，由莆居漳居粤之潮。至始祖隐石公，乃由莆移居泉之南安县杨子山下石井乡，遂世为南安人。"⑦《福清市志》称，"西塘郑氏，先世为河南光州固始县人，迁永福（即永泰）县七都，其曾孙御，任福唐县丞，遂定居于县城北隅。"⑧浙江松阳《荥阳郑氏宗谱》也说，始祖郑思默，自河南固始县迁居福建永春县坪上村，后又迁居浙江龙泉县武溪村（今属道太乡）。⑨

## 八十一、周氏

唐末固始周氏族人有多人入闽，明代进士、莆田人周瑛的先祖周从翁便是在

①　宋·范祖禹：《范太史集》卷43，《宝文阁待制郑公（闳中）墓志铭》。
②　宋·杨时：《龟山集》卷37，《枢密郑公（毂）墓志铭》。
③　宋·袁燮：《絜斋集》卷16，《李太淑人郑氏行状》。
④　明·郑岳：《山斋文集》卷18，《明封承德郎户部主事长乐郑君（明允）墓志铭》。
⑤　[乾隆]《福建通志》卷15，《祠祀》。
⑥　明·倪元璐：《倪文贞集》卷10，《赠中宪大夫玄圃郑公暨配陈恭人方恭人墓铭》。
⑦　伍天辉：《郑成功胞弟七左卫门家族在日本的衍派》，载《福建史志》，1997年第2期。
⑧　《福清市志》卷3，《人口·姓氏》，厦门大学出版社，1994年。
⑨　程小澜主编：《浙江家谱总目提要》，浙江人民出版社，2005年。

光启年间入闽的,他在《续修族谱序》中写道:"周氏,唐固始人,系出周平王别子。唐末盗起,周氏有从雅翁者,与王潮兄弟同里闬,厚相结纳,保障乡里。尝栅默林以扼盗冲,翁料事多中,潮因呼为'默林独识'。及潮得闽泉州刺史,翁谋依潮。筮之吉,乃以光启三年(887年)入闽。潮见翁,喜授宅里于泉州仙游县之东乡。"①《铭山周氏族谱》称,今德化赤水镇铭爱村周氏远祖周梅林,于唐中和三年(883年)自固始从王潮入闽,居于仙谿(仙游)之东乡。唐天成二年,周氏有迁居延平郡之周田(今大田)者。宋绍兴三年,周少复由大田移居赤水埔之铭山,为铭山周氏之开基始祖。② 今福清市东张镇三星村黄仑自然村及今平潭县流水镇西楼村、谢厝村周氏均奉周维岳为入闽始祖。《福清市志》载:"黄仑周氏入闽始祖周维岳,河南固始县人,唐翰林学士,唐光启二年(886年),避乱,随王潮入闽,居福州。传十一世省,宋乾道时自福州迁清源里黄仑村,称为黄仑周氏。"③《平潭县志》亦载:"西楼、谢厝周氏,始祖周维岳,河南固始县人,唐朝翰林学士。唐僖宗光启二年(886年)随王潮入闽,居福州石井巷。传十一世周文约,迁福清黄仑村。其裔孙周昌迁福清松潭村。昌之后裔迁平潭流水西楼村、东庠澳底村、屿头玉瑶村。至二十五世周赐元、周延元,迁平潭谢厝村,再播迁渔屿村;周文道迁南社村,播迁澳尾村;周宏居迁大富田村。"④此一时期迁入福建的固始周氏族人还有不少,如永春《桃源前溪周氏族谱》谱序称,前溪周氏先祖于唐末随王潮兄弟由河南光州入闽,始居莆田。传至九世孙周逊,从莆田徙居永春盖福,是为入永一世祖。⑤ 宋代林之奇《周毅行状》亦说:"公讳毅,仁仲字也。其先光之固始人,从王氏避地,遂居福之闽县。"⑥

今福建、台湾周氏中还有一支由苏氏改姓而来,始祖为固始人苏益。台湾《武功周氏族谱》略谓:"(周氏)系苏姓之后,先世居光州固始,唐末有苏益者,避黄巢之乱,于懿宗(注:应作僖宗)广明中,随王潮入闽。元至正二十二年,苏卓

---

① 明·周瑛:《翠渠摘稿》卷8,《续修族谱序》。
② 庄为玑、郑山玉:《泉州谱牒华侨史料与研究》,中国华侨出版社,1998年。
③ 《福清市志》卷3,《人口·姓氏》,厦门大学出版社,1994年。
④ 《平潭县志》卷3,《人口·姓氏构成》,方志出版社,2000年。
⑤ 庄为玑、郑山玉:《泉州谱牒华侨史料与研究》,中国华侨出版社,1998年。
⑥ 宋·林之奇:《拙斋文集》卷18,《故左奉议郎临安府府学教授周仁仲(毅)行状》。

周居安溪卓源乡,改姓周氏。"①黄师樵《周氏世系及周百万传记》记载尤为详细:"武功周,原姓苏,其先祖益公,家居固始县,历三百余年,凡六世,因唐衰世乱,随王审知入闽,闽省有苏姓者,盖自其先祖益公始也。盖公建家泉州府同安县葫芦山下,传至结公、九郎公,凡五世,俱中进士,为大宗显宦。……后因子孙繁衍,各自星散,或入漳平、晋江、南安等县。而其先祖结公,则开基于清溪衡洋,生四子,传至以义公,登癸丑科进士,官至学士,而其弟以道公,中甲子科解元,缘具疏奏请升科,于本邑本里丈量田产、配米输粮,以为己业。迨二公殁后,各田家抗税升科粮米,无有可配,而业去粮存,赔补难支,被官催逼,无计可施,致遭粮累之惨,各自星散迁居,产权没官。以道公之子,移于仙游受德坑,而以义公之子可安,则迁往漳平县卓垵乡感化里,建立祠宇。嗣后可安生廿七郎,旋厌其风俗鄙俚,遂再迁居于泉州府安溪卓源乡新康里溪东宅竹园脚,改苏姓为周姓。"②

### 八十二、危氏

万历《建阳县志·风俗志》记载:"爰立郡县之后,渐以中土之民实之,晋永嘉己巳,光州固始危京者率其乡避兵之民来刺建州,在官十有六年而卒,葬武夷山之石鼓村,民不忍去,皆占籍也焉。"③民国《建瓯县志》亦载:"晋永嘉末,中原丧乱,士大夫多携家避难入闽。建为闽上游,大率流寓者居多。时危京刺建州,亦率其乡族来避兵,遂以占籍。"④

### 八十三、朱氏

唐末有固始朱氏随王审知入闽,南平朱氏始祖六公"古倞翁"世居亳州之永城,后迁河南光州固始县,李唐之季随王审知入闽,家于福唐,景福二年(939 年)再迁南平。⑤ 另,明代王直《朱彦永墓碣铭》载:"朱氏本光州固始人,其先有讳某者治延平军事,子孙遂家延平城南。"⑥南宋末年,固始人朱士宏官南剑州知州,

---

①　《台湾省通志》卷 2,《人民志·氏族篇》,台湾省文献委员会,1970 年。
②　中华民国谱系宗亲学会编:《谱系与宗亲组织》,中国地方文献学会(台湾),1985 年。
③　转引自徐晓望《闽台汉族籍贯固始问题研究》,载《台湾研究》,1997 年第 2 期。
④　[民国]《建瓯县志》卷 19,《礼俗志》。
⑤　福建省文化厅编:《八闽祠堂大全》,海潮摄影艺术出版社,2002 年。
⑥　明·王直:《抑庵文后集》卷 32,《医学正科朱君(彦永)墓碣铭》。

昰从宋帝到海上,不幸遇难,其子孙留居剑浦(今福建南平)。《福建通志》记载:"朱士宏,固始人,宋末知南剑州,节制诸军。时属邑不靖,从容抚谕胁从,誓不妄杀,民赖以全。已而昰从入海,死难。留家剑浦。"①

### 八十四、庄氏

闽台庄氏多奉固始人庄森(字文盛)为始祖,明代何乔新《晋江庄氏族谱序》曰:"庄氏之先,居光之固始,唐龙启中从王潮入闽,始家泉之永春。……庄氏自光入闽至少师始大著。"②台北县新庄镇《庄氏族谱》谓:"唐末有庄森者,居河南光州固始,于僖宗光启元年,随王潮入闽,历漳入泉,再徙永春,乃卜居于永春之桃园里。"③台湾《青阳庄氏族谱》:"唐光启间,始祖森公,王潮之甥也,偕入闽,择居于永春桃园里美政乡,地名蓬莱。"漳浦县赤湖镇西潘、古山二社为庄姓聚居地,以庄文盛为入闽始祖。文盛,原光州固始县玉融村人,唐末光启年间随王潮、王审知兄弟入闽,居永春。庄文盛的九世孙庄夏为南宋兵部侍郎,嘉定十二年归休居泉州,其长子庄梦说任漳州龙溪县主簿。梦说之子庄瑜,于宋末元初避乱迁居漳浦濠浔(今官浔),生五子,明初避兵役,其子孙分居各地,后裔一部分住漳浦枫林,清康熙年间沿海"复界"后迁居赤湖西潘社;一部分住赤湖古山社。以后,古山社庄姓部分迁居西潘社。④《桃源庄氏族谱·庄氏追远序》亦载,今惠安县山腰庄氏,其始祖庄森自光州固始入闽,居永春县桃源里蓬莱山,是以称为桃源庄氏。庄森传韦、章、中、申四子,庄申再传至第九世,有翼、果、晦、夏诸子,自是庄氏后裔繁昌,分别衍派晋江、惠安、同安、莆田、安溪等地。⑤《庄氏族谱·庄氏源流序》记载的尤为详细,"稽吾祖入闽之先,始有一郎公,讳森,字文盛,原河南汝宁府固始县人也。缘唐黄巢作乱之后,于光启丁未岁(887年)从王审知兄弟入闽,据福州,……分镇于桐城,卜居永春县桃源里善政乡蓬莱山。"泉州桃源庄氏始迁祖庄森,字文盛,行一,唐光启元年(885年)自河南固始县迁居福建

---

① ［乾隆］《福建通志》卷31,《名宦·朱士宏》。
② 明·何乔新:《椒邱文集》卷12,《晋江庄氏族谱序》。
③ 《台湾省通志》卷2,《人民志·氏族篇》,台湾省文献委员会,1970年。
④ 漳浦县政协编:《漳浦村社要览》(内部出版),2002年8月。
⑤ 庄为玑、郑山玉:《泉州谱牒华侨史料与研究》,中国华侨出版社,1998年。

永春县善政乡桃源里蓬莱山之麓（在今蓬壶镇境）。①

### 八十五、卓氏

早在西晋末年便有固始人卓祎避乱入闽。卓祎，字子衿，世居固始县，晋惠帝司马衷时，官弋阳郡守。至永嘉年间（307～312 年），中原动乱，社会动荡，卓祎避乱由固始南渡入闽，迁莆田，名其地曰"卓林"，即莆田崇德乡保丰里五十二都卓林村。唐末又有卓逵随王潮、王审知兄弟自固始入闽，定居福州，其子孙后裔分迁古田、连江等地。②

### 八十六、邹氏

唐末有固始人邹馨、邹勇夫入闽。《十国春秋》载："邹馨，光州固始人，以宣府校卫从太祖入闽，平汀寇，有功。未几，镇雁石，卒。"《福建通志》于"通灵庙"下记载："唐末固始人邹馨以宣府校尉从王审知入闽，平汀州寇，以功镇雁石殁，而人祀之。元至正四年，李志甫寇龙岩，官民祷于神，神著灵异，大败之。事闻封武胜侯。"③《十国春秋》记载："邹勇夫，光州固始人。以单骑从太祖兄弟入闽，始终无二心。及太祖封闽王，勇夫官仆射，为太祖敷陈利害，劝其奉梁正朔。后南唐蓄吞并之志，归化镇适当要冲，景宗命勇夫往镇之。至则民户凋残，道路榛塞，勇夫招集流亡，完葺宅舍，民稍稍越境来归。是时干戈日寻，而归化独晏然不被兵燹，人物蕃卓，田野垦辟，勇夫实有力焉。子相遂家于其地。"④明代李贤《邹安墓碣铭》中在追述邹安先祖时说："唐季王审知称闽王，中原之士多归之，若河南固始邹勇夫其一也。勇夫以仆射镇归化，因家焉。归化即今泰宁县，是后子孙繁衍，衣冠不乏。"⑤

① 庄炳章、庄奇顺：《泉州桃源庄氏族谱汇编》，厦门大学出版社，1999 年。
② 张天禄主编：《福州姓氏志》，海潮摄影艺术出版社，2005 年。
③ ［乾隆］《福建通志》卷 15，《祠祀·通灵庙》。
④ 《十国春秋》卷 95，《邹勇夫传》。
⑤ 明·李贤：《古穰集》卷 14，《翰林院检讨从仕郎邹君（安）墓碣铭》。

# 第三章　陈元光入闽与漳州的开发

## 第一节　蛮獠啸乱　率军平叛

应该说自汉代以来,随着汉人的进入,闽江流域和晋江流域已得到了较大规模的开发,而福建九龙江流域的开发则显得相对薄弱。造成九龙江流域开发薄弱的原因除该地区距中原地区较远外,更为重要的原因在于在这个地区生活着蛮獠民族。"蛮獠",又称"南蛮",历史上对泉州与潮州之间地区大部分原住民的称呼。据《隋书·南蛮传序》说:"南蛮杂类,与华人错居,曰蜒,曰獽,曰俚,曰獠,曰卂,俱无君长,随山洞而居,古先所谓百越是也。其俗断发文身,好相攻讨,浸以微弱,稍属于中国,皆列为郡县。"[①]《漳平县志》称,南蛮"性悍鸷,言语侏儒,楚粤滋蔓尤盛。闽中山溪高深处往往有之。……随山种插,去瘠就腴,编荻架茅以居。善射猎,涂矢以毒,中兽立毙。其贸易,刻木大小长短为符验。能辨华文者,其酋也"[②]。福建龙溪《白石丁氏古谱》也载:"泉潮之间,故绥安地也,负山阻海,林泽荒僻,为獠蛮之薮,互相引援,出没无常,岁为闽广患。且凶顽杂处,势最猖獗,守戍难之。"他们的生活来源除了靠从事狩猎之外,还种植"稷"之类的农作物。但由于耕作粗放,"刀耕火耨",未能充分发挥地力,产量低下,一

---

① 《隋书》卷82,《南蛮传·序》。
② [道光]《漳平县志》卷10,《杂志》。

片新开垦的畲地,耕作不到二三年就得更换,故康熙《平和县志》"猺"条有"居无常所,视其山之腴瘠,瘠则去焉"①的记载,当是这个自称是"山哈"民族当时生产、生活特点的真实写照。由于他们生产力水平低下,无法保持稳定的生态环境,需要经常迁徙,占领新的地盘,这必然要和久居该地从事稳定农业生产的汉族发生冲突。

两晋时,今漳州地区的汉族移民已达到相当数量,故于东晋末年置绥安县,属义安郡。《宋书·州郡》载:"义安太守,晋安帝义熙九年分东官立,领县五。……绥安令,何志与郡俱立。晋地记故属东官。"②就是说绥安县为义安郡的领县,与义安郡俱立于义熙九年(413年),义安郡地析自东官郡。梁中央政权为强化对潮泉间(今闽中、闽南)地区的统治,曾于天监年间在这里设置龙溪县和兰水县,属南安郡管辖。其中龙溪县包括今龙海、华安、长泰等地,兰水县包括今南靖、平和两县。但这样还是遏制不了"蛮獠"势力的进袭,汉人只好渐次退向九龙江以东地区。到了隋朝,"蛮獠"已占有大半个现今的漳州地区,隋文帝无奈,便于开皇十二年(592年)把绥安、兰水两县并入龙溪县③。并派军驻扎在九龙江以东,"阻江为界,插柳为营"④,以避免蛮獠与汉民间直接冲突。

到了唐初,汉蛮矛盾不仅没有缓和,而且有所升级,潮州与泉州之间地区终于爆发了一次大规模的"蛮獠"啸乱,流寇陷城掠地,民不聊生。地方告急文书驰入朝廷,唐高宗于总章二年(669年)诏命玉钤卫翊府左郎将归德将军陈政为朝议大夫统领岭南行军总管事,率府兵3600名,营将许天正、马仁、李伯瑶等123员,从中原长征入闽平乱。年仅13岁、已得乡试第一的陈政之子陈元光投笔从戎,随父出征。

唐高宗在《诏陈政镇故绥安县地》的诏书中说:"泉潮据闽广之交,岭南为獠蛮之薮。玉钤卫翊府左郎将归德将军陈政,刚果有为,谋猷克慎,其进尔朝议大夫,统岭南行军总管事,挂新铸印符,率府兵三千六百名,将士自副将许天正以下一百二十三员,从其号令,前往七闽百粤交界绥安县地方,相视山源,开屯建堡,

① [康熙]《平和县志》卷12,《杂览》。
② 《宋书》卷38,《州郡志四》。
③ 《隋书》卷31,《地理志下》。
④ [嘉庆]《云霄县志》卷11,《宦迹》。

靖寇患于炎荒,奠皇恩于绝域。筮辰金吉,明发斯征。莫辞病,病则朕医;莫辞死,死则朕埋。斯誓斯言,爰及苗裔。尔往钦哉!"①其情切切!

陈政(616～677),字一民,号素轩,世居河南光州固始,以良家子从军,青年时从其父陈犊(字克耕,为唐朝开国元勋,任玉钤卫翊府中郎将、怀化将军)攻克临汾等郡,被唐太宗任为左郎将。陈政奉高宗之命,率领军兵长征南下。据传,陈政所率中原子弟经淮河流域,沿大运河,取道江浙,由浙江仙霞岭入闽;再顺闽江,沿南平、福清,入驻仙游、安溪一带,继而推抵龙溪,进入"闽广之交"的"流移地"。唐军入闽后势如破竹,连克数座"蛮獠"盘踞的峒寨,抵达龙溪县北侧今漳平一带,"蛮獠"酋领苗自成、雷万兴纠集各峒寨兵力,与唐军展开了一场殊死搏斗。因敌众我寡,陈政无法抵挡,退守九龙山,凭借九龙江天险,守住九龙江东部地区,与九龙江西部的"蛮獠"武装力量处于隔江相持的状态。并派部将突出重围,上书朝廷,奏请增派援兵以解危难。

当时大唐内乱蜂起,外患频仍。咸亨元年(670年),吐蕃攻占安西,高宗命大将薛仁贵出兵征伐。其余将领分戍各处边关,朝中缺乏良将。于是,朝廷命陈政的二位兄长中郎将怀远将军陈敏(字一时)、右郎将云麾将军陈敷(字一贯,又字一心)率58姓中原子弟赴闽驰援。时年75岁的陈政母亲魏氏夫人(史称魏太母,俗称魏妈,名敬,又名箴,字玉珏),见家国危难当头,毅然随军南征。增援队伍行至须江(今浙江江山),陈敏、陈敷二位将军相继病逝;至汉兴(今福建浦城),陈敏之子元敬、陈敷之子元勋又亡。

魏氏夫人强抑悲恸,以巾帼之躯,代为挂帅领兵,日夜兼程,赶至九龙山会师。陈政重整旗鼓,率军反攻进击,蛮寇望风披靡。于是,唐军出九龙山,进抵柳营江(今九龙江北溪江东沿岸),"阴谋遣人沿溪结筏,从间道进兵,遂建寨柳营江之西"②。这里江水平缓,两岸地势平坦,土地肥沃。陈政率领唐军在这里驻扎下来,一来休整军队,二来开垦良田,补充军需。于是,唐军在这里剪荆棘,建村落,使军队有了立足之处,并在此安置因战乱流离失所的民众(这片土地后来被称为"唐化里")。经过休整之后的唐军恢复了战斗力,继续向南进发,终于抵

---

①  [嘉庆]《云霄厅志》卷17,《艺文志》。
②  [道光]《重纂福建通志》卷85,《关隘·柳营江把截所》。

达古绥安县地界,在盘陀岭下又打了一次胜仗,夺取盘陀岭,进屯梁山之外的云霄镇。此时战事稍为安息,陈政遂率部于云霄江畔的火田(今火田镇)一带建宅落居。相传,陈政在这里曾指着江水对父老子弟说:"此水如上党之清漳也"①,这就是"漳江"的由来,后来漳州也即由此江而命名。

陈政墓

仪凤二年(677年)四月,崖山陈谦起兵反抗朝廷,攻陷冈州(今广东新会),"岭左闽粤惊扰",陈政率兵前往征讨,不幸病故于军中,终年62岁。陈政逝世后,年仅21岁的陈元光奉命代理父职。陈元光,字廷炬,号龙湖,唐显庆二年(657年)出生,从小聪明过人,通儒术,尤精兵法。陈元光自15岁开始便长期随父征战,积累了丰富的经验,且又英勇善战,在他的指挥下,唐军平息了这场叛乱。陈元光也因此得到了潮州刺史常怀德的赏识。

永隆二年(680年),广东崖山盗寇进犯南海郡边境(今广东惠州东部地区),潮州府告急。当时开国元勋高士廉之孙高琔嗣封申国公,升任循州司马,受命陈元光出兵征讨陈谦。陈元光再次挥兵入粤,"伐山开道,潜袭寇垒,俘馘

---

① 明·何乔远:《闽书》卷28,《方域志》。

万计"①,经过大小数百战,终于迫使"蛮寇"投降,平息了东南海疆之乱。陈元光的部将许天正有一首《和陈元光平潮寇诗》是和他的原诗的。原诗虽亡佚,但和诗尚存,还可见当年征蛮战况:"抱磴从天上,驱车返岭东。气昂无丑虏,策妙诎群雄。飞絮随风散,余氛向日镕。长戈收百甲,聚骑破千重。落剑惟戎首,游绳系胁从。四野无坚壁,群生未化融。龙湖膏泽下,早晚遍枯穷。"②元光还师移镇梁山一带,"阻盘陀诸山为寨,渐开西北诸山洞,拓地千里"③。至此,陈元光终于彻底打败"蛮獠"主力,蛮寇余部相率归

相传陈元光用过的磨剑石

降。岭南寇患平息,陈元光回师闽南。永淳二年(683 年),唐朝廷晋元光为正议大夫、岭南行军总管。

## 第二节　设郡置县　开发闽南

局势稳定下来后,陈元光便将其主要精力放在了建立地方政权建设上。唐高宗永淳二年(683 年),陈元光向朝廷呈奏《请建州县表》,请求于泉、潮之间的绥安故地建置州县,以利治理。他在表疏中指出:

"臣进阶正议大夫岭南行军总管者,受命战兢,抵官弥惧。臣以冲幼,出自

---

①　[雍正]《广东通志》卷 44,《潮州府·人物》。

②　唐·许天正:《和陈元光＜平潮寇诗＞》,载《全唐诗》卷 45。

③　[道光]《重纂福建通志》卷 14,《山川·漳浦梁山》。

书生,迨及童年,滥膺首选。未及干戈,守至懦至弱之质;惟知饱暖,无曰区曰处之能。幸赖先臣绪业,叨蒙今日国恩,寄身都阃,任事专征。爰从视职以来,不敢少有宁处。况兹镇地极七闽,境连百粤,左衽居椎髻之半,可耕乃火田之余。原始要终,流移本出于二州;穷凶极暴,积弊遂逾于十稔。元恶既诛,余凶复起。法随出而奸随生,功愈劳而效愈寡。抚绥未易,子育诚难。

　　"窃惟兵革徒威于外,礼让乃格其心。揆诸陋俗,良由职方久废,学校不兴,所事者搜狩为生,所习者暴横为尚。诛之则不可胜诛,徙之则难以屡徙。倘欲生全,几致刑措。其本则在创州县,其要则在兴庠序。盖伦理谨则风俗自尔渐孚,治理彰则民心自知感激。

《请建州县表》(《全唐文》卷164)

　　"窃以臣镇地曰安仁,诚为治教之邦。江临漳水,实乃建名之本。如蒙乞敕,定名号而复入职方,建治所而注颁官吏,治循往古之良规,诚为救时之急务。秦越百家,愈无罅隙;畿荒一德,更有何殊?臣谬居外镇,忝在封疆,所得事宜合奏,谨具厥由,伏候敕旨。"①

　　这一谏议得到当时大臣裴炎、娄师德、裴行立、狄仁杰等人支持。唐欧阳詹

---

①　唐·陈元光:《请建州县表》,载《全唐文》卷164。

《龙湖行状》云:陈元光上疏朝廷,"请建一州于泉潮之间,以控岭表,乞注刺史以主其事。时宰相裴炎、娄师德、裴行俭、狄仁杰等建议以为,遐陬僻壤不沾圣化,治未易也,万一建官不谙土俗,则民反受其殃,而官亦被其害。况元光父子相承,久牧兹土,蛮畏其威,民怀其德,如兼其职,并领州事,则事不烦,而民不扰,万全之策也。遂可具清,并给照身,俾建漳州漳浦郡邑于绥安地,仍世守刺史,而州自别驾以下,县自簿尉以上,得有廉干人员,听自注用。公复奏山林无贤,而本部曲子弟多有才优,朝可其请,遂授宣威马克君之子仁等为司马等职……"。① 垂拱二年(686年),颁诏允准陈元光于原绥安地域漳水之北建置漳州,辖漳浦、怀恩二县,漳浦附州为县,任陈元光为漳州刺史兼漳浦县令,进阶为中郎将右鹰扬卫府怀化大将军、轻车大都尉兼朝散大夫。

建置漳州以后,陈元光便着手漳州的治理与漳州的经济、文化发展上。为此,他采取了一系列措施。

### 一、建立台所,保境安民

唐代的漳州,"方数千里",地连闽、粤、赣三省,如果措置无方,很可能变成动乱之渊薮。要保境安民,非建立行台和堡所不可。所以,就在创置州郡伊始,陈元光便奏请朝廷在州的四境建立四个行台:"一在泉之游仙乡松州堡,上游直抵苦草镇;一在漳之安仁乡南诏堡,下游直抵潮之揭阳县;一在长乐里佛潭桥,直抵沙澳里太母山而止;一在新安里大峰山回入卢溪堡,上游直抵太平镇而止。"② 此外,还先后在境内要塞地段建立36个堡所,陈元光不仅分兵戍守四境和所有的堡所,还经常亲自巡视,"教诲捍御",于是乎"北距泉建,南逾潮广,东接岛屿,西抵虔抚,方数千里,无桴鼓之声,号称治平。"③

### 二、唯贤是举,量才擢用

陈元光非常清楚,吏治的好坏,直接关系到能否长治久安和发展社会经济的大问题。为此,他对手下的123员战将,一个个地进行考察,并按其才能委以重

---

① 《世界陈氏宗亲大族谱》,华贸出版社,1983年。
② [光绪]《漳州府志》卷22,《兵纪》。
③ 清·朱轼:《史传三编》卷54,《陈元光传》。

任。他让"宅心正大,处己无私"的许天正担任本州别驾;忠直骁勇的马仁为本州司马;"谋国竭忠"的林孔著为军谘祭酒;"处己方严,临事果断"的李伯瑶和林章"领本州牧事参军";"用意精深,勤于职事"的卢如金、涂本顺、戴汝孙、涂光彦四人则分别为"司仓、司田、司户、司法四参军事";"性多慈仁,急于爱民"的张伯纪"主本州邑事";府兵校尉马仁之子马仲章、府兵队正赵右铭之孙赵伯恭、郑子寿之男郑业都能"奉公惟谨,事上能恭",分别担任县的"丞、尉、判、簿"诸职。由于陈元光任人唯贤,用人得当,治军治吏有方,使得李伯瑶、许天正、林孔著、卢如金、马仁、沈世纪、欧哲等人,成为陈元光治漳的股肱佐吏。在其主政漳州期间,上令下行,同心同德,创造出一个社会相对安定稳定,生产得到发展,人民安居乐业的新局面。

### 三、安抚"蛮獠",汉蛮通婚

陈元光自幼饱读经书,深受忠君报国、王道仁政的影响,当乃父陈政在奉诏入闽南平乱八载,惫极劳瘁而逝之后,他承父职代领戍闽唐军,就感觉到父之平乱政策带来的弊端,即:"元凶既诛,余凶复起,法随出而奸随生,功愈劳而效愈寡"……"诛之则不可胜诛……"[1]。所以,他反其道而行之,对叛乱的"蛮獠"山民,采取以抚绥为主的策略,区别首恶与胁从,重点打击首恶分子,即"落剑唯戎首,游绳系胁从"[2]。并推行民族融合的怀柔政策,重视招抚,加强"唐化"工作,缓和族群矛盾,改善汉蛮关系。如对待居住于西北部诸峒的蛮民,因道路险阻不相通,陈元光便"开山取道,剪除荆棘,遣土人诱而化之"。使这里由原来的"苗人(蛮民)散处之乡",逐渐变成"民獠杂处",即汉蛮交错而居的地区。又在云霄漳江之北建"火田村",以开荒生产,营建村宅,安置军眷,做到粮食自给、兵不扰民。他还通过多种渠道,争取大多数"蛮獠"的归附,下力气招抚流亡,于是土著群众"负耒耜皆望九龙江而耒"[3]。对这些归附的"蛮獠",陈元光予以"编图隶籍","日将山獠化编民"[4],划地建立"唐化里",实行区划自治,以唐朝廷的"恩

---

① 陈元光:《请建州县表》,载《全唐文》卷 164。
② 唐·许天正:《和陈元光<平潮寇诗>》,载《全唐诗》卷 45。
③ 《白石丁氏古谱》,漳州市地方志编纂委员会 1986 年整理刊印本。
④ 唐·陈元光:《龙湖集·候夜行师七唱》。

惠"感化蛮民,以中原的先进文化开化蛮民,让蛮民在生产和生活上获得实在利益。在民族的融合交往中,使蛮民的政治意识、经济意识与文化意识逐渐地与汉族趋同。

为了进一步促使当地山民改变陋习,融入主流社会,促进"胡越百家,愈无罅隙"。陈元光提倡民族通婚,鼓励部将与当地女子结为秦晋之好。陈元光率先垂范,娶蛮獠女种氏为妻。《颖川开漳族谱》记载,陈元光共娶有一妻二妾:"夫人种氏,谥恭懿;侧室宁氏,谥寅恭。"在他的带领下,下属将士纷纷效仿,都落籍当地,"男生女长通蕃息,五十八氏交为婚"①。于是,便出现了丁儒《归闲诗二十韵》诗所描述的"相访朝和夕,浑忘越与秦。功成在炎域,事定有闲身。词赋聊酬和,才名任隐沦。呼童多种植,长是此方人"②的景象。

### 四、且战且耕,寓兵于农

闽南距中原万里之遥,陈政父子知道要维持入闽中原军兵队伍的粮草给养,不实行寓兵于农,进行屯田,就无法维持这支近万人队伍的给养。于是,当这支来自中原的部队开进"梁山之云霄镇"后,就着力进行屯田,创建第一个村落——火田村。陈元光把军队分为上、中、下三个营,上营部署在火田村附近的岳坑;中营在西林;下营在云霄山(今将军山)。发动部下辟草莽,辟阡陌,建宅第,开展大规模生产建设活动。置郡后,陈元光又派遣诸分营将率部往四境之地开垦屯田,拓地千里。士兵们"平居则搜狩,有役则战守","且战且耕"、"以养以教"。在陈元光"劝农重本"思想的启迪下,官民屯田垦荒蔚然成风。如司马马仁"剪荆棘,开村落,收散亡,营农积粟"③;府兵校尉卢如金"建屯营"、"拓山林"④;承事郎丁儒与元光"营置漳郡,劝农重本,国用以周"⑤。此外,陈元光还组织大批"散亡"的劳力进行垦荒。对于那些星散在深山老林的畲民,陈元光派人入山传授汉族先进的生产技术,诱导他们摆脱原始的粗放耕作方法,使荒凉的

---

① 唐·陈元光:《龙湖集·候夜行师七唱》。
② [康熙]《漳州府志》卷29,《艺文》。
③ 清·朱轼:《史传三编》卷54,《陈元光传》。
④ [乾隆]《福建通志》卷30,《卢如金传》。
⑤ [乾隆]《福建通志》卷30,《丁儒传》。

山区"渐成村落,拓地千里"①。

### 五、通商惠工,发展经济

在从事农业生产的同时,陈元光还重视发展手工业和行商走贩,实行"通商惠工"政策。一方面将州内积贮的粮食,通过商业渠道出售给从事工商业的农户;一方面鼓励"治陶埴,通商贾",对工商业者给予优惠照顾,促进汉蛮民间的经济交流,使得郡区内工商行业启兴成市,初具规模。在郡治所在地西林城(今云霄县境内)出现了圩市、店肆和邸店,上市的货物有农产品、畜产品、布匹以及日用杂货等。此外,晒盐,造船,制瓷,制陶,冶铁,织染,农机具制造等中原手工业技术也在这里得以传播。"海船近通盐"②,既道出了当时船舶制造技术的进步,也反映了制盐业的发展和海上贸易的初步繁荣。

### 六、创办学校,注重教化

陈元光认为造成蛮民骚乱的根本性原因,是这里"职方久废,学校不兴",民众长期"不沐王教","民风丑陋"所至;而"兵革徒威于外,礼让乃格其心",只能"明王慎德,以徕四夷",施行"文治""德治"。他在给朝廷的《请建州县表》中阐述:蛮民散居于各处山寨,"所事者搜狩为生,所习者横暴为尚","诛则不可胜诛,徙则难以屡徙","抚绥未易,治理诚难"。要使社会走向长久安定,"其本则在创州县,其要则在兴庠序。盖伦理讲,则风俗自尔渐孚;治法彰,则民心自知感激"。因此,陈元光在创立州县实施统治管理的同时,把兴教办学视为"救时之急务"。在漳州创建之时,陈元光便在州、县政权机构中设置专管教育的文学一职,之后便把创办学校、培养士子摆上日程。唐中宗景龙二年(708年),陈元光在原"唐化里"中心区域北溪浦南的松州创办松州书院,陈元光之子陈珦就在松州书院讲学,训诲士民。"时州治初建,俗固陋,珦开引古义,于风教多所裨益"③。该书院当时招收生徒40人。由于松州书院的创办,漳州从此迈入封建科举考试的轨道,唐贞元八年(792年),漳州士子周匡业举明经榜,唐元和十一

---

① ［康熙］《漳浦县志》卷19,《杂志》。
② 唐·陈元光:《龙湖集·落成会咏》。
③ 清·朱轼:《史传三编》卷54,《陈珦传》。

**松州书院遗址**

年匡业之弟周匡物首登进士金榜,整个唐代,漳州登第者达十多人。随着学校的兴建,漳州地区能文善诗者逐年增多,社会风尚迅速改善,"民风移丑陋,土俗转酝醇"。

**陈元光墓**

正当陈元光劲头十足投身漳州建设之时,景云二年(711年)十一月,蛮獠首领雷万兴、苗自成之子又在潮州聚众起事,并率众潜抵岳山。陈元光仓促率轻骑抵御,由于"援兵失期",被敌刃所伤致亡,以身殉职,时年55岁。

陈元光任漳州刺史 26 年,在开发建设漳州方面做出重大贡献,在其统治的后期,漳州地区"北距泉兴,南逾潮惠,西抵粤赣,东接诸岛屿,方数千里,无烽火之惊,号称乐土"①,而且改变了"荒榛如是,几疑非人所居"②的荒凉面貌,出现了"杂卉三冬绿,嘉禾两度新"的繁荣景象。

陈元光殉难后,其子陈珦代为漳州刺史。开元三年(715 年),陈珦亲率武勇歼灭了蛮酋蓝奉高等残余势力,彻底肃清了漳州地区社会动乱根源。次年,陈珦以原屯军设州处多瘴气,又地近闽粤边境多"寇乱",接受地方耆老的建议,迁州治县治到李澳川(即今漳浦县城区绥安镇)。开元二十五年,漳州地方大致安定。同年,陈珦以年老请辞获准。陈珦治漳 20 余年,"剪除顽梗,训诲士民,泽洽化行"③,深受漳民好评。

陈珦退隐后,朝廷命攺伯梁为漳州刺史。可攺伯梁当政后,贪玩受贿,百姓深受其害。耆老朱兴家、余拱辰等数百人上书朝廷,曰:"漳本荒徼,始得陈政屯戍,继得元光辑绥;男珦代事,兵民胥庆,复举明经,谢官归休。朝廷遂以攺伯梁、许平国管束斯土,盗贼迭起于洞壑,老羸逃窜于山林。酷害斯深,涂炭已极。今有新举秀才,授辰州宁远令陈酆,乃元光之孙,珦之子,通达历练。如蒙使居祖职,必能恢拓先业,克绍前修,慰边士来苏之望。"④唐朝廷准其请。天宝十年(751 年),陈酆从宁远调来漳州任刺史,百姓欢呼雀跃,高呼:"州主陈将军孙来矣!""酆至漳建学延师,锄强救灾,一如祖父之政"⑤,"历任二十九年,一州安晏"⑥。大历十四年陈酆病卒。建中二年(781 年),陈酆次子谟又"以平广寇功授中郎将兼漳州刺史"⑦。上任伊始,陈谟年轻气盛,处事主观武断,粗暴地对待下属,引起舆论普遍不满,州民曾拱壁、赖习英等百余人,请求福州向观察使卢谌调换刺史。无奈,秋官员外郎柳少安被委以漳州刺史之职,陈谟"以中郎将检校本州别驾"。柳少安到任后,偕同陈谟巡视龙溪时,曾赞赏龙溪(今漳州芗城)

① ［光绪］《漳州府志》卷 24,《宦绩・陈元光传》。
② 清・杨澜:《临汀汇考》卷 1,《建置》。
③ 明・何乔远:《闽书》卷 41,《君长志》。
④ 明・何乔远:《闽书》卷 41,《君长志》。
⑤ ［雍正］《河南通志》卷 60,《人物四》。
⑥ 明・何乔远:《闽书》卷 41,《君长志》。
⑦ 明・何乔远:《闽书》卷 41,《君长志》。

"大江南旋而东注,诸峰北环而回顾"的地理形势,认为是建州治所的好地方。遂于兴元元年(784 年)具疏申请迁治龙溪,未及获准柳少安便调离漳州。① 陈谟继任漳州刺史后,又向观察使卢谌建议,终于在贞元二年(786 年)获得批准。龙溪县自此成为漳州经济、政治、文化中心。元和四年(819 年),陈谟在任上去世。

## 第三节　丰碑永存　世代景仰

久成荒徼、蛮獠纷乱、民不知礼的漳州,经过陈氏祖孙五代 150 年的苦心经营,变成了一个"方数千里间,始则无伏戎之警,终则政教大行"的富庶之区,陈氏家族功劳可谓大矣。然而对于在开发闽南,建置漳州,功勋卓著的陈元光,正史新旧《唐书》中却只字未提,对此后人多有不平。宋景祐年间,漳浦县令吕璹(晋江人)曾作《谒威惠庙》诗为陈元光不公待遇鸣不平,诗中写道:"当年平贼立殊勋,时不旌贤事忍闻? 唐史无人修列传,漳江有庙祀将军。"元代龙溪人张翥也发出了"功名不到凌烟阁,读尽丰碑泪欲流"②的感慨。然而凡是能够造福百姓的人,人民是不会忘记他们的,陈元光也不例外。

陈元光将军为国捐躯后,"百姓哀悼,相与制服哭之,权葬于绥安溪之大峙原"③。据说,漳州人出于对陈元光的敬爱,依照"蛮俗"、"以其尸涂塑神像祀之",各地纷纷建庙以纪念陈元光,因而"庙祀遍境内"④,比较著名的有云霄威惠庙、漳浦威惠庙、燕翼宫、天宝威惠庙等。

云霄威惠庙原称陈将军庙,位于云陵镇享堂村。坐西北朝东南,始建于唐嗣圣元年(684 年),宋徽宗政和三年(1113)始称威惠庙。现存建筑系明成化年间(1465～1487)里人吴永绥重建,历代屡有重修。1985 年元月 15 日被公布为云霄县首批县级文物保护单位。庙占地 2 000 平方米,由前殿、天井、两廊、大殿组

---

① 《漳州市志》卷 1,《政区·政区·建州》,中国社会科学出版社,1999 年。
② [乾隆]《福建通志》卷 67,《杂记·丛谈》。
③ 明·何乔远:《闽书》卷 41,《君长志》。
④ [民国]《云霄县志》卷 5,《典祀》。

**云霄威惠庙**

成。大殿面阔 3 间,进深 3 间,单檐歇山顶。正殿供奉陈政、陈元光和陈元光夫
人塑像。左右厢房为小殿阁,供奉开漳功臣。庙内 20 多根石柱上,镌刻十多副
颂扬陈元光开发闽南历史功绩的楹联,如:"威振漳江南国兵戈化礼乐,惠流云
水西门宫阙亘山河";"拓土开疆殊勋施社稷,饮和食德厚泽遍云霄";"漳水云山
开万世衣冠文物,馨香俎豆报千秋伟绩丰功";"大启漳土永奠闽南但励忠勤二
字,依旧云山维新庙貌缅怀功业千秋"。

漳浦威惠庙位于县城西门外西宸岭,亦称西庙,唐开元四年(716 年)始建,
明弘治年间(1488～1505 年)、嘉靖三十三年(1554 年)、清康熙二十六年(1687
年)曾增修,历代迭有兴废。庙坐北朝南。据 1990 年调查,原建筑南北 80 米,东
西 50 米,有山门、丹墀、正殿、后殿、左右两厢,庙前有"盛德世祀"坊等。现仅存
正殿的明间和后殿。后殿面阔 5 间,进深 3 间,悬山顶。1990 年开工重建,已在
庙前新建"开漳圣王"和"盛德世祀"二石坊。庙内有"惠润普施烈气腾腾朝圣
王,威灵显赫忠心耿耿建堂庙";"威震东土荡寇安邦功动垂青史,惠沾南疆开漳
治郡德才贯古今";"威震闽粤获黎民功垂环宇佑众生,将军功德忠贞冠代威武
英姿高封祀典"等歌颂陈元光的楹联。

燕翼宫原为"开漳圣王"陈元光故宅,亦称王府,在云霄县城王府街。是宫
建于唐垂拱年间(685～688 年),落成之时,陈元光曾赋诗曰:"筮宅龙钟地,承恩
燕翼宫。环堂巍岳秀,带砺大江雄。轮奂云霄望,晶华日月通。"原建筑于宋末

**漳浦威惠庙"开漳圣王"石坊**

被元兵焚毁,至明初重修,并作"开漳祖庙"。后世续有修建,近代一次重修于1961年。现存建筑为明清风格,面积800平方米,3进2厢2天井,正殿悬山顶。今尚存"开漳祖庙"石匾、石刻楹联。

天宝威惠庙在漳州市芗城区天宝镇路边村。始建于唐朝贞元二年(786年),一说建于元代,为集庙、庵、祠为一体的特殊建筑,面阔3间,3进,悬山顶,中有天井、两廊,建筑面积346平方米,前殿是威惠庙,祀陈元光及部将马仁、策应妙英夫人。

对于陈元光的功勋伟绩,历代朝廷大为褒崇。唐光大元年(712年),唐玄宗赐赠陈元光为"豹韬卫镇军大将军"、"临漳侯",谥"忠毅文惠",并于漳江畔之州治为其建立祠庙,赐乐器、祭器。开元四年(716年)州治由绥安溪迁李澳川(今漳浦县城),诏建陈将军祠(俗称西庙),御书"盛德世祀坊"牌坊以旌表,封"颍川侯",明正祀典,派地方官员春秋二祭;规定凡地方官员行至庙前马头桥牌坊止步,文官下轿、武官下鞍,步而恭祭之。贞元二年(786年)州治再迁龙溪(今漳州市),复于州治之松州建庙,迨南宋建炎四年(1130年),继于州治之城北又修一庙(俗称北庙)。

　　自唐以来,除于州治所在地为其立庙崇祀之外,历代又续有封赠。宋熙宁八年(1075 年)封"忠应侯"。政和三年(1113 年)封"忠泽公",赐庙额"威惠",此后通称陈元光庙为"威惠庙"。南宋建炎四年(1130 年)加封"显佑",绍兴七年(1137 年)又加"英烈",十二年封"英烈忠泽显佑康庇公",十六年进封"灵著王",二十三年加封"顺应",三十年又加"昭烈"。孝宗乾道四年(1168 年)加封"灵著顺应昭烈广济王"。明代,洪武二年(1169 年)封"昭烈侯",万历七年(1579 年)封"威惠开漳陈圣王",清代乾隆四年(1739 年)封"开漳圣王、高封祀典"。至于陈元光之父母、妻子亦曾于南宋高宗、孝宗两朝蒙受封赐,父陈政封"胙昌侯",后又加封"胙昌开佑侯";母吐万氏封"厚德夫人",后又加封"厚德流庆夫人";妻种氏封"恭懿夫人",后又加封"肃雍"、"恭懿肃雍善护夫人";子珦封"昭贶侯",后又加封"昭贶通感侯";曾孙詠封"昭仁侯"、谟封"昭义侯"、吁封"昭信侯"。世称陈元光为"陈圣王"、"开漳圣王"、"陈将军"、"陈府将军"、"圣王公"、"威惠王"、"威烈侯"。①

　　为陈元光建庙,岁时祭祀,并将其列入官方祀典,符合中国传统信仰的理论基础。《礼记·祭法》有:"夫圣王之制祭祀也:法施于民,则祀之;以死勤事,则祀之;以劳定国,则祀之;能御大灾,则祀之;能捍大患,则祀之。是故,厉山氏之有天下也,其子曰农,能殖百谷;夏之衰也,周弃继之,故祀以为稷。……此皆有功烈于民者也。及夫日月星辰,民所瞻仰也,山林、川谷、丘陵,民所取材用也。非此族也,不在祀典。"②《礼记》认为那些对于国家、社会、百姓有大功劳的、大贡献的人应该得到祭祀。陈元光符合《礼记》所规定应该得到祭祀的条件,因此应该得到祭祀。南宋理学家陈淳将威惠庙也列入正祠之列,他说:"古人祀典,自祭法所列之外,又有有道有德者死,则祭于瞽宗,以为乐祖。此等皆是正祠。后世如忠臣义士蹈白刃卫患难,如张巡许远死于睢阳,立双庙……漳州灵著王以死卫邦人,而漳人立庙祀之。凡此忠臣义士之祠,皆是正当。"③他又说:"惟威惠一庙,为死事捍患于此邦,国朝之所封赐应礼合制,号曰忠臣义士之祠,邦人之所仰

---

①　[光绪]《漳州府志》卷24《宦绩·陈元光传》。
②　《礼记·祭法》。
③　宋·陈淳:《北溪字义》卷下,《鬼神》。

然。"①

到了宋代,陈元光的形象已由一个历史人物变成一个民间神祇,一个可以予人庇佑的神灵,遇有难事,只要向陈元光之神祷告,便会得到他的帮助。宋代余靖《武溪集》就记载有漳浦县令陈坦然向神祈雨之事,"邑西有陈将军祠者,郡图云:仪凤中勋府中郎将陈元光也,年少强魂,邦人立庙,享祠甚谨。日奉牲币无算,岁大旱,遍走群望,弗雨。公乃斋洁诣祠下,祷云:'政不修者令之负祷,无验者神之羞。国家崇祀典所以祈民福也,祀苟不应,何用神为?'即钥扉与神约曰:七日不雨,此门不复开,丛祠为烬矣。行未百步,霾风拔巨树仆于道。俗素信鬼,及是吏民股战神之怒。公徐曰:'民方警,何怒之为?'乃援箸截树而去。果大雨,田收皆倍。邑人刻词以纪其异。"②《八闽通志·祠庙》也记载说:"宋庆历中,有群寇自汀、虔直抵漳浦,民皆遁窜。令吕璹祷于神。俄而空中有金鼓之声,贼徒敛手就缚者三百七十余人,自言四顾皆神兵,无路以逃。绍定间,汀、邵寇犯县境,居民竟奔走哀告于神。俄而庙有大蜂,千百为群,飞集道路,盗不敢过,邑赖以全。"③

不仅如此,陈元光本人的形象也被神化了,《陈氏族谱·唐列祖传记》说他"状貌魁梧,丰采卓异。其表二十有九:天头地足,凤眼龙髯,丰唇均颐,辅喉犀齿,眷龟掌虎,泽股声雷,阜颊方肠,林背渊脐,懷准末三山,口含一字,色如傅粉,眼若流波,丹掇双珠,眉生八彩,后看如轻,前望如轩,手垂过膝,发立委地,身高七尺四寸二分,腰大九围一寸三分,胸有文曰辅世长民,是以聪明盖于一时,事业垂于万世。"④

据《漳州府志》、《云霄厅志》、《漳浦县志》等地方志记载,开漳圣王陈元光经朝廷敕封之后,其祭奠仪式相当隆重。旧时,州、县都会在每年的仲春和仲秋有官员率当地缙绅到威惠庙前举行祭祀活动。除官祭之外,州县民众则随时谒庙上香朝拜,并在开漳圣王的诞辰(二月十五日)、忌辰(十月初五)、"封王日"(四月初十)及上元节、中秋节等,都要举行隆重的民间祭典或纪念活动。漳州

---

① 宋·陈淳:《北溪大全集》卷43,《上赵寺丞论淫祀》。
② 宋·余靖:《武溪集》卷20,《宋故殿中丞知梅州陈公墓碣》。
③ 《八闽通志》卷59,《祠庙》。
④ 《陈氏族谱》,转引自谢重光:《陈元光与漳州早期开发史研究》,文史哲出版社(台北),1994年。

的云霄、漳浦、南靖、平和等地以及泉州、厦门、龙岩等地,至今仍然保留着一种叫做"圣王巡安"的民俗活动。活动由巡城、鉴王、走王几个环节组成,从正月十三持续到元宵夜。

"巡城"是"巡安"的第一个环节。绣旗在前引导,4名身着戏装的童男抬一对宫灯先行,神像依次"巡城":土地神居前开道,继以元帅马仁、军师李伯瑶、王子陈珦、王女陈怀玉、圣王祖母魏敬、夫人种氏,圣王陈元光殿后。抬神队伍由鼓乐队簇拥,伴以锣鼓笙笛。所到之处,鞭炮争

开漳圣王巡安活动

鸣,并摆设香案桌于各路口恭迎。凡当年的新婚或新生男儿之家,必恭请神像至家门首,置香案、供献金枣茶。礼拜毕,主人盛情请抬神者、鼓乐队手吃蜜金枣、乌龙茶等,以此纪念当年开漳将士创建漳州后,常年带兵在闽南各地巡察四境,保障人民安居乐业的恩德。

"巡安"的第二个环节称为"鉴王"。巡城礼毕,神像集中排列于供桌前,笙歌鼓乐,香案高置,供桌蝉联,供品如山。主供桌上放置青花瓷缸5至7个,缸中各竖用竹竿或麦秸捆扎而成的草柱,草柱上挂满肥肉片,柱端插着青翠欲滴的榕叶,中部分别绑上海参、鲍鱼、人参等山珍海味,红、白、绿相间,蔚为壮观。其他将木耳贴到猪肚上,做成"牛"的造型;金针菇变成了"蓑衣",披在阉鸡肥硕的身体上,阉鸡变成了"渔翁";以面粉、糯米粉及蔬菜类捏塑而成的飞禽、海产品形状工艺供品栩栩如生,还分别塑有"风调雨顺"、"国泰民安"字样。

午后,即接以"走王"活动。当祭拜献供盛典进行至高潮时,由村社中之耆老带领预先选定的数十个青壮男子,每6人编成一组,各组共擎一尊巨型木雕神像,列队待发。起点与终点各有两位礼炮手,专门司事放"三拜枪"(即三声连响的礼炮,由铁管制成,装火药燃放),而神像前另有两人鸣锣开道,其后又有一个执罗伞者撑遮神轿,值闻鼓擂炮响,各组健儿分别共举各尊神像,协力疾速奔驰如飞,至终点时停止,礼炮再连鸣三声。这一环节形象地再现了当年开漳将士驰

骋疆场的威武雄壮场景,集时速、势壮、姿美于一体,也是民间体育运动的一种形式。2005年,"圣王巡安"民俗,被列入福建省首批"省级非物质文化遗产"代表作名录。①

除福建漳州、泉州、龙岩、三明、厦门、金门外,广东潮州、汕头,浙江乐清、苍南以及台湾、新加坡、马来西亚等地也都保留着祭祀开漳圣王陈元光的习俗。

---

① 《福建省第一批非物质文化遗产代表作名单》,载福建省人大常委会教科文卫委员会编《福建民族民间传统文化:历史·现状与思考》,福建人民出版社,2006年。

# 第四章　王审知封王与闽国的治理

## 第一节　王氏兄弟　军中崛起

唐朝末季,因朝政日益腐败,赋役繁重,土地兼并日趋剧烈。加之藩镇割据,纷争时起,战乱不息,百姓流离失所,生活极度困难。乾符二年(875 年),王仙芝、黄巢领导的唐末农民战争爆发,唐朝虽然征集各镇士兵围剿,并委任都统、副都统为统帅,实际上指挥并不统一。许多节镇利用时机扩充自己的实力。

当时在今固始一带由军阀秦宗权所据。秦宗权为蔡州上蔡(今属河南)人,初为本州一名牙将。广明元年(880 年)赶走蔡州刺史,占据蔡州。同年冬,秦宗权以蔡州军从监军杨复光攻击黄巢起义军,以功授奉国军节度使。与此同时,寿州屠夫王绪和妹夫刘行全纠集 500 人起兵,"据霍丘县自为镇使"。中和元年(881 年)三月,王绪率军攻占寿州,杀寿州刺史颜璋。同年九月,王绪又攻占了相邻的光州。为了站稳脚跟,王绪投靠了淮河北岸的秦宗权,被封为光州刺史。此后,秦宗权便经常向王绪勒索兵员和粮草。中和三年(883 年),黄巢义军攻入河南,秦宗权命王绪出兵迎战。王绪对秦宗权经常逼迫他缴纳粮草不满,迟迟不肯发兵。秦宗权便调集军队攻打光州,王绪自知实力与秦宗权相差太远,便"悉举光、寿兵五千人,驱吏民渡江"①。

---

① 《资治通鉴》卷 256,《唐纪七十二》。

王绪军离开光州后,进军的方向十分明确,只有尽快摆脱秦宗权的追击,往南寻求发展。因为当时中原一带以及向北方一带都是拥兵自重,势力强大的地方军阀的地盘,很难有立足之地,只有势力比较薄弱的南方一带,才会有一线生机。他们迅速穿过淮南道地境,直抵江南西道的江州(今九江)、洪州(今南昌)。企图假道洪州继续南下。可是,在洪州受到了洪州节度使时钟传的阻拦。时钟传认为"王绪若得福建,境土相接,必为己患,阴欲除之"。据说一个叫上兰的老和尚劝时钟传说:"老僧观王潮与福建有缘,必变彼时作一好世界,今公宜加礼厚待。若必杀之,令公之福去矣。"时钟传打消了杀王绪的念头,"加以援送"①。当然这仅仅是后世人的传言,不足为信。不过王绪在洪州逃过一劫,却是事实。王绪军继续南行经吉州(今吉安),一度占领虔州(今赣州)。后被南康人谭全播军击败,王绪只好继续"率众南奔,所至剽掠,自南康入临汀(今长汀)"②,进入福建,寻求发展。

光启元年(885年)正月,"王绪陷汀、漳二州"③。王绪起义军进入福建后,发展很快,"八月,绪率部至漳浦,有众数万"④。部队一直活动在漳浦至潮州(今潮阳)一带,因道路崎岖,筹粮困难等原因,王绪下令,军中"无得以老弱自随,犯者斩!"然而,军中王潮三兄弟并不理会此项命令,仍将老母亲带在自己身边。

王潮,字信臣,光州固始人,出身农民家庭。其弟审邦、审知皆有才干,人称"王家三龙"。王绪起兵攻陷光州时,"闻潮兄弟材勇",便将他们招进军中,任命王潮为军校。

王绪得知王潮兄弟仍将老母亲藏在军中的消息后,便将王氏兄弟叫去斥责道:"军中都有法令,没有无法之军。你们违抗我的军令不杀老母就是不守军法。"王潮兄弟齐声说:"每人都有母亲,将军为什么要让我们抛弃自己的母亲呢!"王绪大怒,当即下令要处死王潮的母亲。王潮兄弟三人请求王绪道:"我们侍奉老母亲就象侍奉将军一样,你要是杀了我们的母亲,还留着我们有什么用?你还是先杀了我们吧!"众将士见状,纷纷为他们求情,王绪这才作罢。

---

① 宋·陶岳:《五代史补》卷2。
② 《新五代史》卷68,《闽世家》。
③ 《新唐书》卷9,《僖宗皇帝纪》。
④ 《资治通鉴》卷256,《唐纪七十二》。

此事虽然平息,但在军中却埋下了不安定的因素。随着队伍的不断壮大,王绪忌才多疑的性格也逐渐暴露出来。有江湖术士对王绪说:"军中有王者气。"意思是说有人将会取代王绪。王绪听后,凡是被认为是才略、有勇力超过自己,或者外貌高大魁梧的人,他就会找各种理由将其杀害,疯狂到连自己的妹婿刘行全也不能幸免,搞得军中人人自危。众将士心想:"刘行全是他妹夫,又是前军先锋都不能幸免,更何况我们呢!"军队到达南安时,王潮对前锋将说:"你我丢下祖坟,抛弃老婆、孩子,寄居他乡做强盗,原本都不是我们想做的,都是被王绪逼迫做的。现在他竟妄加猜疑,横加杀戮。你外貌出众,骑射绝伦,也不知何时就会成为他的刀下鬼,我很为你担心。"先锋将听后拉着王潮的手,流着眼泪说:"那我该怎么办才好呢?"王潮为他出主意说,你挑选些心腹勇士,埋伏在竹林里,等王绪经过此地时,一拥而上将其拿获。先锋将依计行事,成功擒获王绪。不久,王绪羞愧自杀。

**北辰山拜剑台**

王绪一死,众将一起推选首领。王潮提议说,先锋说擒获王绪有功,应该推举为首领。先锋将却说王潮有勇有谋,而且杀王绪也是他出的主意,对大家有救命之恩,应该推举王潮做首领。两人互相推让,有人就出主意说,要不在军中举行一次"拜剑选帅"的仪式,谁拜剑时,剑动了,他就为将军。谁知到王潮拜剑时，"剑跃于地，众以为神异，即奉潮为帅"①。

王潮接管军队后，整肃军纪，禁止骚扰百姓，抢掠财物。王潮原本打算率军返回光州老家，可当部队行至沙县时，却被一队携带牛酒前来慰劳将士的百姓赶上。原来，义军经过王潮的整顿，军纪严明，所过秋毫无犯，给当地百姓留下了深刻印象。而当时的泉州刺史廖彦若横征暴敛，残忍无道，百姓不堪忍受，便派耆老张延鲁等众奉牛酒赶到沙县请求王潮军回师泉州，赶走廖彦若，救泉州军民于水火之中。王潮顺应民心，果断决定回师围攻泉州。泉州之战打得也够艰苦，城池坚固，守军力量也比较强，王潮军围城整整一年，至光启二年（886 年）八月才攻克泉州，杀死廖彦若，控制了泉州与漳州大片地方。不久，王潮又平定狼山的流寇薛蕴，势力日益强大。

当时福建名义上的统治者陈岩在福建素有威名。王潮派人晋见福建观察使陈岩，表示愿意听从他的号令。陈岩上书朝廷，任王潮为泉州刺史。

王潮任泉州刺史期间，因见泉州百姓多年来遭受苛政及离乱之苦，民生凋敝，随即实行均赋法及缮兵等缓和政策，"遣吏劝农"，招还流亡百姓，促进农业的恢复和发展，又举办"四门义学"，振兴教育，广施教化，受到泉州百姓的欢迎。

大顺二年（892 年）十二月，陈岩病死，他的妻弟护闽都将范晖自称观察使留后。范骄横残暴，大失人心，陈岩旧部多投靠王潮，劝王潮举兵攻打福州。景福元年（891 年）二月，王潮以从弟彦复为都统，胞弟审知为都监，领兵攻打福州。王潮军队得到了沿途百姓的支持，"民自请输米饷军，平湖洞及滨海蛮夷皆以兵船助之"②。然而福州城经过两任福建观察使郑镒、陈岩的修建，尤其是陈岩在任期间"恢其形势，甃之砖石"，③城墙坚固无比。王彦复、王审知久攻不下，士卒伤亡较大，又听说威胜节度使董昌派遣的温州、台州、婺州军队五千援兵即将赶到，便请求王潮暂时撤回军队，以后再作打算。王潮清醒地认识到这是关系到能否立足福建，生死存亡的一战，不能轻易言退。因此，他拒绝了王审知要求撤兵的请求。王彦复、王审知请王潮亲自前来军营指挥，王潮回答他们说："兵尽添兵，将尽添将；兵将俱尽，吾当自来。"表现出要不惜一切代价攻下福州城的决

---

① 《旧五代史》卷 134，《王审知传》。
② 《资治通鉴》卷 259，《唐纪七十五》。
③ 宋·梁克家：［淳熙］《三山志》卷 4，《地理类四》。

心。王彦复、王审知亲自冒着箭石猛烈进攻,在他们的带动下,泉州兵个个神勇无比。景福二年五月,福州城内粮食吃尽,范晖知道不能再固守,弃福州城逃跑,后为部下所杀。浙东援兵闻讯,撤兵返回。王潮进入福州城,自称福建观察使留后,身穿丧服安葬陈岩,并把自己的女儿嫁给陈岩的儿子陈延晦,对陈岩家族的抚恤十分丰厚。

王潮攻克福州后,汀州刺史钟全慕"举籍听命",降于王潮,而建州人徐归范杀其刺史熊博,亦降于王潮。岭海间二十多股割据势力,闻风丧胆,或逃或降或溃,王潮于是"尽有五州之地",成为福建实际的统治者。

乾宁元年(894年)黄连洞(今宁化县东)少数民族聚众二万围攻汀州,王潮派大将李承勋率军万人征讨,在浆水口(今顺昌)将敌军击败。由是福建局势得以安定。

王潮随即采取一系列措施加强福建的治理,改善民生上。他创立"四门义学"以教八闽子弟;采取还流亡、定租税、巡州县、劝农桑、交邻道等措施发展生产。政绩颇佳,"人皆安之"。

**王潮墓**

乾宁三年(897年),唐朝廷升福州为武威军,任命王潮为节度使、检校尚书左仆射。次年,王潮患病去世。王潮临终前,将军政大权交给了三弟王审知。

王审知自称节度使留后,并上书唐朝廷请封。光化元年(898年)三月,唐朝廷封审知为武威军节度观察留后、刑部尚书。同年十月,正式任命他为节度使,兼任三司发运使。此后,王审知一直领有福建统治权,直到后唐庄宗同光三年(925 年)去世,前后达 28 年之久。

## 第二节  封疆闽王  治国有方

审知治闽,正值中原地区迭遭兵燹,经济文化受到严重破坏之时,他雄踞东南一隅社会相对安定,胸有韬略,从善如流,矢志继承其兄的未竟事业,大力开拓和经营福建,使福建经济文化都有了长足的发展。

### 一、交好邻道,拥戴中原朝廷

在唐末割据势力中,王审知兄弟领有的福建与相邻的吴国、吴越国以及南汉相比,在军事力量、经济实力上都不具有优势。王审知深知,发展经济为第一要务,而为发展经济创造一个良好的外部环境乃是重中之重。为此,他始终注意做好两件事,即尽力与邻国、中原朝廷搞好关系。

1. 交好邻国。

在与福建相邻的三个割据势力中,以吴国最为强大。吴国的创建人杨行密,本为州兵,后杀军吏,起兵为乱,"自号八营都知兵马使"①,并占据庐州。中和三年(883 年),唐授其为庐州刺史之

王审知像

① 《新五代史》卷 61,《吴世家》。

职。景福元年(892年)大败孙儒,升任淮南节度使,自此尽有淮南之地。天复二年(902年),唐昭宗"遣江淮宣谕使李俨拜行密东面诸道行营都统、检校太师、中书令,封吴王"①。"及审知之嗣位也,杨行密方盛,常有吞东南之志气,审知居常忧之。"②王审知本也是打算与吴国交好,可是,后梁太祖开平三年(909年)九月吴国使者张知远态度傲慢,丝毫不将弱小的闽国放在眼中,使王审知大怒,将张知远斩首,从此吴、闽两国交恶。后梁末帝贞明四年(918年),吴国派兵攻打虔州节度使谭全播,谭全播向四邻求救,吴越、闽、楚三国共同出兵,但由于楚军战败,其它两国则各自退兵回到国内。吴国军队攻克虔州,江西全境归入吴国。谭全播的灭亡,使王审知更加认识到要想与强大的吴国抗衡,必须加强同包括吴越在内割据势力的联系。

吴越创始人钱镠,为杭州临安人,年长时即以贩盐为业。唐僖宗乾符二年(875年),浙西镇遏使王郢起兵反抗朝廷,钱镠投入临安石镜镇将董昌帐下,后升为偏将,随董昌灭刘汉宏而据有杭州。光启三年(887年),僖宗命钱镠为左卫大将军、杭州刺史。景福二年(893年)升为镇海节度使、润州刺史。乾宁二年(895年),董昌称帝,建大越罗平国,改元顺天,昭宗下诏"削昌官爵,封镠彭城郡王,浙江东道招讨使"③,钱镠便起兵讨伐董昌,逾年才克,董昌投水死。乾宁三年十月,唐朝廷任命钱镠为镇海、镇东两军节度使,翌年八月,昭宗赐钱镠铁卷,并刻有:"镇海镇东等军节度、浙江东西道观察处置营田招讨等使,兼两浙盐铁制置发运等使,开府仪同三司、检校太尉、兼中书令、持节润越等州刺史、上柱国、彭城郡王,食邑五千户,实封一百户钱某。"④天复二年(902年),唐封越王。开平元年(904年),后梁又封他为吴越王。

吴越与吴两国由于领土之争议,而屡有战事发生。吴越、闽国为对抗吴国,两国联合在了一起。天复二年(902年)正月,王审知派遣使者至杭州,吊祭钱镠之母秦国太夫人丘氏,祭文为黄滔所写,其文为:"维天复二年岁次壬戌,敬祭于故秦国太夫人之灵。夫生帝王则若文母,方钟至圣。生人臣则若陶母,方降大

① 《新五代史》卷61,《吴世家》。
② 宋·陶岳:《五代史补》卷2。
③ 《新五代史》卷67,《钱镠世家》。
④ 宋·钱俨:《吴越备史》卷1。

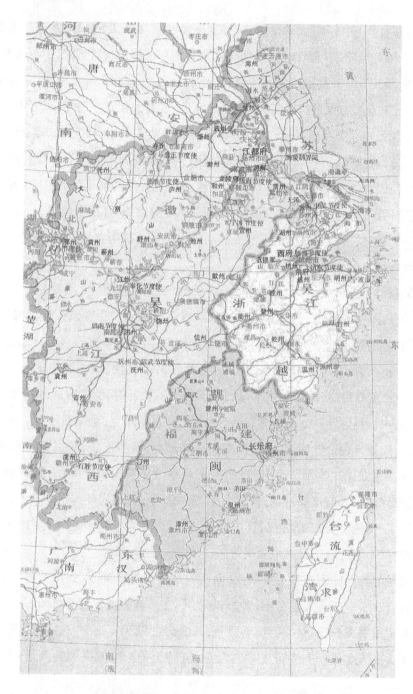

**闽国形势图**(取自谭其骧《中国历史地图集》)

贤。信夫韬昴宿之耀于胸襟,掬嵩山之气为怀抱,岂容易哉！伏惟明灵天资妇
道,神授母仪。金石不足喻其贞明,芝兰不足表其芬馥。训逾孟织,智迈谢围。

颜氏子则提育圣人,曹大家则师资诸女。既作闺门之上瑞,乃生英杰于皇家。立旷代之鸿勋,拥两藩之龙节。食则万钱调膳,禄则三世及亲。见彩衣则衣锦之姿,见冰鲤则和羹之味。腾辉女史,兴咏国风。推于古今,实无伦比。乃由懿德,致此大荣。呜呼! 灵药难求,流光易谢。本冀霜松而永寿,忽惊风烛以斯零。竟成举世之悲伤,空切至诚之号慕。审知幸攀令嗣,获忝亲邻。论交既契于金兰,抹泣乃同于亲属。辄陈薄奠,用表悲诚。敢冀明灵,依稀歆鉴。"①文中虽多为褒赞之词,然从"论交既契于金兰,抹泣乃同于亲属"可以看出两国间非同一般的亲密关系。后梁末帝贞明二年(916 年)五月,吴越派遣皮光业借道于闽向后梁进贡,同年冬天,吴越两国结亲,王审知嫁其女琅琊郡君予钱镠五子检校太傅、睦州刺史钱传响。后梁贞明四年(918 年),又共同出兵支持虔州谭全播,最后虽未成功,但也说明吴越、闽共同对抗吴国的决心。

南汉创建人为刘隐,父亲刘谦,唐末为封州刺史,拥有上万人的军队,百余艘战舰。刘谦去世后,刘隐继任封州刺史。天祐二年(905 年),唐任刘隐为清海军节度使。后梁建国,加检校太尉、兼侍中,后梁太祖开平三年(909 年)封南平王,四年又进封为南海王。乾化元年(911),刘隐去世,其弟刘龑即位。贞明三年(917 年),刘龑称帝,国号大越,改元乾亨,次年改国号汉,史称南汉。闽国与南汉有着良好的关系。贞明三年,刘隐之女清远公主嫁予王审知次子王鏻。刘隐去世时,王审知曾派遣使者至南汉祭悼,其祭文曰:"故南平王之灵:惟灵。五羊奥区,番禺臣壤,汉为列郡,唐作雄藩……天子方欲使降皇华,恩宣金册,表里东周之盛,旌崇南越之隆……某早尘兴国,旋忝睦邻。虽琼树之未亲,若铜盘之已接。方定金兰之至分,岂期幽显之骤殊。况以幸结良姻,累文专介。幕下崔员外,昨驰礼币,尝诣门墙。爰蒙执手之欢,宏叙亲仁之旨。今则遽悲存殁,益叹彭殇。故将荐举征尘,躬申薄奠。九泉注望,于叹逝以难胜。五月指期,表同盟之必至。呜呼哀哉! 曩驰羔雁,今遣蘋蘩。伊人事之有兹,顾痛伤而何极。然则荀龙贾虎,大冯小冯,虽嗟松垅之长归,终庆荆枝而继茂。永言欢好,宁忘初终。幸明灵之一临,鉴此丹赤。呜呼哀哉!"②足见两国之密切关系。

---

① 五代·黄滔:《黄御史集》卷6,《祭钱唐秦国太夫人》。
② 五代·黄滔:《黄御史集》卷6,《祭南海南平王》。

2. 纳贡于中原朝廷。为牵制邻国,王审知始终坚持"宁为开门节度使,不作闭门天子",极积向中原王朝进贡,利用中原王朝来压制四邻,以取得和平发展环境。

王氏割据政权建立时,唐朝廷极度衰弱,实际上成了一个空架子。许多割据政权根本不把唐朝廷放在眼里,"虽甸服之近,江汉之中,或遇阻艰,亦绝输赋。"①而王审知却坚持照常进贡。当唐昭宗被困凤翔饥寒交迫之际,王审知的进贡恰似雪中送炭,给唐王室带来莫大的安慰。因此,唐王室一直很欣赏王审知。为了报答王审知,他们将一系列官职赏赐给审知。《王审知德政碑》说:"寻就加平章事,检校右仆射如故。腰悬相印,手握兵符。益壮军声,弥新殊渥。又改光禄大夫、检校司空,转特进检校司徒。然而物议舆词,功厚赏薄。以为爵禄,未称畴庸。于是异姓分封,仍加井邑,转检校太保、琅琊王,食邑四千户,食实封一百户。"②德政碑设立于天祐三年(906年),王审知继位为乾宁四年(897年),期间不过十年时间,但其官职就从平章事、检校尚书右仆射,晋升至检校太保、琅琊郡王,其官职共晋升四次,如此情况当唯有王审知进贡中央不绝,才可获得。不仅如此,天复二年(902年),唐中央又赐王审知武库戟十二枝,列于私门。这又是对王审知的一项的特加优遇,也少有赐予其它节镇,这些都是王审知与唐代中央有极好的关系之象征,也正表现王审知对唐代中央之尊荣,非其它节镇可比拟。

唐朝灭亡之后,王审知又建立了与梁王朝的关系。梁朝的建立者朱全忠原为黄巢部将,后来叛降唐朝廷,逐渐升至节度使。唐末,朝廷实为他手中的傀儡。朱全忠篡唐之后,福建境内议论纷纷,王审知的侄儿王延嗣劝他不要接受后梁的封号,并说:"义不帝秦,此其时也。"③而他的仆射邹勇夫等人却对王审知"敷陈利害,劝其奉梁正朔"④。其实,王审知主意早定。作为一个实力不太强的割据者,他需要中原王朝的支持,因此,他仍然着力维护与梁王朝的关系。

当时福建至中原的陆上交通被割据江淮的吴国阻断,"审知每岁遣使朝贡,

---

① 五代·于兢:《琅琊忠懿王德政碑》,载《全唐文》卷841。
② 五代·于兢:《琅琊忠懿王德政碑》,载《全唐文》卷841。
③ 《十国春秋》卷94,《王延嗣传》。
④ 《十国春秋》卷95,《邹勇夫传》。

泛海至登莱抵岸,往复颇有风水之患,漂溺者十四五。"然而,王审知不惜代价坚持进贡,"玟瑁、琉璃、犀象器、并珍玩、香药、奇品海味。色类良多,价累千万。"①

对新建的后梁王朝来说,能得到王闽政权的进贡,在政治上有很大的意义。因此,后梁王朝不断给王审知进爵加赏。开平四年(910年),朱全忠晋封王审知为闽王,专门派大臣翁承赞赴闽,主持册封仪式。使者绕远道,抵福州,于南台登岸。王审知下属官员列队欢迎。从江边到福州南门,一路上旌旗不断,箫鼓相闻。在南门的登庸馆,王审知接受了闽王仪仗,"升绍冠,披礼服剑履,受册命,乘辂车,坐公衙,以彰旷代之贵盛"②。此后,王审知和后梁的关系进入蜜月阶段。后梁灭亡后,王审知随即奉后唐为正朔,于后唐庄宗同光二年(924年)二月,派遣使者向后唐进贡,五月,后唐封王审知为检校太师、守中书令、福建节度使。③ 十月,为祝贺后唐庄宗之寿诞和皇太后入京,王审知又派遣使者进贡,进贡物品包括"金银、象牙、犀珠、香药、金装宝袋、锦文织成菩萨幅"④等。作为回报,后唐加封王审知为"扶天匡国翊佐功臣,食邑一万五千户,实食封一千户"⑤。

王审知不管中原政权如何变动,都坚持进贡,得到历代朝廷的加官进爵,这大大改善了闽国政权的形象。使他对福建的统治正统化,许多地主阶级的代表人物开始主动投靠王审知政权,这无形中巩固了王氏政权。

在南方群雄竞争中,王审知"宁为开门节度使"的低姿态,也使他大为得利。王审知以五千士卒攻略福建得手,在群雄眼里,是较弱的一方。但是,当时天下大乱,老百姓盼望统一,拥护中原王朝在舆论上很有影响。王审知臣服中原,维护正统,群雄迫于舆论与中原王朝的压力,不敢猝然进犯。使王氏政权在福建处于一个比较安定的环境中得以生存。

## 二、礼贤下士,整顿吏治

唐末五代时期,中原战乱频仍,民无宁日。此时的王审知在结束了武力拼争

① 《旧五代史》卷4,《梁书·太祖纪》。
② 唐·翁承赞:《唐故威武军节度使守中书令闽王墓志》,载《全唐文补遗》第7辑,三秦出版社,2000年。
③ 《旧五代史》卷32,《唐庄宗纪六》。
④ 《册府元龟》卷169,《帝王部·纳贡献门》。
⑤ 唐·翁承赞:《唐故威武军节度使守中书令闽王墓志》,载《福州市志·第八册》附录。

之后,开始把注意力转向文治。为招怀遗散,礼纳时贤,让有一技之长的贤能良士都能发挥自己的才能,王审知在福州、泉州等地设"招贤院",收抚唐朝流亡的知识分子,并委以重任。韩偓唐末任翰林学士,因忤触权臣朱温,被贬濮州司马,于是弃官南下,"挈族来依太祖(王审知)"①,受到王审知的优待。此后,许多贤良之士,纷纷应募入闽。比较有名的有右省常侍李洵、中书舍人王涤、右补阙崔道融、大司农王标、吏部郎中夏侯淑、司勋员外郎王拯、刑部员外郎杨承休、宏文馆直学士杨赞图及王倜、集贤殿校理归传懿、郑璘及郑戬等。

同时,王审知还注意提拔任用当地人才。浦城人章仔钧,其家族世居福建,祖父曾任康州刺史,父章修也曾任福州军事判官,为当地豪族之一。章仔钧认为王审知"尚知有唐,乃诣军门上谒,献战、攻、守三策"②,在献策后,王审知即上表任其为高州刺史、检校太傅、西北面行营招讨制置使,并选骑、步卒五千人,命章仔钧率军驻守浦城。浦城之地势甚为险要,为吴越及吴入福建的要冲,得到当地势力章仔钧的支持,王审知的势力得以稳固,其它势力难以侵入福建。仙游人郑良士,博学善属文,景福二年(893年),献诗五百首,被授予国子四门学士,累官至康、恩二州刺史兼御史中丞。天复元年(901年),弃官归隐白岩。乾化五年(915年),受王审知征召,任左散骑常侍,其为人沉厚寡言,王审知称其为长者。③莆田人黄滔,昭宗乾宁二年(895年)进士,光化年间被任命为四门博士,后见朱温势大,回归福建。天复元年(901年),受王审知征召,出任监察御史充威武军节度推官。④另有莆田人徐寅,乾宁元年进士,授予秘书省正字,因得罪朱全忠,为免遭杀身作《过大梁赋》奉承朱全忠,奚落朱全忠的仇敌李克用。徐寅被赦免后,马上逃回福建,受王审知征召而任书记。后唐同光元年,李克用之子李存勖灭梁。次年,王审知遣使赴唐祝贺,李存勖见到使者,随即责问说:"徐寅无恙乎?归语尔主,父母之仇不共戴天。寅指斥先帝,尔国何以容之?"使者回国后,如实转达了李存勖的话,王审知为保徐寅性命,罢去了徐寅的官职。⑤福唐人翁承赞,乾宁三年进士,任京兆府参军,累官右拾遗、户部员外郎。天祐元

---

①　《十国春秋》卷95,《韩偓传》。
②　《十国春秋》卷95,《章仔钧传》。
③　《十国春秋》卷95,《郑士良传》。
④　《十国春秋》卷95,《黄滔传》。
⑤　《十国春秋》卷95,《徐寅传》。

年(904年),至福建册封王审知为琅琊王。① 朱全忠篡位后,仕梁为谏议大夫。后梁太祖开平三年(909年),再次至福建册封王审知为闽王。后归福建依附王审知。翁承赞本即为当地人,再加上又册封王审知二次,与王审知甚为友好,回福建任盐铁副使之职,这应是王审知向后梁要求。翁承赞回福建后,王审知待其"殊厚",并以为相。有这些福建地区的知名人士相继加入,王审知正式获得了全福建地方势力的支持,稳固了王审知的地位。

王审知知人善任,皆能充分发挥辅佐者的才能。如他让自己的同乡张睦"领榷货务"。张睦任职期间,"雍容下士,招来蛮裔商贾,敛不加暴,而国用日以富饶"②。王审知侄儿王延彬,擅长与海外通商,审知就派他任泉州刺史。王延彬在泉州任上前后17年(一说26年),"吏民安之,每发蛮舶,无失坠者,时谓之'招宝侍郎'"③。王审知还派有生产经验的颜仁郁为归德场长,"时土荒民散,仁郁抚之,一年襁负至,二年由莱辟,阅三岁而民用足"④。

对于已被任用的官吏,王审知则是严加管理。为此,他选用了一批执法严明的官员,来加强对不法官吏的监督。如:张庎"官至殿中侍御史,弹劾百僚,甚有风采"⑤。贾郁为仙游令,"峭直不容人过,正身奉法,以风赋吏,吏多畏惮之",甚至有人送点时令水果,也被他拒绝了。为了打消贾郁的顾虑,送礼的客人说:"人众未知。"贾郁知道送礼的人兄弟三人,便回答说:"古人畏四知,君兄知、弟知,子携来者知,是倍于古人也。"那人听后,非常惭愧,只好将水果拿走。⑥ 从官员身上,足可以看出王审知对吏治的严格及重视。

王审知不仅对吏治关心,对王氏宗亲所任的官吏,更为重视,这些宗亲也未使王审知失望,都很有治绩。如泉州刺史王审邦"善吏治"⑦。建州刺史王延禀因与王鏻交战失败被杀,可在他被杀两年后,建州百姓却为他建庙来祭祀。⑧ 由此可见王延禀在建州的治绩应该是相当不错的,不然当地民众也不会立庙祭祠

① 《十国春秋》卷90,《闽一·太祖世家》。
② 《十国春秋》卷95,《张睦传》。
③ 《十国春秋》卷94,《王延彬传》。
④ 《十国春秋》卷96,《颜仁郁传》。
⑤ 《十国春秋》卷95,《张庎传》。
⑥ 《十国春秋》卷96,《贾郁传》。
⑦ 《十国春秋》卷94,《王审邦传》。
⑧ 《十国春秋》卷98,《王延禀传》。

他。如果王氏一族在任官上有过失,王审知也毫不犹豫加以处置,如王延彬在任泉州刺史的 17 年间,治绩显著,"吏民安之"①。后来他私自向后梁朝贡,请求封为泉州节度使,王审知得知,也毫不客气,马上罢免了他的官职。

王审知还十分重视人才的培养,兴办教育。他认为"学校之设,是为教化之原",自接任武威军节度使之后,便在闽境"广设庠序"②。五代后梁龙德元年(921 年),王审知采纳翁承赞的建议在福州留晖门外"建四门学",聘请著名文人陈郯、黄滔等为"四门博士",以"教闽士之秀者"③。《三山志》云:忠懿王"聚书建学,以养闽士之秀者"④。他还拨出专门经费供给师生膳食,"兴崇儒道,好尚文艺,建学校以训诲,设厨馔以供给"⑤。王审知的下属也对兴学也表现出极大的热情。如,陈洪济"初令同安,继令晋江,皆兴学教士,为王氏循吏之冠"⑥。

王审知还组织大批文人寻访、收集遗书,进行整理,装订成册。面对"自燎炽西秦,烟飞东观,鲁壁之遗编莫救,周陵之坠简宁存"的现状,他发布诏令,要"管内军州搜遗书缮写以上"⑦,并要"精于缮写","次第签题,森罗卷轴"⑧。

## 三、招抚流民,劝课农桑

唐末大乱中,福建地区也常有战事发生,百姓也因此流离失所。王氏兄弟知道,要在当地站住脚,必须要使当地百姓安居乐业。为此,从进入福建开始,便不断采取措施招抚流民,"流民还者假牛犁,兴完庐舍"⑨。王审知任命固始老乡邹勇夫镇守闽北要冲归化,来抵挡它国入侵。邹勇夫到达后,见到归化镇"民户凋残,道路榛塞",便招集四方流亡百姓,修理废弃房屋,鼓励开垦荒地,兴修水利,发展生产,并实行轻徭薄赋政策。在战乱中,独归化镇一带百姓安居乐业,人民纷纷越境来归,四方"干戈相寻,归化独晏然,不被兵燹,人物蕃"⑩。泉州人颜仁

---

① 《十国春秋》卷 90,《闽一·太祖世家》。
② 五代·于兢:《琅琊忠懿王德政碑》,载《全唐文》卷 841。
③ 《十国春秋》卷 95,《翁承赞传》。
④ 宋·梁克家:[淳熙]《三山志》卷 8,《公廨类·祠庙》。
⑤ 唐·钱昱:《忠懿王庙碑文》,载《全唐文》卷 893。
⑥ 《十国春秋》卷 96,《陈洪济传》。
⑦ 《十国春秋》卷 90,《闽一·太祖世家》。
⑧ 五代·于兢:《琅琊忠懿王德政碑》,载《全唐文》卷 841。
⑨ 《新唐书》卷 190,《王审邦传》。
⑩ 《十国春秋》卷 95,《邹勇夫传》。

郁,被王审知任为归德场长,时"土荒民散",颜仁郁采取积极措施,招抚流亡百姓,第一年人已开始聚集;到了第二年,已有大量的农田开辟出来;至第三年,此地的人民已经开始富足了。①

王审知还采取一系列措施,鼓励因战乱而流离失所的百姓回乡开荒造田,发展生产。针对中唐以来"聚敛之臣,名额滋广"的实际,"按其程课,令以权衡,尽弃旧规"②,依两税法为依据,来对人民进行课税。广大农民的积极性很高,出现了"夜半呼儿趋晓耕"、"至数千里无旷土"的景象。在徭役方面,王审知注意尽量将徭役安排在农闲之时。而且,王审知还尽量减少大兴土木,也很少调发军队出外作战,农民得以安心从事农业生产。

王审知十分重视农田水利工程的兴修,不惜动用大量州县库款,用于农田水利建设。他还亲自到福清领导农民修筑海堤,防潮扩田数千亩,带动了福建各地的农田水利建设高潮取得成效。比较大的水利工程有:福州"大浚侯官县西湖,广至四十里,灌溉民田无算"③;福清县大塘,"闽王时以兵筑之,长千余丈,溉田种三千六百石",又有占计塘,"亦闽王筑,长十五里,溉田三千余顷"④。农业垦殖还向沿海沿江滩涂地带拓展。当时福州、长乐等地都出现了规模较大的围海造田运动,如五代时福州台江瀛洲一带还是荒凉的洲地,王审知发动群众用"插栖"的办法,即以竹条插围烂泥地垦殖荒地,开辟成千亩良田。他又在福清县南隆里祭苗墩,修筑海堤,数千亩农田受益。水利设施的完善,耕田面积的扩大,农业技术的进步,粮食产量大幅度提高,农作物品种增多,仅稻谷一类就有十余种。经过广大农民的辛勤开发,闽中"草莱尽辟,鸡犬相闻,时和年丰,家给人足"⑤,呈现一派五谷丰登的太平盛世景象。

### 四、发展贸易,促进商品流通

针对"凡列土疆,悉重征税。商旅以之而壅滞,工贾以之而殚贫"的弊病,王审知大胆改革,"尽去烦苛,纵其交易,关讥廛市,匪绝往来"。在短期内使闽地

---

①　《十国春秋》卷96,《颜仁郁传》。

②　五代·于兢:《琅琊忠懿王德政碑》,载《全唐文》卷841。

③　《十国春秋》卷90,《闽一·太祖世家》。

④　宋·梁克家:[淳熙]《三山志》卷16,《版籍类·水利》。

⑤　五代·于兢:《琅琊忠懿王德政碑》,载《全唐文》卷841。

"水陆无滞,遐迩怀来,商旅相继",出现了"击毂摩肩"的热闹景象①。他还委派固始同乡张睦出任榷货务(商务管理机构)负责人,具体管理对外贸易。张睦不负期望,体恤商艰,广招商舶,一时对外贸易十分繁荣,商贾拥挤,收入大幅度增加,地方财政不断充实。

王审知利用福建濒海的地理优势,发展对外贸易。为解决福州港外的黄崎一带"横石陡峭,常为舟楫之患"②,王审知便在黄崎另开一港,来成为福州港的外港,此为"甘棠港"。王审知不仅向海外贸易,也"招徕蛮夷商贾","蛮舶至福州城下"③,王审知积极地向海外招商,确实有许多海外商船来到福州城,使福州成为一个国际商港。在发展福州港的同时,王审知也大力发展泉州港,使之较唐代更为繁盛,成为招徕海上蛮夷商贾的重要口岸。

为了促进商品流通,王审知曾先后两次铸造钱币。"王审知为闽王,梁贞明元年,汀州宁化县出铅,置铅场。二年,铸铅钱,与铜钱并行。"④由于闽南安溪、德化等地有大量的"银铁矿冶",王审知就地取材,又铸"开元通宝"铁钱,"龙德二年□月,铸大铁钱,以开元通宝为文,仍以五百文为贯"。⑤《十国春秋》注引陶岳《货泉录》称:"王审知铸大铁钱,阔寸余,甚粗重,亦以开元通宝为文,以五百文为贯,俗谓之铤劲,与铜钱并行,劲个音贺。"

王审知铸行铅钱、铁钱,初期是为了补充铜钱不足,方便市场流通,后来却收到意想不到的特殊效果。由于市场使用的铅钱、铁钱是地区性货币,外地商人卖出商货而得到的铅钱、铁钱不便运出,于是又用来购买市场丰富繁多的商货。这样,进来的外地商货等于又换回本地的商货,而闽商运出的本地商货或舶来品,输入中原后得来的却是金银、钱币。如此往来,市场繁荣,财源充足,"国用日以富饶",经济贸易得到进一步发展。

五代是个动乱的时期,军阀割据,战祸连绵不断,社会经济遭到严重破坏,但僻处祖国东南海疆的福建,却出现了福建历史上少见的一个繁荣时期,这就不能不看到王审知在历史上对福建作出的重大贡献了。

---

① 五代·于兢:《琅琊忠懿王德政碑》,载《全唐文》卷841。
② 《十国春秋》卷95,《刘山甫传》。
③ 宋·梁克家:〔淳熙〕《三山志》卷6,《地理类·海道》。
④ 明·胡我琨:《钱通》卷21引《十国纪年·闽史》。
⑤ 《十国春秋》卷90,《闽一·太祖世家》。

## 第三节　宫廷纷争　闽国灭亡

后唐国光三年(925年)五月,王审知染病,从此一病下起,直到同年十二月离开人世。王审知去世后,其长子王延翰在众大臣的拥戴下,自称威武节度使留后。不久,取得后唐庄宗的认可,正式接掌大权。天成元年(926年),王延翰拿《史记》闽越王无诸传给文武官员看,并说:"闽,自古王国也,吾今不王,何待之有?"①于是文武官员纷纷上表劝进。十月,王延翰正式建国称王,但对外仍奉后唐为正朔。

王延翰建国后,大修宫殿,在城西西湖修建长约十几里的宫殿群,号为"水晶宫",并修筑腹道,使原来的宫殿与水晶宫相连,他自己经常与后宫嫔妃在此游宴。② 他又下令挑选民间少女入宫为妾,其妻崔氏极为善妒,见到有漂亮的侍妾,即将其"幽于别室,系以大械,刻木为手以击颊,又以铁锥刺之"③,一年之中被她折磨死的少女多达数十人。

王延翰的所作所为首先引起他的弟弟、泉州刺史王延钧的不满,他上书劝谏,延翰大怒,双方关系恶化。建州刺史、王审知养子王延禀,自王审知时即与王延翰不合,因此,当王延翰命其采择少女的文书来到建州之时,即受到王延禀的抵制,他在给王延翰的回信中说了些难听话,王延翰因此怀恨在心。王延翰虽想出兵问罪,但却碍于王延禀任建州刺史多年,并且获得建州豪族的支持,因此只好按下心中的不满。王延禀也派人至福州来探虚实,当使者要回建州复命时,王延翰命御史大夫、国子监祭酒湛温为其饯行,暗地里却要湛温毒死使者。湛温惧怕因此使福、建两州开启战端,便自己将毒酒饮下,暴毙身亡。④ 但此举反使王延禀决意出兵福州。他联合王延钧,共同出兵攻打福州。王延禀顺流而下先到福州,福州指挥使陈陶率兵仓促应战,被王延禀打得一败涂地,陈陶战败自杀。

①　《新五代史》卷68,《闽世家》。
②　《十国春秋》卷91,《闽二·嗣王世家》。
③　《新五代史》卷68,《闽世家》。
④　《十国春秋》卷96,《湛温传》。

当晚，王延禀率亲兵数百人，翻墙入福州，打开福州西门，建州兵一拥而入，攻入了王延翰的寝宫门前，王延翰走避不及，为建州兵所擒，王延禀就将王延翰杀于宫门之外。

王延禀在此次兵变中，功劳最大，然其为王审知养子，接受王位名不正言不顺，而王延钧为王审知现存嫡子中最长的一位，因此，王延禀只好拥立王延钧继位，自己退回建州。

天成二年(927年)正月，王延禀退回建州。临行前王延钧到郊外为其饯行。王延禀警告王延钧说："要好好地守住先人事业的根基，不要麻烦我再来！"王延钧听过此话，脸色都变了。

王延钧继位后，随即向后唐进贡，明宗以其为武威军节度使、

王审知墓碑

守中书令、封琅琊王。天成三年，后唐派吏部郎中裴羽、右散骑常侍陆崇至福建，封王延钧为闽王。[①] 在获得正统地位后，王延钧便将精力放在了铲除最大的竞争对手王延禀身上。为此，王延钧先是不断提升王延禀的官职，封其为奉国军节度使、知建州、同中书门下平章书、检校太尉、侍中，[②]使王延禀丧失戒备。与此同时，他又设立拱宸、控鹤二都，驻扎福州，并派自己的亲信掌握军权，加强防卫。对此，王延禀早已心中有数。天成四年，王延禀称疾退居，建州刺史的职务由其

---

① 《十国春秋》卷91，《闽二·惠宗本纪》。
② 《十国春秋》卷98，《王延禀传》。

子王继雄继任。

长兴二年(931年)四月,王延钧诈称有病。王延禀得悉,随即命其次子王继升为建州留后,亲率军兵与其子王继雄一道顺闽江急袭福州。王延禀进攻王延钧所在的西门,王继雄则继续东进,企图绕道攻打东门,以造成两路夹击之势。行进途中与王延钧的侄子、楼船指挥使王仁达所率水军相遇。王仁达先伏兵于战船中,待王继雄的船舰靠近时,随即竖起白旗假意投降。王继雄不知是计,等他登上王仁达的战船时,伏兵一拥而上,随即将王继雄击杀,建州军溃败。王仁达将王继雄的首级砍下,悬挂于福州的西门。此时王延禀正在纵火攻打福州西门,当见到了儿子的首级时,不禁失声痛哭。王仁达趁机发动反攻,王延禀兵败被擒。王延钧讥笑王延禀说:"予不能继先志,果烦老兄复来!"王延禀无言以对,遂被王延钧所杀。① 之后,王延钧派遣使者,至建州招抚王延禀的党羽。王延禀党羽并不买账,杀了招抚使者,带着王延禀的两个儿子继升与继伦,投奔了吴越。

长兴三年(932年)七月,王延钧上书后唐朝廷,请求将已故吴越王钱镠的封号授予自己。但后唐并没有理会。长兴四年春,王延钧开始为自己称帝做舆论准备。有人说在王延钧登王位前所住的"真封宅"中有黄龙出现。王延钧便将"真封宅"改为"龙跃宫",又建造东华宫,每日役使的工匠超过万人,建造得极为华丽。同年,王延钧正式称帝,国号大闽,改元龙启,并改名王鏻。

王延钧即位后,迷信鬼神道教,任用佞臣,大肆搜刮,纵情挥霍,不得民心。最终,因宫闱之变被其子王继鹏与皇城使杀死。

王延钧的结发妻子早已去世,后娶的继室金氏虽然挺贤惠,但对王延钧来说,却不够情趣。王延钧非常喜欢父亲一个叫陈金凤女婢,等王审知病故后,王延钧便将陈金凤据为己有,立为皇后,并为她修筑"长春宫",生活极尽奢华。王延钧也好男色,其中最宠爱归守明,王延钧称其为"归郎"。归守明可以随意出入宫廷。后来由于王延钧中风,导致手足麻痹,行动不便。面对陈金凤心有余而力不足,陈金凤就与归郎私通。有个百工院使李可殷,和归郎交上朋友,通过归郎也和陈金凤发生了奸情。当时王延钧下令制作了一顶华丽的九龙帐,作为自

---

① 《新五代史》卷68,《闽世家》。

己的寝室之用,但自从王延钧中风之后,陈金凤便常与归守明在九龙帐中通奸,此事为闽国百姓知道后,便作歌谣讽刺说:"谁谓九龙帐,唯贮一归郎。"①

王延钧的侍婢春燕颇有姿色被他的长子王继鹏看上了。王继鹏通过皇后陈金凤要王延钧把春燕送给他。王延钧的小儿子王继韬觉得哥哥的作法有违常伦,要杀王继鹏。王继鹏害怕,就找皇城使李倣商议对策。后唐清泰二年(935年)十月,王延钧病重,王继鹏觉得自己马上就可以即位了,便让李倣派遣壮士数人用大棒将李可殷打死。第二天,王延钧病情稍有好转,陈金凤便向王延钧哭诉李可殷被李倣所杀之事。王延钧拖着病弱的身躯上朝,追问李可殷被杀一事。李倣感到事态严重,一不做二不休,干脆与王继鹏联合,率军杀入皇宫。陈金凤及王继韬等人被杀,王延钧则藏匿于九龙帐中,被乱兵刺成重伤,宫中太监及宫女不忍看其受苦,帮他结束了生命。王延钧在位近九年时间,谥号惠帝,庙号太宗。

王延钧被杀后,王继鹏继位,更名王昶,改元通文,任命李倣负责六军诸卫事宜。李倣有弑君之罪,新皇帝是前皇帝的长子,他心里缺乏安全感,暗中蓄养死士以自卫。王继鹏对李倣不放心,借犒劳军队的机会,埋伏甲士将李倣擒而杀之,枭其首于市。李倣部下兵士见李倣被杀,有千余人反叛,放火烧了启圣门,抢了李倣的首级逃往浙江钱塘。

王继鹏在杀掉李倣后,便颁布诏书,将政变一事的责任,完全推至李倣的身上。并以其兄王继严权判六军诸卫,另一名兄弟王继恭为威武军节度使,两人分掌军权。王继鹏又立春燕为贤妃,不久又改立为皇后,并为她专门建造紫微宫,内部以水晶装饰,极尽奢华。②

王继鹏好巫,拜道士谭紫霄为正一先生,拜陈守元为天师,又宠幸巫师林兴。后晋天福三年(938年)夏天,宫中有彩虹出现,林兴便假借鬼神的话:"此宗室将为乱之兆也。"③王延武、王延望二人在闽国素有才名,王继鹏早对这叔父有忌讳,王继鹏便命令林兴率人将王延武、王延望及他们的五个儿子杀死。王继鹏堂弟王继隆因在宴会上酒醉失礼,被处以死刑。王继严自任判六军诸卫以来,很得

---

① 《新五代史》卷68,《闽世家》。

② 《资治通鉴》卷281,《后晋纪二》。

③ 《新五代史》卷68,《闽世家》。

军心，王继鹏担心有一天取代自己，便下令革除王继严的职务，改由小弟弟王继镛担任。

王氏宗室们见状人人自危，任左仆射、同平章事的王延羲干脆装疯卖傻，以避祸害。王继鹏见其疯癫就命其至武夷山出家当道士，但过了一段时间，王继鹏又怕王延羲脱离控制，便将他召回福州，囚禁在家中。

与此同时王继鹏成立宸卫都，招募勇士为皇宫卫士，俸禄两倍于其它军队，赏赐也最为丰厚，其军"衣以罗襦、银带，饮食之器，悉皆中金"①。控鹤都将连重遇、拱宸都将朱文进，对此极为不满。

后晋天福四年秋七月，有巫师向王继鹏进言"宫中有灾"②，王继鹏便到南宫避灾，不久宫中发生大火，王继鹏便怀疑是连重遇命军士放的火。连重遇得知王继鹏怀疑自己，来个先发制人，夜率卫士纵火焚烧南宫，王继鹏带着爱姬、子弟、黄门卫士斩关而出，宿于郊外。连重遇迎请王延羲为新皇，王延羲命其侄王继业率兵追杀王继鹏。看着追兵四面云集，王继鹏只好束手就擒，被王继业杀死。王继鹏死后，王延羲继位，谥王继鹏为康宗。

王延羲即位后改名王曦，并派遣使者向后晋朝贡，以求得到后晋的支持。对内仍行天子之制，改元永隆，铸大铁钱，以一当十，以解决货币的不足，似乎想要有一番作为。然而王延羲骄傲奢侈，荒淫无度，猜忌宗族，比王继鹏有过之而无不及，其弟建州刺史王延政多有规劝，王延羲不但不听，反而回信痛骂王延政，并派人探听王延政的隐私，二人因此结怨。后晋天福五年（940年）王延羲派遣大将潘师逵、吴行真领兵四万讨伐王延政，开启了闽国内战，二人于数年争战中互有胜负。后晋天福八年，王延政在建州称帝，国号殷，改元天德，领有将乐、昭武（即邵武）、建阳、建安、浦城五县。后晋天福九年（944年），朱文进、连重遇杀延羲，朱文进自称闽主。朱文进、连重遇建立新政权后，怕王氏宗人反扑，下令将王氏家族在福州者不分老少一概斩杀。王延政闻悉福州兵变，王延羲被杀，马上派兵讨伐。随着王延政军队逼近福州，泉州指挥使留从效杀死泉州刺史黄绍颇，迎请王延政长子王继勋为泉州刺史。漳州军队统帅程谟听到这一消息，立刻杀死

① 宋·佚名：《五国故事》，卷下。
② 《新五代史》卷68，《闽世家》。

刺史程文纬,迎请王氏宗室王继成为漳州刺史。汀州刺史许文稹闻听消息,宣布脱离朱文进,归顺王延政。泉、漳、汀三州的归附,使得王延政的势力大为扩展。不久,朱文进、连重遇被部下所杀。连、朱二人死后,王延政正式统一闽国,成为闽国的统治者。不过此时南唐军队已攻入闽国,王延政面临着更大的考验。

后晋开运二年(945年)正月,王延政改国号为闽,以福州为南都,①派遣侄子门下侍郎、同平章事王继昌镇守。都督南都内外诸军事,镇守福州,并指派飞捷指挥使黄仁讽为镇遏使,率兵驻守福州城以保卫王继昌与福州城。不久,王延政将福州侍卫军及拱宸、控卫两都的精锐一万五千人调到建州,以抵抗南唐的军队。三月,福州发生兵变,李仁达杀死镇守福州的王继昌,立僧人卓俨明为天子,称藩于后晋。王延政大怒,发兵讨伐李仁达,大败而还。不久,李仁达杀死卓俨明,自称武威留后,奉表归附南唐。这样,建州的王延政便处于前后夹击之下,形势日益危机。在被南唐军围困数月后,八月,南唐军攻入建州城,王延政被俘。汀州、漳州、泉州闽军闻讯,相继向南唐投降,闽国灭亡。王氏自唐昭宗景福二年(893年),王潮攻下福州,成为福建观察使开始,至后晋开运二年(945年)王延政降南唐为止,共统治福建52年。

---

① 《资治通鉴》卷284,《后晋纪五》。

# 第五章　固始移民与福建经济开发

## 第一节　"八姓入闽"与福建的初步开发

福建地处东南沿海,优越的生态环境造就了闽中富裕的采集狩猎族群,延缓了其农业经济的发生和发展进程,其相对独立的地理单元又阻碍了外来先进文化技术的传入,其农业和文化一直处于封闭状态。正因如此,从而在秦汉时期,由于地理和文化的差异,福建为中原统治者所鄙视,被视为边缘地带并遭废弃。

西晋永嘉之乱后,所谓的"八姓入闽"中原汉人的到来,带来了先进的农业生产工具和生产技术,推动了闽地耕作方式的变革,提高了水稻栽培技术,推广了小麦的种植。晋太康三年(282年),福州开凿西湖和东湖,"周回各二十里,引东北诸山溪水注于东湖,引西北诸山溪水注于西湖,二湖与闽海潮汐通,所溉田不可胜计"①;在郡城的所属地长乐,开凿了严湖②,这些水利设施,促进了农业生产的发展。南朝刘宋时,福建已有早熟粳稻的种植,沈怀远《次绥安》诗曰:"闽方信阻隘,兹地亦丰沃……阳亩秔(即粳稻)先熟。"③《初学记》引《抱朴子》云:"南海、晋安有九熟之稻(可以在不同时期收获的各种水稻品种)。"④东晋、刘宋

---

① 明·王应山:《闽都记》,卷15。
② 清·许鸿磐:《方舆考证》卷78,《福建福州府》。
③ [光绪]《漳州府志》卷40,《艺文》。
④ 《初学记》卷27,《草部·五谷》。

政府都曾大力提倡推广种植小麦,东晋元帝司马睿于太兴元年(318年)曾下诏:"徐、扬(注:福建旧属扬州)二州,土宜三麦,可督令燧地,投秋下种,至夏而熟,继新故之交,于以周济,所益甚大。昔汉遣轻车使者氾胜之督三辅种麦,而关中遂穰。勿令后晚。"①

到了梁陈之际,晋安郡还有多余的粮食可以与江浙地区交易,《陈书·陈宝应传》云:"是时东境饥馑,会稽尤甚,死者十七八,平民男女,并皆自卖,而晋安独丰沃。宝应自海道寇临安、永嘉及会稽、余姚、诸暨,又载米粟与之贸易,多致玉帛子女。"②当然这是因为侯景之乱造成江浙地区农业生产的停顿,使得粮食相当缺乏所致。但从能够拿出粮食来贸易看,福建当时的农业已经有相当程度的发展。南朝末年,福建的人口与长江下游相比,还是相当稀少,虽然可耕之地较少,但是距离人地关系紧张的年代还很遥远,因此只要没有自然灾害的危害,所生产的粮食除自给自足之外,应该还有多余的粮食。此外,这个时期的福建沿海墓葬中也开始出现谷仓模型,也反应当时的粮食生产已有较大的发展。③

尽管如此,六朝时期,今福建地区社会经济有所发展,但极为有限。据《宋书·州郡志》,刘宋中期,设于此地的晋安、建安二郡12县,总共只有5 883户,37 523口,如按著籍人口为实际人口五分之一估算,亦不到20万人。隋代仅设建安一郡,据《隋书·地理志》,隋大业五年(609年)有12 420户,最高估计亦只有30余万人。④ 人口基数长期保持一个低水平,且增长缓慢,说明该地区经济发展程度不高。唐初,福州四郊还比较荒凉。《三山志·寺观类》称:"始州户籍衰少,耘锄所至,甫迄城邑,穷林巨涧,茂木深翳,小离人迹,皆虎豹猿猱之墟。"⑤

① 《晋书》卷26,《食货志》。
② 《陈书》卷35,《陈宝应传》。
③ 林蔚文:《福建农业考古概述》,载《农业考古》,1984年第1期。
④ 葛剑雄:《福建早期移民史实辨正》,载《复旦学报》,1995年第3期。
⑤ 宋·梁克家:〔淳熙〕《三山志》卷33,《寺观类·僧寺》。

## 第二节　陈元光入闽与漳州地区的开发

唐初的漳州尤为荒凉，"猱狌如是，几疑非人所居"①，龙江"两岸尽属蛮獠"，陈元光在上表朝廷请置漳州的表文中说到："（漳）州背山面海，旧为蛇豕之区。"②童华在《重修威惠庙碑记》中也说漳州为"山蛮海寇，豺狼鲸鳄之所盘踞"③。张燮的"阴崖猿昼啸，阳亩秔先熟，稚子练葛衣，樵人薜萝屋"④的诗句，也描绘了漳州冷落、荒凉的景象。当时蛮民一般以狩猎为主，农业生产为辅，生产方式简单落后，多采取"刀耕火耨"的粗放型耕种方法，收成少，因此生活水平低下。所谓"刀耕火耨"，就是在山地上放火焚烧草木，开辟耕地，用草木的灰烬肥沃山地，待春天到了，用刀在山地上挖坑，埋下种子，听任它在雨水中自然成长，秋后收获，这就是当地俗称的"火田"。康熙《漳浦县志》说："火田，畬也。凡畬，惟种黍稷，皆火耨。此县西向尽山，因开畬焉。唐陈元光请建州表云'可耕乃火田之余'。光父政建宅于此。"⑤针对这一现状，陈元光大力推广中原先进的犁、耙、磨、压等农业生产技术，以改变他们"刀耕火耨"的老耕作习惯。陈元光十分重视兴修水利，利用水源条件灌溉农田。在火田溪中游筑堰开渠，灌溉农田，名为火田军陂。堰以灰石拦溪斜向而筑，原长约 120 米，今残存两岸各一段及江心一节。渠依山挖掘，蜿蜒 4 公里，其中约 0.5 公里由破岩凿石而成，至今仍在使用。陈元光还在昔日柳营江开屯旧地"募民障海，泻卤成淡，而沿江上下暂有耕地"，这是漳州最早的围海造田之举，后世方志称之为"埭"。查阅史志资料，闽南一带的不少水利工程，如陂、坝、堤、埭等多修建于唐宋时期，这与陈元光入闽开漳带来中原先进的农业生产技术是分不开的。

先进的农业技术，加上优越的气候条件，漳州呈现出一派繁荣景象。丁儒在《归闲二十韵》描述诗里漳州民安物阜景象时说："漳北遥开郡，泉南久罢屯。归

① 清·杨澜：《临汀汇考》卷 1，《建置》。
② 唐·陈元光：《请建州县表》，载《全唐文》卷 164。
③ 清·童华：《重修威惠庙碑记》，载［乾隆］《龙溪县志》卷 24，《艺文下》。
④ 明·何乔远：《闽书》卷 28，《方域志》。
⑤ ［康熙］《漳浦县志》卷 19，《杂志》。

寻初旅寓,喜作旧乡邻。好鸟鸣檐竹,村黎爱幕臣。土音今听惯,民俗始知淳。烽火无传警,江山已净尘。天开一岁暖,花发四时春。杂卉三冬绿,嘉禾两度新。俚歌声靡漫,秫酒味温醇。锦苑来丹荔,清波出素鳞。芭蕉金剖润,龙眼玉生津。蜜取花间液,柑藏树上珍。醉宜蔗蔗沥,睡稳木棉温。茉莉香篱落,榕阴浃里闉。霜雪偏僻地,风景独推闽。辞国来诸属,于兹缔六亲。追随情语好,问馈岁时频,相送朝和夕,浑忘越与秦。功成在炎域,事定有闲身。词赋聊酬和,才名任隐沦。呼童多种植,长是此方人。"

诗中荔枝、龙眼、柑桔、香蕉、甘蔗等各式水果丰肥可口,"蜜取花间液",或许告诉人们此时漳州人民已知养蜂取蜜;"醉宜蔗蔗沥,睡稳木棉温",或许表示漳州人此时已学会种蔗制糖及木棉加工的技术;"嘉禾两度新"表示漳州人已传承中原汉族的农耕技术,学会了种植双季稻作。丁儒的另一首遗咏也写道:"橘列丹青树,槿抽锦绣丛。秋余甘菊艳,岁迫丽春红。麦陇披蓝远,榕庄拔翠雄。"从诗中"麦陇披蓝远"得知漳民不仅种麦、种蓝草,而且还掌握了麦田中种蓝的套种技术。在当时尚为獠蛮之地的漳州,漳州百姓已将一些野生的、外地的品种作为农田里的耕作作物了。

由于陈元光入闽军民落籍福建,加上一系列开发措施,福建经济飞速发展,福建人口也迅猛发展,唐天宝元年(742年)福建户籍就增至91 240户,人口达410 587人[①],比隋代增长近八倍之多。

## 第三节　唐末五代固始移民与福建的全面开发

唐末五代随着中原百姓避乱和王绪所部的入闽,福建人口又进一步增长。综合《太平寰宇记》所载数据,北宋太平兴国年间(976年)福建各州的人口总数为466 820户[②],比唐天宝年间,又增长了五倍多。同时随着人口的激增和地方开发的深入,唐代福建有了五州区域建置,县制增至二十四县。五代时又新设二

---

① 《新唐书》卷41,《地理志》。
② 宋·乐史:《太平寰宇记》卷100~102。

州,新增六县三镇。以固始人为主体的外来人口的大量流入不仅为福建开发提供丰富的劳力资源,而且带来了中原先进的生产工具、生产技术、生产管理经验和文化知识,加快了福建经济发展的速度。

1.农业。王审知推行鼓励农桑和轻徭薄赋的农业政策大大提高了农民的生产积极性,一些大型的水利工程先后启动。如,福清县大塘,"闽王时以兵筑之,长千余丈,溉田种三千六百石";又有占计塘,"亦闽王筑,长十五里,溉田三千余顷"。① 梁开平四年(910 年),王审知在福州"大浚侯官县西湖,广至四十里,灌溉民田无算"②。西湖的建成,为农业生产的丰收提供了重要保障,《三山志》称:"湖周回十数里,天时旱暵,则发其所聚,高田无干涸之忧;时雨泛涨,则泄而归浦,旱田无淹浸之患。民不知旱涝,而享丰年之利。"③随着福建有限的平原被垦殖殆尽,唐五代以来福建人民另一拓荒的新趋势是朝沿海滩涂地发展。至闽国时期,围垦活动更加深入。如闽东赤岸一带百姓垦辟斥卤地得田千余亩,名为营田陂。闽王与吴越争横时,曾取其地为赡军之需。④ 这些工程浩大的向海要地围垦活动的兴起,不仅反映了福建荒地大量被垦,也反映了福建地方农业生产已逐步由粗放经营向集约化经营转化。同时,随着大批移民的到来,丘陵山地的开发也得到了较大的进展。例如仙游县,"置县之始,人烟稀疏,五季干戈,北方避地者多居于此,故老相传其时主客未满千户也"⑤,到五代末小溪场改置为县时已是"地实富饶,……土沃而人稠"⑥,一幅欣欣向荣的景象。经过长期的开垦,到了五代末期,福建沿海地区已有不少的土地被开垦,据《三山志》的记载,王闽政权时福州地区"垦田一万四千一百一十顷八十二亩"⑦。

沿海的围垦、水利的兴修、山区的深入开发以及生产技术的进步,使耕地面积不断扩大,劳动生产率和粮食产量大幅度提高。农作物种类繁多,有稻、麦、麻、豆、粟、穄、薏等。其中尤以稻子最为普遍,品种也最为丰富。根据《太平寰

① 宋·梁克家:〔淳熙〕《三山志》卷16,《版籍类·水利》。
② 《十国春秋》卷90,《闽一·太祖世家》。
③ 宋·梁克家:〔淳熙〕《三山志》卷4,《地理类·内外城壕》。
④ [道光]《重纂福建通志》卷34,《水利·福宁府》。
⑤ [宝祐]《仙溪志》卷1,《户口》。
⑥ 清·陆心源:《唐文拾遗》卷48,《詹敦仁·初建安溪县记》。
⑦ 宋·梁克家:〔淳熙〕《三山志》卷11,《版籍类》。

宇记》的记载,五代末宋初之时泉州已有"再熟稻",亦即二熟稻作已经是泉州地区主要粮食生产模式①,可见沿海地区的稻米生产在唐五代时期有显著的进步。福州盆地、莆田平原和泉州平原与新围垦的滨海沙洲和沼泽地,为沿海地区的水稻生产基地。北宋初年谢泌在描述当时福州湖田时亦云:"湖田种稻重收谷"②,可见这些新开垦的田地是以种植水稻为主。而新开发的丘陵地带也有稻米的种植,五代末詹敦仁在叙述安溪县(小溪场)的风土民情时云:"土之所宜者,桑麻谷粟"③,表明当时的安溪县是有种植稻米的。

此外,原产于北方的粟、麦等旱地作物,也在这个时期传入闽地种植,根据《唐会要》的记载,唐代后期福建曾经两度向朝廷进献"瑞粟",其中一次进献的数量达千茎。④ 因此至迟在唐代后期闽地已有粟种植。而由詹敦仁的叙述亦可知本区丘陵山区也有粟的种植。但是粟是一种温带耐旱的作物,秦岭淮河以南地区的自然条件并不适于粟的生长,因此粟的生产应该不多,主要是种植在水源较缺乏的丘陵地带。本区亦有麦的种植,唐末五代诗人徐夤在《送王校书往清源》诗中说:"杨柳堤边梅雨熟,鹧鸪声里麦田空。"⑤可见本区在唐末五代时已有麦田,但是必须指出,麦为温带作物,要求雨量适中、冬寒夏热、排水良好的生长环境,因此长江中下游以南的自然条件并不适宜麦子的大量种植。这个时期福建麦子应该只有零星的种植。因此,隋唐五代时期福建沿海地区的粮食生产仍以稻米为主。

总之,随着唐末五代以固始人为主体的中原移民入闽和避役百姓的增多,闽中山区的开发逐步向全闽纵深拓展。王审知推行鼓励农桑和轻徭薄赋的农业政策大大提高了农民的生产积极性。至唐末五代初,经广大农民的辛勤耕耘,闽中山区已呈"草莱尽辟","至数千里无旷土"⑥的可喜景象。

2.纺织业。唐初,福建的纺织业虽质量差,产量不高,但绵、丝的生产已崭露头角。唐末五代时,在入闽汉民的影响下,这种落后的状况有了很大的改变。当

---

① 宋·乐史:《太平寰宇记》卷102,《江南东道十四·泉州·土产门下》。
② 宋·谢泌:《福州即景》,载《矩山存稿》卷四。
③ 清·陆心源:《唐文拾遗》卷48,《詹敦仁·初建安溪县记》。
④ 《唐会要》卷29,《祥瑞下》。
⑤ 唐·徐夤:《送王校书往清源》,载《全唐诗》卷709。
⑥ 五代·于兢:《琅琊忠懿王德政碑》,载《全唐文》卷841。

时闽国的百工院就是收容南北工匠,并蓄百工技艺之所。五代时远销海外的泉绢及薄如蝉羽的九龙帐等均说明了福建织工的纺织技术已达到很高的水平。同时,纺织品的产量也有很大提高。唐初时,福建每年上贡朝廷的纺织品土贡不过是泉州的绵、丝、葛、蕉各 200 匹;福州、建州有蕉布各 20 匹。① 而仅后梁乾化元年(911 年),王审知向梁进户部所支榷课葛,就多达 3.5 万匹。② 远非唐时土贡所能比,这也从一个侧面反映了福建纺织业有了巨大的发展。

3. 铸造业。唐末五代,福建的金属制造业相当发达。王闽政权曾数度以铜、铅、铁铸造钱币,贞明二年(916 年),"铸铅钱,与铜钱并行"③;天福八年(943 年),"铸永隆通宝大铁钱,一当铅钱百"④,用这些钱币形成自己的货币体系。此外,由于王审知崇尚佛道教,佛像的铸造颇为兴盛。天祐三年(906 年),王审知"铸金铜像一,□丈有六尺之高。……继之铸菩萨二,□丈有三尺高,铜为内肌,金为外肤"⑤,置于开元寺。贞明四年(918 年),"铸铜万斤",为辟支佛像,"置太平寺"⑥。同光元年(923 年),王审知又为太平寺铸释迦弥勒像,规模更大,"于城西南张炉冶十三所,备铜镴三万斤"⑦。而王昶时,亦"以黄金数千斤铸宝皇及元始天尊、太上老君像"⑧。上个世纪在政和县还发现了一尊有"闽王羲永隆元年(939 年)"的大钟,净重 265 斤,钟面饰有十组复线方形凸棱,双龙头纽,做工十分精致。⑨ 由此可见,唐末五代时,福建的铸造业已达到相当高的水准。

4. 商业。王审知统治时期,改变了以往"兵戈洊起,帑庾多虚。凡列土疆,悉重征税。商旅以之而壅滞,工贾以之而殚贫"的现象,"尽去烦苛,纵其交易。关讥鄽市,匪绝往来。衡麓舟鲛,皆除守御。故得填郊溢郭,击毂摩肩"⑩,积极地推广商业活动,使得福建地区的商业得以快速发展。

当时的商业繁荣首先表现在城市规模的不断扩大。以福州城为例,唐末中

---

① 《新唐书》卷 41,《地理卷》;《通典》卷 6,《食货六·赋役下》。
② 《旧五代史》卷 68,《闽世家》。
③ 《资治通鉴》卷 269,《后梁纪四·均王贞明二年》。
④ 《资治通鉴》卷 283,《后晋纪四·齐王上·天福八年》。
⑤ 《全唐文》卷 825,《黄滔四·丈六金身碑》。
⑥ 宋·梁克家:〔淳熙〕《三山志》卷 33,《寺观类一·僧寺》。
⑦ 宋·梁克家:〔淳熙〕《三山志》卷 33,《寺观类一·僧寺》。
⑧ 《新五代史》卷 68,《闽世家·王昶》。
⑨ 陈颖华:《政和发现五代铜钟》,载《福建文博》,1984 年第 1 期。
⑩ 五代·于兢:《琅琊忠懿王德政碑》,载《全唐文》卷 841。

和年间,福州三山还在城外。唐天复元年(901年),王审知于子城之外建罗城,周围长40里,筑有大门、便门和水门,并挖护城河,建有通津门桥、去思桥等。城市的扩建,促进了福州商业繁荣,当时安泰桥一带"人烟绣错,舟楫云排,两岸酒市歌楼,箫管从柳阴榕叶中出"①。梁开平元年(907年),又在罗城南北两面,扩筑南夹城与北夹城,形如半月,又称南北月城,"合大城而为三周,二十六里四千八百丈"。大城建有福安门、清平门、清远门、安善门、通远门、通津门、济川门、善化门等八个城门,南月城有登庸门、道清门,北月城有道泰门、严胜门。第二年,在福州正街毛应桥南筑还珠门,又建安泰桥和沙合桥(九仙桥)。②

建州是福建与内地、中原交通必经之路,也是福建最早经济开发区。"五代离乱,江北大夫,豪商巨贾多逃难于此"③,促使了建州的商业发展。唐末天祐年间(904~907年),刺史孟威在原来建安州治基础上添筑南罗城。五代后晋天福五年(940年),闽王延政又增筑城池周20里④,适应了城市经济和商业发展的需要。

五代十国时期,一些场镇发展成各地区的商业和交通中心,如唐代的小溪场,此时已是"居民鳞次雍雍然以和,官廨翼如济济而有办,由陆而至者,必出其涂,自水而运者,会流于下,坐肆列邸,贸通有无"⑤。小溪场最后于后周显德二年(955年)升为安溪县。还有如唐代的永贞、黄连、归化三镇,梅溪、感德、归德、大同、桃林、武德六场都相继在这一时期分别升为罗源、建宁、泰宁、闽清、宁德、德化、同安、永春、长泰九县。⑥ 可以说,福建城市与集镇的飞速发展都源于当时福建人口增多,生产发展。而这些都与当时中原移民大批入闽并带来先进的生产技术、文化习俗不无关系。

唐前期福建商品经济总体上仍相当落后,广大山区农村仍处在墟市交易的原始状态,实物货币流通占主导地位。其后,由于市场不断拓展,为适应商品经济发展的需要,会昌五年(845年),福建始铸背文"福"字铜钱。五代时期,福建

---

①　清·陈学夔:《榕城景物录》。
②　《十国春秋》卷90,《闽一·太祖世家》。
③　[乾隆]《福建通志》卷9,《风俗》。
④　[道光]《重纂福建通志》卷17,《城池》。
⑤　清·陆心源:《唐文拾遗》卷48,《詹敦仁·初建安溪县记》。
⑥　[道光]《重纂福建通志》卷2,《沿革》。

海上贸易迅速扩大，刺激了城乡商品经济的发展。闽国王氏政权为适应流通领域中对金属货币日益增长的需要，先后于915年、922年、942年、944年四次铸铁钱、铜钱、铅钱流通，其中以铁钱发行量最大，而铜、铅钱次之。金属货币的大量铸造和流通是商品经济发展的必然结果，当时福建商业的发展亦由此可见一斑。

王审知治闽期间高度重视发展海外交通贸易事业。为了招徕海外商贾到福建来，天祐二年（904年）夏四月，“佛齐诸国来宾”①。南海三佛齐国的国王及其属国的君臣前来瞻仰并进贡，福州港出现了“万国来朝”的盛况。王审知又设置榷货务，专门管理船舶货征榷事务，授随从入闽的光州固始人张睦三品官，专门负责此项事务。睦“佐审知甚忠，能于抢掠之际，雍容下士，招蛮夷商贾，敛不加暴”②。

同时，为完善福建对外港口布局，形成南北并举的海外贸易局势，王审知大力发展以福州、泉州为中心的沿海港口，从而大大促进了海外贸易的发展。福州地处沿海内陆，离海口100多里。为了使福州“水陆无滞”，海船能够畅通无阻地出入，王审知下令对福州的江流和沟洫加以疏浚和改造。黄滔的《毗沙门天王碑》云：“其东画长川以为洫，西连乎南，盘别浦以为沟，悉通海鳅；朝夕盈缩之波，底泽鳞介，岸泊艓艘。”③这说明经过王审知的疏浚后，福州的水上交通日趋便利，连巨舶都能乘着潮水来到城下。整个福州城郊的水面，停泊着无数大大小小的船只。来往福州的人甚多，常常“填郊盈郭，击毂摩肩”④，其繁荣发达情况可想而知。

为了使福州的海外贸易能得到更大的发展，王审知又下令在连江的黄岐（注：古名黄崎）半岛开辟了甘棠港。关于甘棠港的开辟，有一段美丽的神话传说，《新五代史·闽世家》云：“海上黄崎，波涛为阻，一夕风雨，雷电震击，开以为港。闽人以为审知德政所致，号为甘棠港。”⑤其实，据主持修建甘棠港的刘山甫在其所著《金溪闲谈》中讲，开辟甘棠港的工程是十分艰巨的，而这正说明了王

① 《十国春秋》卷90，《闽一·太祖世家》。
② ［民国］《福建通志·名宦传》卷3，《张睦传》。
③ 五代·黄滔：《黄御史集》卷5，《灵山塑北方毗沙门天王碑》。
④ 五代·于兢：《琅琊忠懿王德政碑》，载《全唐文》卷841。
⑤ 《新五代史》卷68，《闽世家》。

审知对开拓北部海港的明智和决心。甘棠港的开辟便利了福建的海上交通,特别是福州对北方地区和海外诸国的海路通畅。由此,"外域诸番,琛赆不绝"①,"蛮舶"直抵福州城下,海外贸易更加繁荣。

在发展福州港的同时,王审知也大力发展泉州港,使之较唐代更为繁盛,成为招徕海上蛮夷商贾的重要口岸。王审知的侄儿王延彬为泉州刺史20余年,即曾"多发蛮舶,以资公用",郡人籍之为利,人因谓之"招宝侍郎"。五代莆田人黄滔在描述当时海舶和商人出海贸易盛况时说:"大舟有深利,沧海无浅波。利深波也深,君意竟如何。鲸鲵齿上路,何如少经过。"②为促进海外商贸活动的开展,泉州还专门成立了类似"榷货务"的管理机构,有地方官员专门接待外国商人。根据考古发掘,在泉州开元寺发现一座五代南唐保大四年(946年)佛顶尊胜陀罗尼经幢,经幢铭文中署有"州司马、专客务、兼御史大夫陈光嗣"、"州长史、专客务、兼御史大夫温仁俨"、"军事左押衙、充海路都指挥使陈匡俊"、"榷利院使刘拯"等与对外贸易事务相关的职衔,说明当时的泉州设有专门的机构经营海外贸易。③

经过五代王审知的努力,福建的海外交通获得了较大的发展,北至新罗,南达南洋诸岛以及印度、三佛齐和阿拉伯等国家,都经常有使者和商旅往来其间。除与番夷通商外,王审知还大力发展国内贸易,经海路将大量的闽货、番货输往京都及北方的一些地区。

总之,自永嘉之乱以来,以固始移民为主体的中原汉民的迁入,对福建社会经济带来深远的影响。它不仅促使福建社会经济在从一片莽荒状态中迅速发展起来,各项产业呈现一片勃勃生机,更为福建社会经济在宋元两代的全面发展和繁荣奠定了坚实的基础。

---

① 唐·翁承赞:《唐故威武军节度使守中书令闽王墓志》,载《福州市志·第八册》附录。
② 五代·黄滔:《贾客》,载《全唐诗》704卷。
③ 林宗鸿:《泉州开元寺发现五代古经幢等重要文物》,载《泉州文史》,第9期。

# 第六章　固始移民与中原文化南传

## 第一节　固始移民与文化传播

在中华文化从发源地向四周扩散、传播的过程中，人口迁移是一个十分重要的因素。在古代社会，由于传播媒介和交通工具的局限，文化的传播和扩散在很大程度上依赖于人类自身的迁徙和流动。在我国历史上，这种人口迁徙往往导致文化从一个地区扩散、传播到另一个地区。不过，我们不能说所有的人口迁移都必然导致文化各要素在空间的完全"转移"，有时文化能够较完整地完成从一个地区到另一个地区的空间转移，而更多的则是发生了变异。这是因为文化的传播的输出——接受过程受到多种因素的影响，其中文化的价值效用量、文化传播者的倾向和水平、文化信息在传播过程中受到的干扰、文化接受者的使用价值观念和文化水平等因素发挥了主导作用。① 在人口迁移引起的文化传播过程中，移民文化和土著文化可以互为文化传播者和文化接受者，各自向对方传播的深度、广度既受到双方文化特质的影响，也与双方的政治地位、经济地位以及双方的关系等因素有关。所以，具体到移民过程中，文化传播即是移民文化与土著文化的相互接触、冲突、融合的过程，其结果主要受到以下因素的制约：

第一，文化的优越程度。由于地域、语言、民族、历史渊源的不同，不同文化

① 冯天瑜：《中华文化辞典》，武汉大学出版社，2001年。

之间必然存在差异,总会存在先进与落后的差别。当两种文化接触和碰撞的过程中,一般情况下,总是先进文化要影响落后的文化。如果迁入地是新开发区域或者本土文化相当落后,那么,文化整合的结果必然是移民文化取代或融合土著文化。例如,永嘉之乱后的北人南迁,就使北方移民定居集中的地区的文化总体水平因此得到迅速提高,原来默默无闻的京口(今江苏镇江)一带一跃成为全国最重要的文化中心。相反,如果土著文化优于移民文化,移民文化则会被土著文化完全消融。北魏鲜卑族入主中原后被汉化就是一个最明显的例子。唐初、唐末固始人入闽带来的中原文化与当地闽越文化相比无疑具有先进性,自然会主导当地文化,成为闽文化的主流。

第二,移民人口数量的多少,尤其是移民人口与土著人口的比例,也对文化传播产生重要影响。在文化水平大致相当的情况下,人口数量发挥了重要作用。移民人口数量多,就有利于移民文化的传播。如西汉初定都长安后,就从关东将战国时的贵族后裔和"豪族名家"10余万人迁入关中,集中安置在长安及周围一带。移民数量估计占关中总人口的四分之一,在移民的定居区,他们所占比例更高。以后百余年间,这样的移民又进行了多次,到西汉末年,移民后裔已占关中人口总数半数以上,关中文化因此大变,成为全国两个学术文化最发达的地区之一。其他如汉族三次大规模的南迁,明代对西南地区的移民以及清代对台湾的移民等,均凭借移民人数众多确立了移民文化对土著文化的优势。而在土著人口众多,移民数量相对较少的地区,移民文化则会被土著文化同化,宋明时期广西西部地区汉族移民的"壮化"、"蛮化"即是这方面的典型例子。在唐初、唐末两次固始人入闽人口规模都是很大的,尤其是唐末随王审知兄弟入闽的数量就达数万人,占到了福建总人口的五分之一,这样的移民人口自然有利于中原文化在闽地的传播。

第三,移民的社会地位。移民的社会地位越高,文化经济上的优势越大,掌握的行政权力越大。一方面是由于社会地位高、文化经济发达或大权在握的移民不仅具有强烈的文化优越感,而且可以利用自己的影响和权力来强行向迁入地推行自己的文化。强权政治建立后,统治者为了巩固和扩大自己的统治地位,必然会借助手中掌握的政治权力,推行自己的统治理念、道德秩序和价值观念,使之成为普遍接受的行为准则。王审知建立闽国后,就颁行法令、设立学校、实行科举等,大力推行中原文化中的儒家道德体系和价值观念。正是在封建政权的大力推动下,中原文化在这里得到了更加广泛而又深入的传播。

第四,移民性质及其土著居民的关系。由于经济型移民的迁入地一般人口稀少,因而在经济开发过程中不易与土著居民产生矛盾,往往能够和睦相处,移民文化对土著文化的影响更普遍,也深刻。唐末王潮、王审知兄弟进入福建,完全是出于生存的需要,因此,他们入闽时不仅没有受到抵抗,相反得到了当地百姓的欢迎,因此,当其在闽地建立政权后,中原文化便很容易就在当地传播开来。而军事型移民是出于防御、镇压的目的而暂时迁居某地的,他们与土著居民的关系是敌对的关系,彼此间平等的社会交往很少,很难建立起融洽的关系,移民文化与土著文化彼此间处于隔绝状态,相互间交流的机会很少,因此,对当地文化的影响也就非常有限。虽然唐初陈政奉诏率军平定"蛮獠"叛乱带有军事性质,但从一开始又决定此次用兵是一次移民运动。陈政军自入闽开始便坚持开垦活动,建村立堡。待局势安定之后,陈元光十分重视与改善汉蛮关系,鼓励将士与当地土著妇女成婚,达到蛮汉交融的结果,进而使蛮民的政治意识、经济意识与文化意识逐渐地与汉族趋同。

综合上述四个方面的因素,固始移民福建过程中,中原文化对闽地产生了广泛而深刻的影响。

## 第二节　隋唐中原音韵的南传

语言作为人类社会交际的最重要的工具,也是社会文化活动赖以进行的凭借,人类的迁移在促使文化发展的同时,也使语言发生很大的变化。方言是语言逐渐分化的结果,而语言的分化往往是从移民开始的。由于移民数量的多寡、迁徙过程的长短、移民社会地位的高低及土著文化的高下的差异,移民语言与土著语言相互影响的结果也不同。由于自西晋末年以来几次大规模的入闽的汉人都来自中原,尤其是唐代两次大批入闽的汉人,都以河南固始人为主体、为首领,虽然其间相隔200多年,但毕竟是一脉相承,而且两次移民规模较大,移民所带来的中原文化优于闽地文化,入闽的固始人也是以胜利者的姿态在当地落下的根,因此,固始方言无疑是形成闽方言的最重要的基础成分。这个基础,既有东晋时期中原人士保留的上古雅言成分,又有唐代洛下正音的中古汉民族标准语成分。正是这两种成分构成了闽方言的共同性。①

今天的闽南话还保留大量隋唐时期中原古汉语的面目,因此被称为"古汉语(中原古音)的活化石"。据专家研究,在中国现存的各种方言中,唯有闽南语最接近隋唐的官音《切韵》。如果将现代闽方言与《切韵》音系进行历史比较,就会发现二者之间有其共性之处。

在声母方面:《切韵》中的唇音只有一类即重唇音帮、滂、并、明,轻唇音非、敷、奉、微尚未分化出来,如今闽方言一部分轻唇音也是读作重唇音;《切韵》虽已有舌头音端、透、定和舌上音知、彻、澄之分,但在今闽方言中则是不分的,这印证了清代著名音韵学家钱大昕的"古无轻唇音,古无舌上音"的论断;《切韵》尚未从匣母中分化出喻三(云)母来,今闽方言尚存有这种残余现象。在韵母方面:《切韵》唇音一等为合口,二等为开口,闽方言与之相同;《切韵》有一等重韵之分,如覃韵与谈韵是一对重韵,闽方言某些韵字亦可分;《切韵》有二等重韵之分,如删韵与山韵、咸韵与衔韵,就是二等重韵,闽方言亦可分;《切韵》三等重韵支韵与脂韵、鱼韵与虞韵、尤韵与幽韵均为三等重韵,是有区别的,在闽方言里亦有区别。在声调方面,《切韵》有平、上、去、入四个声调,闽方言也有平、上、去、入四声,但还分阴阳。《切韵》平、上、去、入四个声调遇到清声母,在闽方言里一律读作阴平、阴上、阴去、阴入;遇到浊声母,就读作阳平、阳上(泉州、龙岩、永安,其他地方变阳去)、阳去、阳入。②

在词汇方面,如今的闽南话中,仍保留许多古汉语词汇,如:"鼎"(锅)、"册"(书)、"箸"(筷子)、"昼"(中午)、"目"(眼睛)、"曝"(晒)、"食"(吃)、"行"(走)、"走"(跑)、"惊"(害怕)、"乌"(黑)、"芳"(香)、"日"(太阳)、"椅"(椅子)、"桌"(桌子)、"盘"(盘子)、"尾"(尾巴)、"位"(座位)、"鸭"(鸭子)、"稳"(稳妥、稳固)、"寒"(寒冷),"爽"(爽快)、"阔"(宽阔)、"安"(安装)等等。有学者还举出大量古诗文为例证:闽南话"假使"叫"设使",曹操《自明本志令》

---

① 黄典诚:《福建省志·方言志》,方志出版社,1998 年。
② 马重奇:《闽台方言的源流与嬗变》,福建人民出版社,2002 年。

有"设使天下无孤";闽南话"好势"是好的意思,江淹《云山赞序》云:"壁上有杂画,皆作山水好势";闽南话把费用、盘缠叫"所费",《世说》云:"所费诚复小小";闽南话步行叫"步辇",这是唐代中州话,在《唐语林》文中体现:"上令左右以步辇召之"。闽南话"古意",即殷勤待客的意思。在杜甫《登兖州城楼诗》曰:"从来多古意,临眺独踌躇"。闽南话"知晓",即知道。在韩愈《与崔群书》文中道:"仆愚陋无所知晓"。闽南话把读书叫"读册",在《唐书》云:"中书令读册"……等等。这些现今常用的闽南话我们都可在汉唐的诗文中找到字眼或词汇。①

在语法方面,闽南方言保留有古汉语的构词方式,如:菜蔬(蔬菜)、历日(日历)、鞋拖(拖鞋)、风台(台风)、人客(客人)、亲堂(堂亲)、头额(额头)、头前(前头)、墙围(围墙)、鸡翁(公鸡)、鸡母(母鸡)等。闽南方言这种"中心语+修饰语"的构词方式在古诗文中大都可以找到大量的实证。如鸡翁、鸡母(公鸡、母鸡),北魏·张丘建《算经》中有:"鸡翁一,值钱五;鸡母一,值钱三。"人客(客人),杜甫《感怀》诗有:"问知人客姓,诵得老夫诗"之句。历日(日历),唐朝太上隐者《答人》诗中有:"山中无历日,寒尽不知年。"

总之,无论从语音,还是从词汇、语法方面,闽方言都保留有中古汉语的成分,说明闽方言只是汉语的一个分支,其源头可以追寻到隋唐以前包括固始在内的中原。

## 第三节　中原风俗习惯的因袭

随着固始人的大规模的移入,中原汉人的风俗习惯也被传入到了闽地,至今仍可从福建人的生活风俗中窥出中原的生活、节日习俗的痕迹。

在饮食方面,福建人早餐爱喝粥,喝粥时多佐以各类蔬菜腌制的菜肴。闽北、闽西山区多以芥菜为原料腌制"酸菜",闽南、闽东多以萝卜腌成"萝卜干"(俗称"菜脯")。吃肉多用猪、羊、鸡、鸭、鹅或野禽野兽,少用牛肉,羊肉则用之

---

① 韩士奇:《闽南话:古中原活化石》,《人民日报》(海外版),2000年8月4日。

进补。制茶工艺亦相同,茶艺讲"关公巡城"、"韩信点兵"。喝酒时的酒令,象"击鼓传花"、"飞花点翠"、"点子夺魁"、"词句顶针"等在形式和要求上均与中原一致。

在衣着装饰方面,福建泉州一带的女性簪花的习惯就来自唐代仕女簪兰花的风俗。清代周亮工的《闽小记》写道:"闽素足女多簪全枝兰,烟鬓掩映,众蕊争芳。响屐一鸣,全茎振眉。予常笑谓昔人有肉台盘,此肉花盎也。继在京师,见唐人美人图,亦簪全兰,乃知闽女正堪入画,向者之评,谬矣!"①周亮工文中提到清代福建人着木屐的习俗其实也是唐代中原的习惯。

岁时节俗方面更是与中原习俗如出一辙。正月初一,家家贴春联放炮竹迎新,谓"开正",敬奉"天公"并祀祖先;亲友登门拜年贺正,请尝糖果蜜饯,喝甜茶;以红包(压岁钱)赠孩童;正月初一的饮食十分讲究,比较普遍的是吃"隔年饭"(岁饭),寓意"年年有余"。正月十五元宵节,家家挂花灯,吃元宵丸;迎神巡境游春,迎神毕聚而"食供";沿街高结灯彩,丝竹管弦做"闹厅"。或举行"灯猜"谜事;或有妇女"听香"以卜年运。清明节,家家做糯米粉果,并制薄饼;家中祭祖,上山"尝墓",烧"银钱",挂坟纸。五月五日端午节,俗称五月节,家家吃糯米粽子,以纪念屈原;以瓜果祀神;门插蒲艾,饮雄黄酒,以蒲艾煎汤洗身祛疾;水边竞龙舟,寺庙、船舶击鸣"龙船鼓"。七月初七日为七夕节,妇女奉瓜果、脂粉、针线于庭,祝牛郎织女星,拜"七星娘"曰"乞巧"。八月十五中秋节,人们会饮赏月,家家吃月饼和蜜柚,寄团圆甜蜜之意。九月九重阳节,家家以麻糍祀祖;人们登高游山,饮菊花酒以延年,插茱萸以避邪恶,儿童放风筝;亲戚之间互相馈赠糕点。腊月二十四祭灶,主要习俗是拂尘、换灶神像、祭祀灶神。十二月末日除夕,俗称"廿九暝",自腊月二十四祭灶之后,家家户户除了继续做卫生、洒扫庭院之外,都在忙于置办各种年货,特别是准备节日的食物,宰三牲、舂米粿、蒸年糕、炸油糕,等等。因为有些食品要吃到初三或初五,而其中的米粿、年糕等则要吃到元宵节甚至更长时间,因此一般都准备得很多。亲戚之间还互相馈送过年礼物,称"馈岁"。尤其是出嫁的女儿,年关之前得向父母家家祀祖,并祭门神、灶神。在灶台上供"春饭"(白米饭上插红春花)。当夜,燃红烛,放炮竹,谓之"辞年";

_____

① 清·周亮工:《闽小记》卷2,《闽女》。

合家"围炉"饮"守岁酒",吃"年暝饭"。送年礼,俗称"送年"、"分年"。

人生礼仪方面也多受中原影响。婚俗依循儒家传统的"六礼",即纳采(送礼求婚)、问名(询问女方名字和出生日期)、纳吉(送礼订婚)、纳征(送聘礼)、请期(议定婚期)、亲迎(新郎亲自迎娶)。通常,从议婚到完婚要经过提亲、合婚、相亲、定亲、送聘、送日子、劝嫁、催妆、迎送亲、婚礼、下厨、回门等步骤。其中,提亲、合婚包含有纳采、问名的内容;定亲、送聘相当于纳吉、纳征;送日子含请期之意;迎送亲类似于亲迎,只是新郎本人是否亲自前往女家迎娶则因人因地而异。治丧礼仪也与中原习俗相同,如送终、搬铺、守灵等。传统伦理讲究"养老送终",长辈临终,子孙眷属须日夜守护在病榻前。老人咽气时,如果所有的子孙都在病床前目送他(她)终了人生,世人则会认为老人是有福气的"好命人"。若有子孙未能为老人送终,往往会被视为"不孝",人们也会为老人感到遗憾。中国古俗讲究"寿终正寝",病危时要把病人从偏房寝室及时地搬铺到正寝(正厅),志称"疾笃迁居正寝"。俗信正厅是房子中最神圣的场所,寿终于此是"死得其所",死后在阴间才可以与祖宗、亲属团聚。若寿终于偏房侧室,死者魂魄会滞留在寝室床架上,不易超度转生。故在民间(特别是农村),老人病危时,只要神智清醒,往往会自己要求到厅堂去。若寿终于偏房寝室,子孙也有照顾不周之嫌,会招来非议。孝眷要日夜守护在遗体旁,以表孝心,称为守灵。

福建风俗习惯中还有很多是从中原传入的,限于篇幅,这里就不一一列举了。

## 第四节　儒家文化传统的继承

儒学原是发源于中原的一种文化思潮,也是中原文化的核心。福建原为闽越人居住区域,本是不懂儒学的。但是,中原民众的不断移入,尤其是唐代两次固始人的大规模入闽,以及包括陈元光、王审知在内固始人在福建等地提倡儒学的努力,终于在福建形成了崇尚儒学的文化氛围。

陈元光自幼熟读儒家经典著作,13 岁领光州乡试第一,因此,儒家思想在他的头脑中根深蒂固,并被贯彻在他平定"蛮獠"叛乱和治理漳州的实践中。在平叛过程中,陈元光认为杀戮、迁徙的赶尽杀绝的强硬政策的结果往往会造成"元恶既诛,余凶复起;法随出而奸随生","诛之则不可胜诛,徙之则难以屡徙"的状况。在他看来,对于被治理的老百姓而言,武力的威胁和强迫只能是一时的"徒威于外",要想真正地让"风俗自尔渐孚",只有讲求"仁、义",才能够"格其心",使"民心自知感激",老百姓形成道德的内心自觉后,才能够真正做到社会的长治久安。所以,他"敦伦开野叟,勤学劝生儒"①,教导他的子民要"怀恩抱义",要"行义显亲",要"隆恩敦君君以仁"②;一个人如果"禄养生成忘恩"的话,就连"知慈仁"的岭南物产都不如,甚至"不如鸡犬司门晨"③。他要求自己,也要求他的子民和士兵要"英雄死义无求生"④、"舍生取义终不渝",只有这样才能"千古芳名耀青史"⑤。为了达到"礼让乃格其心"的目的,在运用武力平息叛乱时,他采取了"落剑惟戎首,游绳系胁从"⑥的办法。当叛乱平息之后,为了能够"日将山獠化缩民"⑦,他又主张"胡越百家,愈无罅隙,畿荒一德,更有何殊"⑧,平等看待少数民族。

儒学的"忠君"思想在陈元光身上也得到了完全体现,《谢准请表》即表达了"粉身未足报深恩,万死实难酬厚德","当恪守诏条,征庸俊乂","持清净以临民","守无私以奉国"的忠君报国思想。他又创作多首诗歌表白自己的心迹,《南獠纳款》中的"箓辰贡龙颜,表子躬逢吉",《酬裴使君王探公》中的"冰鉴秋霄察,君门万里遥。骊骓歌四牡,谔谔答清朝",都表现出他对朝廷的忠心。他从不居功自傲,总是认为自己所取得的成绩都是朝廷的功劳:"圣恩宏海陬,边臣效芹说"⑨,"九五垂衣裳,千万监忠朴……诰敕常佩吟,酒色难淹惑"⑩。他所有的工作都是为了报答朝廷,是"庶补圣皇功"⑪。他认为为"忠"之道是"忠勤

---

① 唐·陈元光:《龙湖集·语州县诸公敏读》。
② 唐·陈元光:《龙湖集·恩义操》。
③ 唐·陈元光:《龙湖集·恩义操》。
④ 唐·陈元光:《龙湖集·候夜行师七唱》。
⑤ 唐·陈元光:《龙湖集·忠烈操》。
⑥ 唐·许天正:《和陈元光平潮寇诗》,载《全唐诗》卷45。
⑦ 唐·陈元光:《龙湖集·候夜行师七唱》。
⑧ 唐·陈元光:《请建州县表》,载《全唐文》卷164。
⑨ 唐·陈元光:《龙湖集·观雪篇》。
⑩ 唐·陈元光:《龙湖集·喜雨次曹泉州》。
⑪ 唐·陈元光:《龙湖集·落成会咏》。

非一日,箴训要三拊"①。不仅如此,他还以"忠"作为对一个人品行如何的评价标准,在《和王采访重九见访》中他高度赞美了王采访对朝廷的忠心"公忠岂古饶"。

为了在闽地推行儒学政策,他请求建立庠序,推广学校教育。唐中宗景龙二年(708年),陈元光在原"唐化里"中心区域北溪浦南的松州创办松州书院,这是全国最早以书院命名的学校,在中国教育史上占有一席之地,这也是闽南地区第一所学习、宣传儒学的学校。陈元光之子陈珦就在松州书院讲学,训诲士民,"时州治初建,俗尚莽鄙,珦开引古义,于风教多所裨益"。

为了进一步改变当地的风俗习惯,他实行"男生女长通蕃息,五十八氏交为婚"②的婚姻政策,与民同乐,教民开展各种祭祀活动,寓教化于礼乐之中,并写下如《修文语土民》、《恩义操二首》等约占其今存诗歌总数五分之一的劝民教化诗。正是在陈元光儒家思想的推行下,使得漳州一带"方数千里,无桴鼓之惊,号称乐土"。

如果说陈元光为儒学在福建的传播奠定了基础的话,那么王潮、王审知兄弟在儒学传播方面所做的工作则使福建儒学在宋代的崛起创造了条件。

关于王审知兄弟对福建儒学的贡献,后人是这样评价的:"王氏据有全闽,虽不知书,一时浮光士族,与之俱南,其后折节下士,开四门学,以育才为急。凡唐宋士大夫避地而南者,皆厚礼延纳,作招贤院以馆之。闽之风声,与上国争列。"③其中评价应该说基本符合实际,但文中说王审知兄弟"不知书"却是不了解王氏兄弟家庭背景的一个误会。其实,王氏家族在光州固始是个小有名气的家族,王审知五代祖晔,曾任固始县令,因而落籍当地,王审知的父亲王恁"颇以赀显"。当时在中原有重教的传统,一般有钱人的家庭,都会让自己的子孙接受教育,因此,王氏兄弟年轻的时候应该接受过良好的教育。再从王潮曾任县佐一职来看,倘使他没有文化是不可能胜任这一职务的。史书称王审邽"喜儒术,通春秋",被人称为"唐五经"。王审知自幼好学,"周孔之书,无不皆览"④。因此,

① 唐·陈元光:《龙湖集·落成会咏》。
② 唐·陈元光:《请建州县表》,载《全唐文》卷164。
③ 清·陈云程:《闽中摭闻》卷1,《八族入闽》。
④ 《新唐书》卷190,《王潮传》。

当他们掌权后，便以发展儒学为己任。王潮任武威军节度使之后设置"四门义学"，接收官宦子弟入学接受儒家的"诗、书、易、礼、春秋"等五经教育。王审知接任福建武威军节度使之后，继承王潮的政策，"常以学校之设，是为教化之原，乃令诱掖童蒙，兴行敬让，幼已佩于师训，长皆寘于国庠，俊造相望，廉秀特盛"①，"又拓四门学，以教闽中秀士"②。他对儒士十分优待，拨出专门经费供给师生膳食，"兴崇儒道，好尚文艺，建学校以训诲，设厨馔以供给"③。梁克家也说，忠懿王"聚书建学，以养闽士之秀者"④。面对"自燎炽西秦，烟飞东观，鲁壁之遗编莫救，周陵之坠简宁存"的现状，王审知发布诏令，要"管内军州搜遗书缮写以上"⑤，并要"精于缮写"，"次第签题，森罗卷轴"⑥。

其他王氏家族成员也对兴学表现出极大的热情。如，泉州刺史王审邽"以道义为自任，开学育才"⑦，"童蒙诱掖，学校兴举"⑧，后人称赞他说："泉南文物之盛，公之功居多焉。"⑨建州刺史王延禀"喜文学，与诸儒议论"，他在建州辖区内大力提倡儒学，后人感恩，为其立庙祭祀。

正是由于陈元光、王审知等固始人的大力倡导，福建儒学教育水平迅速提高，这从福建唐代科举的变化便可窥见一斑。从隋炀帝大业年间开创科举制度到唐中宗神农二年（706年）的近百年间，科举制度在全国各地尤其是中原地区早已产生了非常广泛深刻的影响。但是在福建，这么长的时间内竟然连一个参加过进士考试的人都没有，更别说有人登科，直到唐代中期，福建仍被朝廷一些官员视为鸿蒙未开的"化外之地"，中原士人讥之"闽人未知学"，也就不足为怪。神农二年（706年）福安人薛令之登第，成为福建历史上的第一位进士。薛令之中举与陈元光开漳同时，但与陈元光在福建提倡儒学关系不大。因为一地整体文化水平的提高不是一朝一夕就能做到的，需要经过几代人的努力。正是在陈

① 五代·于兢：《琅琊忠懿王德政碑》，载《全唐文》卷841。
② 《十国春秋》卷95，《翁承赞传》。
③ 唐·钱昱：《忠懿王庙碑文》，载《全唐文》卷893。
④ 宋·梁克家：［淳熙］《三山志》卷8，《公廨类·祠庙》。
⑤ 《十国春秋》卷90，《闽一·太祖世家》。
⑥ 五代·于兢：《琅琊忠懿王德政碑》，载《全唐文》卷841。
⑦ 《开闽忠懿王族谱·王审邽传》，转引自诸葛计、银玉珍：《闽国史事编年》。
⑧ 唐·徐寅：《武肃王神道碑铭》，转引自诸葛计、银玉珍：《闽国史事编年》。
⑨ 《开闽忠懿王族谱·王审邽传》，转引自诸葛计、银玉珍：《闽国史事编年》。

元光倡办儒学的努力下,加之此后来自中原的福建地方官李琦、常衮的兴学运动为福建人应举登科奠定了较好的文化基础,且对社会科举意识的觉醒也有积极的刺激作用,一些福建学子陆续在地府官员的举荐和支持之下,以乡贡的身份前往京城长安赴试,终于在陈元光去世80年后,出现了福建科举的春天。唐贞元七年(791年),莆田人林藻中举;贞元八年,晋江欧阳詹中进士,此后,闽人中举数量开始多了起来。迄至唐朝灭亡的天祐四年(907年),一共116年间,共有60名闽人进士及第,大约两年就有一个闽人中举。五代时期,王闽政权在王延钧称帝以前,一直奉中原王朝为正朔,因此,福建士子继续参加后梁与后唐的科举考试,综合《十国春秋》、《八闽通志》、《福建通志》、《闽书》等史志记载,后梁与后唐间闽人有8人及第。

经过包括陈元光、王审知等固始人在内的中原人的倡导,"到了五代末年,福建已被视为'文儒之乡'"①。到了宋代,福建文教已有凌驾于"中州之势","担簦负笈来试于京者,常半天下。家有庠序之教,人被诗书之泽,而仕于朝为天子侍从亲近之臣,出牧大藩持节居方面者,亦常半。而今世之言衣冠文物之盛,必称七闽"②。有宋一代,福建登进士第者7 600余人,占全国进士总数的五分之一。而宋代儒学在福建的崛起,不能不说与唐及五代时包括陈元光、王审知等固始人在内的中原人在福建传播儒学有重大关系。

## 第五节　中原宗教信仰的延续

以固始人为主体的中原移民南迁入闽,不仅带来了先进的生产工具和生产技术,而且也带来了中原地区的宗教信仰。

### 一、佛教的传播

唐初对于宗教的态度,无论为佛教、道教,甚至景教、祆教,都是一律优容,任

① 徐晓望:《福建思想文化史纲》,福建教育出版社,1996年。
② 宋·林尚仁:《端隐吟稿序》,载陈起编《江湖小集》卷33。

由全国上下,自由信仰。在政府的体制里,僧有僧正,道有道箓,等于已经设立了各个宗教的专门管理部门。这时在中国文化史和佛教史上最大的一件大事,便是玄奘大师自印度留学回国,唐太宗为他设立译场,集中国内学僧与文人名士数千人,参加佛经的翻译工作。太宗一面尽力提倡宗亲教主的道教(道教奉道家的老子为教主,老子姓李,与唐同姓),一面也笃信佛教的宗旨,而且对玄奘大师,敬爱有加,几次劝其还俗出任宰辅,都被玄奘大师所婉拒。因玄奘大师唯识法相的弘扬,使印度后期佛教哲学,和大、小乘的经典,在中国得以广泛传播,地处中原的固始自然受到佛教的影响。当思想上受到影响的固始人来到福建时,便会为传播佛教做些事情。传说漳州芗城南浦亭供奉的一尊古木雕观音佛像,"是陈元光祖母魏妈从河南带入,原供奉于南靖赤岭佛祖庙,后因山洪暴发冲塌庙宇,佛像随洪水漂至九龙江西溪草寮街溪边,夹在刺竹丛内,当时曾有人几度用竹竿推出,但佛像旋又复归原处。人们信其'不愿离去',于是被善信抱起置于南浦亭供奉膜拜"。平和灵通寺的观音香火,据史料记载,也是"由开漳圣王陈元光部属请来观音菩萨神像奉祀,以佑大峰山烽火台及四境安宁"。①

历任闽国的统治者,对于佛教不仅崇信,更大力提倡,建造寺院,布施僧人,使闽国的佛教风潮达至最高点。

王潮在其统治福建后,兴建不少佛寺,黄滔即载:"初仆射太原公,以子房之帷幄,布泉城以叔度之,袴襦纩泉民,而谓竺乾之道与尼聃,鼎宜根乎信而友乎理,……洎帅闽也,愈进其诚,当缮经三千卷,皆极越藤之精,书工之妙。驾以白马十乘,送以府僧,迎以群僧。"②

王审知虽生活俭朴,对佛教的崇信,恐为历任闽国的统治者之最。王审知执政后,"乃大读儒释之书,研古今之理。常曰:文武之与释氏,盖同波而异流。若儒之五常,仁、义、礼、智、信。仁者含弘也,比释之慈悲为之近;礼者,谦让也,比释之恭敬为之近;智者通识也,比释之圣觉为之近;信者直诚也,比释之正直为之近。"③他经常与僧人探讨佛学问题。《五灯会元》一书记载了不少他与雪峰义存、玄沙师备、长庆惠稜、鼓山神晏参禅的事例。王审知笃信佛教,治闽近三十年

① 陈易洲主编:《开漳圣王文化》,海风出版社,2005年。
② 五代·黄滔:《黄御史公集》卷5,《泉州开元寺佛殿碑记》。
③ 五代·黄滔:《黄御史公集》卷5,《大唐福州报恩定光多宝塔碑记》。

**雪峰寺**

间,大力提倡和扶植佛教。其即位之初,即兴建雪峰寺,"舍钱二十万,于雪峰创横屋二十间,继又舍钱三十万,创法堂、廊庑、方丈等宇。至是复请真觉大师及玄沙。入府内论佛心印⋯⋯。审知令内尚书三人隔帐录其法语,乃请诸佛龙天证明,为审知传佛心印。于是复舍钱四十万,鼎建大殿,堂宇千百间,莫不大备。"①光建雪峰寺,即花费九十万钱。天祐元年(904 年),王审知为超荐父母,在福州于山西麓建报恩定光多宝塔。天祐三年秋,他在福州开元寺铸一尊 1.6 丈高的金铜佛像,又铸两尊 1.3 丈高的菩萨像,均以铜为内肌、金为外肤。五代后唐同光元年(923 年),庄宗李存勖灭梁,王审知为表示庆祝,建太平寺,并于城西南张炉冶 13 所,备铜钄 3 万斤,铸释迦、弥勒像。②

王审知大肆地布施僧人,度民为僧。唐昭宗光化元年(898 年),王审知在福州乾元寺开坛,度僧 2 000 人;天复二年(902 年),又在福州开元寺建戒坛,度僧 3 000 人;天成三年(928 年),王延钧在福州开元寺开坛,度僧二万人③。天祐四

---

① ［民国］《福建通志》总卷 41,《高僧传》。

② 《十国春秋》卷 90,《闽一·太祖世家》。

③ 宋·梁克家:［淳熙］《三山志》卷 33,《寺观类一·僧寺》。

年(907年),开元寺所铸金身即菩萨落成,设无遮斋会来招待四方僧人二十万。

王审知还组织大批人力缮经藏经于寺院。天祐二年(905年)春,王审知命人缮经五千卷藏于莆田灵岩寺①;同年夏又"藏佛经于寿山,凡五百四十一函,总五千四十八卷"②。后梁开平元年(907年),王审知在福州于山建造定光塔后,"缮经五藏,其二进于上,其三附于寿山、定光"③。同光元年(923年),他还为福州开元寺制作了许多经典,"泥金银万余两,作金银字四藏经各五千四十八卷,旃檀为轴,玉饰诸末,宝縹朱架,纳龙脑其中,以灭蠹蟫"④。

王审知后的闽国君主,仍崇信佛教,王鏻时为纪念僧人藻光,建造瑞应塔,并度僧二万人。崇信佛教使闽国的僧人益多,并设寺田,其划分之法,"伪闽弓量田土,第为三等,膏腴上等以给僧,此寺田所繇起也。其后如王延彬、陈洪进及诸家,多有舍田入寺者"⑤。王鏻称帝时,"即被衮冕,遂恍惚不能自知,久之方苏,乃心许饭僧三百万,缮经三百藏,寻而稍安"⑥。

不仅闽国的历任统治者皆有崇佛之举,其它的王氏族人,也都崇信佛教,其中以王审邽、王延彬父子更为代表。王审邽在泉州刺史任内,重建开元寺,"仲弟检校工部尚书为兹郡之秋也……,乃割俸三千缗,鸠工度木,烟岩云谷之杞梓梗楠。投刃以时,趋功以陳,食以月粟,付以心倕,不期年而宝殿涌出,栋隆旧绮,梁修新虹,八表四隅,悉半手丈,柱盛镜础,方珪丛斗,楣承蟠螭,飞云翼栱,文榱刻桷,轇轕权桠"⑦。其子王延彬"能为诗,亦好谈佛理,辞人禅客谒见,多为所屈"⑧,"曾舍财建置福光、昭庆、慈恩、清岑、千佛、建法、明恩、报劬、法兴、布金、荐福、报恩、淮南、定空、义安、真寂等二十多寺院……。置田租十余万石,人于诸寺,以赠僧众"⑨。

其它王氏族人,在所任官之地,或多或少建有佛寺,王氏治闽期间,所建佛寺

---

① 五代·黄滔:《黄御史公集》卷5,《莆山灵岩寺碑铭》。
② 《十国春秋》卷90,《闽一·太祖世家》。
③ 五代·黄滔:《黄御史公集》卷5,《丈六金身碑》。
④ 《十国春秋》卷90,《闽一·太祖世家》。
⑤ 明·何乔远:《闽书》卷39,《版籍志》。
⑥ 宋·佚名:《五国故事》,卷下。
⑦ 五代·黄滔:《黄御史公集》卷5,《泉州开元寺佛殿碑记》。
⑧ 宋·佚名:《五国故事》,卷下。
⑨ 诸葛计:《闽国史事编年》,附《王氏立姓开族百世谱·泉州刺史王延彬》。

甚多,《三山志》载曰:"自王氏入闽,更加营缮,又增寺二百六十七",其规模与唐代相比,"费耗过之"。①

在闽国君主的推动下,百姓对佛教也极为狂热。玄沙师备南游时,"莆田县排百戏迎接"②。释慧恭来到泉州,"所至之所,檀施臻集,徒侣解钵,禅坊立就,其为士庶向奉如此"③。禅宗一代大师雪峰义存逝世,"闽之僧尼士庶"皆来送葬,"巷无居人"④。许多人也慷慨地将家产、田地施舍给寺院。泉州开元寺就是由当地居民黄守恭设施的;雪峰寺寺产是由侯官人蓝文卿、蓝应潮父子施舍的,"唐咸通十一年,见四方云衲奔辏,难安广众。将所居屋宇三百余间,米仓十二间,庄田二十所,水牛三百六十头,诸庄田地各立契书分明,岁收米一万一百石尽舍"⑤。闽中每有佛事,老百姓都会踊跃参加。天祐三年,王审知铸造三尊铜佛像时,"自宾席之逮将校,将校之逮步乘,步乘之逮众庶",都慷慨出钱赞助,佛像铸成之日,民众象过节一样,"檀信及门而膝地,童耋遍城而掌胶"⑥。此外,闽中还经常举行法会,例如佛诞法会、成道会、涅槃会、盂兰盆会、斋会、讲经法会等,每次大型法会,都会吸引众多百姓参加。

### 二、道教的传播

唐代建立后,姓氏为李,便奉李聃为祖先,也使得道教大为风行,此种情况在闽地也不例外。王潮入闽后,便以闽地仙人王霸后裔自居,以证明政权的合法性。

王审知即位后,为人俭朴,但在宗教上的花费也不少,但与其子王鏻相比,却显得有些吝啬了。王鏻继位后,在王霸的修炼地旁建立"宝皇宫",以道士陈守元为宝皇宫主,"又以黄金数千斤铸宝皇像。"⑦王鏻不仅兴建大型的道教宫殿,对于道士的话也是言听计从,如陈守元声称可与宝皇沟通,而受王鏻宠信,陈守

---

①　宋·梁克家:[淳熙]《三山志》卷33,《寺观类一·僧寺》。
②　宋·释普济:《五灯会元》卷7,《玄沙师备禅师》。
③　宋·释赞宁:《宋高僧传》卷12,《唐天台紫凝山慧恭传》。
④　宋·释赞宁:《宋高僧传》卷12,《唐福州雪峰广福院义存传》。
⑤　明·徐𤊹:《徐氏笔精》卷7,《杂记·雪峰檀越》。
⑥　五代·黄滔:《黄御史公集》卷5,《丈六金身碑》。
⑦　宋·梁克家:[淳熙]《三山志》卷34,《寺观类二·僧寺》。

元向王鏻说:"宝皇命王少避其位,后当为六十年天子",王鏻便"欣然逊位,命其子继鹏权主府事"。复位后便登基为帝,受册于宝皇,以为如此便可当"六十年天子"。① 后有薛文杰推荐巫者徐彦,薛文杰便与徐彦串通,来陷害内枢密使吴英,王鏻问徐彦此事,徐彦便回答说:"如北庙,见英为崇顺王②所讯,曰:'汝何敢谋反?'以金槌击其首。"王鏻听过徐彦的回复,便派使者问吴英,吴英也回答:"头痛"。王鏻便认为吴英谋反之事为真,将吴英下狱,后被杀害。③ 王昶继位,在宝皇宫内建造三清台,并以黄金数千斤铸宝皇及元始天尊,太上老君像。拜道士谭紫霄为正一先生,又拜陈守元为天师,宠信巫者林兴。陈守元向王昶说在三清宫内只要"日焚龙脑,熏陆诸香数斤,作乐于台下,昼夜声不辍,云如此可求大还丹"④,王昶信以为真,更加信任陈守元,"凡易将相刑罚选举,多与之议",陈守元也利用王昶的这种信任,"受贿请托,靡所不至",甚至"政无大小,皆传宝皇命决之,一国若狂"。⑤ 王昶不止听信陈守元的话,只要有人假借神意,王昶便相信,如林兴与王延望、王延武有怨,趁闽通文三年(后晋太祖天福三年,938 年)有虹见于宫中之事,假借神意,说"此为宗室为乱之兆也"⑥。王昶命林兴率领壮士,杀延武、延望及其子五人。

### 三、民间信仰的传播与固始移民神信仰的形成

固始移民还将中原的民间信仰带到了福建。据志书所载,唐初陈元光父子入闽开漳时,把中原的一些民间信仰也带到了闽南,谢广惠王信仰就是其中之一。乾隆《海澄县志》载:"河福庵,在县东,祀元天上帝及谢广惠王。"注曰:"广惠王即谢安石也,陈将军元光奉其香火入闽,启漳,漳人因祀之。"⑦康熙《平和县志》卷 12《杂览》也有相同的记载。漳州芗城龙眼营通元庙、巷口正顺庙、岳口德进庙等都供奉谢府元帅谢安和谢玄。龙海颜厝镇古县的广应圣王庙,俗称谢太

---

① 《新五代史》卷 68,《闽世家》。
② 崇顺王即王潮,其本被称为水西大王,后梁于贞明五年(919 年),册封为崇顺王。
③ 《新五代史》卷 68,《闽世家》。
④ 《新五代史》卷 68,《闽世家》。
⑤ 《十国春秋》卷 99,《陈守元传》。
⑥ 《新五代史》卷 68,《闽世家》。
⑦ [乾隆]《海澄县志》卷 19,《方外志》。

傅庙,唐贞元二年(786年)原龙溪县衙在漳州州治迁入龙溪后移往西郭,改为奉祀谢东山的大庙。南靖船场新溪尾寺,原址在庵坑山下,建于唐天册万岁年间(695~696年),后因山洪暴发,庙宇被冲塌,遂迁至新溪尾石洞内,至明天启二年(1622年)在洞外建庙直至今天。庙里犹存一只唐代铜香炉,重15公斤,炉底铸有"大唐真定年制"字样。现漳州各属县犹存许多广惠圣王的庙宇,仅漳浦县境内就有20余座。①

而汾阳王信仰则是唐末随固始移民传入福建的。汾阳王系唐代名将郭子仪。关于汾阳王信仰的由来,《福建通志·祠祀》"郭坑灵感庙"下有注释说:"在长乐县东宾贤里,祀唐汾阳王郭子仪。咸通间光州人王想以从兄审知节度闽部,假令长乐,乃即山北郭坑为庙,奉王像祀之,又刻汾阳本庙碑铭于庑下,想自为记。"②清代侯官人郭柏坚说:"吾宗自梁开平四年始祖嵩公由固始从王想奉汾阳王香火避乱入闽"③。中原一带,早有汾阳王信仰。北宋欧阳修《集古录》载:最早的汾阳王庙就建在汾阳,建庙时间为贞元二年(786年),也就是在郭子仪死后不久,由汾宁节度使韩游环主持筹建,中书舍人高参撰文、右威卫仓曹参军张谊书写,碑立庙内。另在陕西泾阳、河南巩县也有汾阳王庙。可以想见,唐代固始人也应该受到汾阳王信仰的影响,当其迁入福建时,出于保护一方平安的需要,建庙祭祀汾阳王。

在其他信仰方面,福建地区随处可见中原文化的影响。中原最流行的泰山崇拜、石敢当信仰,都由唐代中原移民带入福建,从而成为福建最盛行的民间信仰之一。泰山神又称东岳神,是齐鲁一带的冥司之神,在北方的传说中,人死后首先要在泰岳庙中受到审判,因而,民间非常重视泰山神的崇拜。泰山神由光州、寿州移民带入福建,福州最早的东岳庙位于福州,始建于五代,其前身为闽王延钧的东华宫。闽王灭亡后,闽人将东华宫改作东岳行宫,祭祀泰山神。其后,东岳泰山成为福建最普遍的神庙,几乎每个城市的东面,都有泰山行祠,民间所建泰山行祠也随处可见。在房前屋后树立泰山石敢当也是北方传来的习俗。南方民间相传有一种名为"煞"的恶气,它会影响人的生活。南方阳宅风水理论强

---

① 陈易洲主编:《开漳圣王文化》,海风出版社,2005年。
② [乾隆]《福建通志》卷15,《祠祀》。
③ 清·郭柏苍:《第六次修支谱序》,载《葭柎草堂集》。

调要避开煞气。倘若避无可避，一种选择便是在煞气袭来的方向树立一块"泰山石敢当"，传说泰山石敢当是一位勇敢的将军，有他在此，任何煞气都无法作恶。树立泰山石敢当原是北方的习俗，原用于镇邪驱恶。北方移民来到南方后，他们知道了南方有煞气这一精怪，便树立石敢当来对付煞气。这种习俗，在福建一直流传至今。

**闽王祠**

固始人在把中原的民间信仰传入福建的同时，那些在开发福建过程中做出重大贡献的固始人，慢慢地也变成了神，成了当地百姓的信仰对象。前面说到的陈元光信仰就是其中之一，王审知也是闽人的崇拜、信仰的对象。由于王审知在任期间安抚流民，发展生产，轻徭薄赋，与民生息，在闽中百姓中拥有很高的威望。五代后期吴越国占据福州后，为了争夺人心，便为王审知立庙祭祀，称为忠懿祠，"宋开宝七年，吴越国王以太祖旧第为忠懿王庙，抟太祖像及孟咸等二十六人像以侑享焉"①，其后历有修建，"政和元年，郡守罗畸复修。绍兴中郡守张守重修。明万历二十八年诏修帝王祠庙，王裔孙生员王一腾等请有司清复旧址，发公帑重建，适转运副使临海王亮至，亦王裔孙力襄厥成，复春秋祀典。四十年，巡抚都御史丁继嗣重修。国朝康熙元年，巡抚许世昌重修，匾曰'功肇人祖'"②。

① 《十国春秋》卷90，《闽一·太祖世家》。
② ［乾隆］《福建通志》卷15，《祠祀》。

另外,在清朝以前,每年春天闽地都要都要举行泥牛巡游的祭礼仪式,以祈使山川众神保佑当地农业。而福州故老相传,这塑牛的泥土一定要取自忠懿祠前,否则,泥牛塑不好。除福州府闽县忠懿王庙外,闽中各地还有不少祭祀王审知的庙宇,据民国《福建通志》记载,福清县"忠懿王庙,在浔洋里,王以军民筑大湖洋塍,民祀之。一在海坛,曰'白马王庙'";南平县"闽王庙,在三魁坊。祀五代闽忠懿王王审知";沙县"白马庙,在县东龙池巷内。祀闽王王审知";长汀县"白马庙,在预备仓后。祀闽忠懿王王审知。一在十字街马中丞坊";宁化县"白马庙,在北城翠华山侧。祀闽王王审知";清流县"闽王庙,在嵩口。祀五代闽忠懿王王审知。王第七子延升徙居清流,子孙立庙以祀。明崇祯十六年,裔孙延佐重修";福鼎县"白马庙,在蓁屿康湖山麓。祀闽王王审知"。①

王潮也被神化。王潮去世后,王审知为其立庙,称"水西大王"②。传说,闽王审知刚刚进入晋安执政时,要办的事很多,经费不足,孔目吏陈岘献计,请求让有钱的富人充当"和市官"。然后任意向他们征收钱财,却给他们很少酬金。有钱的富人因此都怨恨陈岘,但由于陈岘筹措到了足够的经费,得到了王审知的宠信,被提升为支计官。过了几年,有两个官吏,拿着文书到陈岘住处附近,打听陈岘住处。人们就问找他干什么,这两人回答说:"他献计设立和市官,搞得很多人倾家荡产。这些和市官的祖先都向水西大王告状,大王派我们来追究的。"当时,陈岘正得势,人们都害怕他不敢说。第二天陈岘从官府跑回来,急忙召集家里人,准备斋饭摆上祭典,神色惊惶恐惧。这天,乡里又看见二个官吏去了陈岘家,陈岘就突然死了。③ 除福州府的水西大王庙外,泉州府的王刺史祠也是祭祀王潮的。"王刺史祠,在崇阳门楼。唐光启中,王潮刺泉州,兴学养士,保境安民。士祀之于义学,民祀之于此。宋绍兴间,郡守刘子羽重建"④,"明嘉靖间毁,像迁三大人庙。清乾隆十七年知县黄昌遇重修崇洋门楼,仍移祀焉"⑤。

王延禀是闽王王审知的养子,曾任建州刺史。王审知死后,嫡长子王延翰继位,荒淫无道。王延禀发兵击杀王延翰,扶延翰弟延钧继位。不久,延禀又与延

① [民国]《福建通志》总卷9,《坛庙志》。
② 《十国春秋》卷90,《闽一·司空世家》。
③ 宋·李昉:《太平广记》卷126,《报应·陈岘》。
④ [乾隆]《福建通志》卷15,《祠祀》。
⑤ [民国]《福建通志》总卷9,《坛庙志》。

三王祠

钧发生冲突,延禀再次发兵袭击延钧,兵败而死。以儒家道德标准来评价,王延禀是一个"叛臣",因此,《十国春秋》是将他作叛臣收入的。然而,在闽中百姓里王延禀的声望一直很好。究其原因,一方面是因为王延禀的政敌——延翰与延钧都是荒淫无道的人,另一方面,王延禀的政绩很好,他在建州刺史任内颇有建树。经过他奖励文学,日后建州人才辈出,五代时有江为、杨徽之,宋代有杨亿、陈升之、章得象、杨时、游艺、罗从彦、李侗等一系列人物,不可胜数。因此,建州百姓对王延禀印象很好,延禀死后,建人为其立庙祭祀。宋代余良弼的《英烈王庙记》记载:"惟王姓王,讳延禀,忠勇刚正之经,……爰自朱梁正明四年知建州军州事,寻授刺史,逮唐天成初,王延钧嗣闽王位,拜奉国节度使,同中书门下平章事、检校太尉、侍中。长兴二年,提兵往福唐,未班师而薨。后二年,立庙于建城,封灵昭王,实延钧龙启二年、当末帝清泰元年也。晋天福末,王延政据建州,改元天德,加封武平威肃王。厥后闽地并入南唐,保大三年封弘烈王。皇朝乾兴之元,以避宣祖庙讳,改英烈王。"[①]祭祀王延禀的庙宇有英烈王庙、白渚灵感庙等。瓯宁英烈王庙"在郡升华坊内,祀刺史王延禀。延禀守建州,喜文学,与诸

---

① 《十国春秋》卷98,《闽九·王延禀传》。

儒议论,欲以善道化民,民赖以安。及卒,立庙祀之"①;顺昌县英烈王庙"俗呼侍郎庙(注:王延禀曾任侍中,当作侍中庙),祀五代王延禀"②;白渚灵感庙在邵武县内,"以祀伪闽建州刺史王延禀。五代时,邵武属建州。延禀与其二弟俱有靖寇功,尝逐盗过南山,屯兵其下,贼乃退去。既卒,邑民怀之,遂即其地为祠。时晋开运二年也"③。

　　还有不少固始人成了闽中百姓崇拜、祭祀的对象,如邓光布、曹朋、张睦、邹磬、陈国忠、郑济时、罗汉冲、张大郎、李大敷等等。"灵卫庙,在沙县凤凰山下。祀唐崇安镇将邓光布";"曹长官庙,在灵卫庙西,祀唐摄县事曹朋";"榷务庙,在(闽县)凤池坊东,祀五代榷务使张睦。睦榷务时,有惠于民,民庙祀之";"通灵庙,在(龙岩)州治西砦。唐末固始人邹磬以宣府校尉从王审知入闽,平汀州寇,以功镇雁石殁,而人祀之。元至正四年,李志甫寇龙岩,官民祷于神,神著灵异,大败之。事闻封武胜侯";"灵应庙,在惠安县十都。有二神,曰监仓陈公国忠,曰青屿郑公济时,皆固始人。宋时海潮暴溢,庙独存,赐今名";"忠惠庙,在福安县穆洋。神为罗汉冲,光州固始人,任江州司户。黄巢之乱,避地入闽,居穆洋,斩荆棘,治阡陌,召民耕种,遂成沃壤。既殁,民怀其德,立庙祀之。水旱、灾疫祈祷皆应,宋时赐庙额曰'忠惠'"。④"龙溪协济庙,在(永福县)二都龙屿。……长神张氏,名大郎,次神李氏,名大敷。唐末固始来闽,乐滋地佳山水,卜居且将葬焉。轻资急义,时能赈乏,其没也,立庙祀焉。水旱灾疾,有祷辄应"⑤;"(永春)留厢使庙,庙神为固始人,名失传。梁乾化间,石晋永隆四年,补厢使团练。次年,契丹犯阙,神避地于此,既没自灵,乡人庙祀之"⑥。

①　[乾隆]《福建通志》卷15,《祠祀》。
②　[乾隆]《福建通志》卷15,《祠祀》。
③　《八闽通志》卷60,《祠庙》。
④　[乾隆]《福建通志》卷15,《祠祀》。
⑤　《八闽通志》卷60,《祠庙》。
⑥　明·何乔远:《闽书》卷147,《灵祀志》。

## 第六节　唐代诗文风气的传承

福建地方文学当发端于上古的越族先民,然而由于古越族没有本民族的文字,其神话、传说等几乎没有保存下来的。东晋南北朝时期,北方的一些衣冠士族、文人学士避乱入闽或宦游入闽,起了开福建文学风气之先的作用。其中较为著名的有江淹、顾野王、王僧儒等。江淹在福建留下了咏情抒怀,流连闽中碧水丹山、珍木灵草的诗文。顾野王编写了《建安地记》,向人们介绍闽北的风土民情。不过由于他们在闽地居留时间较短,身份也不够高,江淹于元徽二年(474年)被贬为建安吴兴县(今福建浦城)令,升明元年(477年)便被召回朝廷任职,其间仅仅三年时间,而顾野王则是在少年时期随父来到建安的,因此,他们对提高当地文学水平的作用非常有限。

从目前所见到的文献记载看,闽中文人创作诗歌,最早始自唐朝。陈衍《补订〈闽诗录〉序》云:"文教之开,吾闽最晚,至唐始有诗人。"①而唐初陈元光率军入闽对福建诗歌的发展无疑发挥了较大作用。这是因为陈元光本人就是一位诗人。陈元光喜诗善赋,常在征战之余,政事之暇,创作诗歌,现保存下来的作品有五言、七言排律诗50首。其中见于《龙湖集》的有48首,另有2首收在《漳州府志》等志书中。收录于《全唐诗》和《全唐诗外编》的有7首。汤漳平先生在《初唐诗风与岭南诗人》一文中对给陈元光以高度的评价,认为"陈元光是留下诗作最多的岭南诗人"②。陈元光的诗篇,展现了陈元光率领士众浴血奋战,开拓东南海疆的艰难历程,描绘了一幅幅唐初泉潮边区的社会经济和民表风俗的画卷,既是他一生平潮开漳勋业的缩影,也是他的思想情操的集中反映。因此,有人把《龙湖集》称作"最早一部南方边塞诗诗集"③。

由于陈元光自少年时期即开始随父从军,转战于泉潮沿海边陲,所以他的诗

---

① 清·陈衍:《补订＜闽诗录＞序》,载《闽诗录》卷首。
② 汤漳平:《初唐诗风与岭南诗人》,载《陈元光国际学术讨论会论文集》,厦门大学出版社,1993年。
③ 何池:《将军与诗人:陈元光与其边塞诗＜龙湖集＞》,《中州今古》,1988年第5期。

歌有很大比重取材于平定"蛮乱"的戎马生涯。这方面,有反映征战之频繁、鏖战之残酷的"龙湖三五夜,繁戟四回轮","四顾伤为荆莽坰"、"俄然戎丑万交横";有反映驰聘沙场之激越情怀和大将风度之闲情逸致的"马鬣嘶风耸,龙旗闪电临","楼船摇月鉴,阁鼓肃冰壶"、"地险行台壮,天清景幕新";还有奇兵夜袭的战斗场面的生动描绘:"薄暮天为阴,衔枚肃我旅。一火空巢窝,群凶扣藉死";以及奏凯而归的豪迈气概的感情流露:"火烈消穷北,呈样应岁东。朝端张孝友,炮鳖待元戎。"

作为一位政治家,陈元光的诗歌有关勤于职守,忠孝俭朴,清廉律己的题材更是占有相当重要的地位。在他的诗篇中诸如"诰敕常佩吟,酒色难涵惑","忠勤非一日,箴训要三招","朝暾催上道,兔魄俗西沉","万古清漳水,居官显孝廉","寅协无他式,清勤慎不矜"等的表述比比皆是。而诸如"宣威雄剑鼓,导化动琴樽","勤学劝生儒","民风移丑陋,士俗转醲醇","南薰阜物华,南獠俨庭实","野女妍堆髻,山獠醉倒壶","年康收筐文,庭实陈秋荻","农效十岁丰,师阃和民悦"等等或歌吟教化易俗,艰难创业,或咏唱年丰物阜,人民欢乐,都足可看出他对自己的绩绩的满意,沾沾自喜之情溢于言表。

在艺术上,陈元光的诗歌讲究对仗。诗歌追求对仗,这在晋宋尤其是沈约之后的诗歌中,已是一种普遍现象。陈元光的诗歌,虽然体裁都是古体,但每篇诗中都有大量的对仗,对仗成为他诗歌创作中不可缺少的基本元素之一。他的诗歌中,一般都是开头两句和结尾两句诗歌不用对仗,而诗的主体部分纯用对仗。如《语州县诸公敏续》其二:"敦伦开野叟,勤学劝生儒。列爵虽殊分,同仁本一途。天文回北极,水势赴东都。定策参耆宿,轮忠奉简书。弥年勋业懋,开国负称孤。"又如,《晚春旋漳会酌》:"帝德符三极,皇风振四夷。将轺春暮饮,士卒岭南驰。马啸腥风远,兵歌暖日怡。妖云驱屏迹,芳卉媚迎诗。拍掌横弓槊,徘徊索酒卮。阴处窜蛇豕,暗笑使君迷。"平仄音韵上,作者基本遵照"粘对"的声调平仄规则,对押韵也很讲究,基本上一韵到底。一些今天用普通话读不押韵的诗句,用闽南方言读却是押韵的,如:"《柏舟》之诗王蠋语,千古芳名耀青史。"这里的"语"、"史"用普通话不押韵,但用闽南方言却都押入声韵"u",这也正印证了固始移民对闽南方言的影响。

陈元光不仅自己吟诗作赋,他还经常与他的下属赋诗唱和,因其常与部将在浦南唐化里搭起的简易草棚中唱和,久而久之,此地便有了"诗棚"这样一个名字。陈元光与其部下的唱和诗保存下来的有许天正的《和陈元光平潮寇诗》。诗曰:"抱磴从天上,驱车返岭东。气昂无丑虏,策妙诎群雄。飞絮随风散,余氛向日镕。长戈收百甲,聚骑破千重。落剑惟戎首,游绳系胁从。四野无坚壁,群生未化融。龙湖膏泽下,早晚遍枯穷。"①任陈元光军谘祭酒的丁儒也精于诗文,今日流传下来的《冬日到泉郡进次九龙江与诸公唱和十三韵》、《归闲二十韵》二篇诗作。《冬日到泉郡进次九龙江与诸公唱和十三韵》云:"天涯寒不至,地角气偏融。橘列丹青树,槿抽锦绣丛。秋余甘菊艳,岁迫丽春红。麦陇披蓝远,榕庄拔翠雄。减衣游别坞,赤脚走村童。"《归闲二十韵》云:"漳北遥开郡,泉南久罢屯。归寻初旅寓,喜作旧乡邻。好鸟鸣箐竹,村黎爱幕臣。土音今听惯,民俗始知淳。烽火无传警,江山已净尘。天开一岁暖,花发四时春。杂卉三冬绿,嘉禾两度新。俚歌声靡曼,秫酒味温醇。锦苑来丹荔,清波出素鳞。芭蕉金剖润,龙眼玉生津。蜜取花间露,柑藏树上珍。醉宜蔗蔗沥,睡稳木棉茵。茉莉香篱落,榕荫浃里闉。雪霜偏避地,风景独推闽。辞国来诸属,于兹缔六亲。追随情语好,问馈岁时频。相访朝和夕,浑忘越与秦。功成在炎域,事定有闲身。词赋聊酬和,才名任隐沦。呼童多种植,长是此方人。"②辞采丰赡、闲雅从容,且为后人提供了大量唐代闽南地区的风土人情以及开漳期间的史料。

陈元光及其部将入闽之后的诗歌创作活动无疑对促进当地文学水平的提高发挥了重要作用。到中唐时,福建出现了象欧阳詹、林披、林藻等较有影响的文学家,尤其是欧阳詹一生写了不少诗赋和散文,内容也较广泛,是福建第一位在全国有一定名气和影响的文人。

福建文学的创作高潮出现在唐末五代,"至唐末五代,中土诗人时有入闽者,诗教乃渐昌。"③这与王潮、王审知兄弟入闽有密切关系。

首先,王审知家族成员中有不少诗人,如王审知之侄王延彬"雅能诗,辞人禅客谒见,多为所屈"④。王延彬任泉州刺史时,"徐寅每同游赏,及陈郯、倪曙等

---

① 唐·许天正:《和陈元光〈平潮寇诗〉》,载《全唐诗》卷45。

② 《白石丁氏古谱》,漳州市地方志编纂委员会1986年整理刊印本。

③ 清·陈衍:《补订〈闽诗录〉序》,载《闽诗录》卷首。

④ 《全五代诗》卷75,转引《五国故事》。

赋诗酣酒为乐,凡十余年"①。《全唐诗》卷763收录其诗二首,《春日寓感》云:"两衙前后讼堂清,软锦披袍拥鼻行。雨后绿苔侵履迹,春深红杏锁莺声。因携久酝松醪酒,自煮新抽竹笋羹。也解为诗也为政,侬家何似谢宣城。"诗中王延彬把自己比作南朝诗人、曾任宣城太守的谢朓,可见他对自己诗作的水平还是很有自信的。《哭徐夤》:"延寿溪头叹逝波,古今人事半销磨。昔除正字今何在,所谓人生能几何。"将徐夤的《人生几何赋》以及《偶题》、《古往今来》、《人事》等诗句意嵌入诗句中来追吊亡友,可谓巧妙。王审知孙王继鹏能诗,《全唐诗》卷八收其《批叶翘谏书纸尾》诗:"春色曾看紫陌头,乱红飞尽不禁愁。人情自厌芳华歇,一叶随风落御沟。"为伤春悲时之作,虽情调低沉,但诗也颇工丽流畅,显示出一定的作诗才能。王审邽孙王继勋好学不倦,善诗,《全唐诗》卷763存其《赠和龙妙空禅师》诗:"白面山南灵庆院,茅斋道者雪峰禅。只栖云树两三亩,不下烟萝四五年。猿鸟认声呼唤易,龙神降伏住持坚。谁知今日秋江畔,独步医王阐法筵。"王审知皇后陈金凤精音律,善填词,《全唐诗》收有她的《乐游曲》:"龙舟摇曳东复东,采莲湖上红更红。波淡淡,水溶溶,奴隔荷花路不通。西湖南湖斗彩舟,青蒲紫蓼满中洲。波渺渺,水悠悠,长奉君王万岁游。"

其次,一批北方文人被王审知兄弟接纳,为福建文学的发展起到了推波助澜的作用。王审知兄弟礼贤下士,喜欢招揽人才。在唐末战乱中,许多文人颠沛流离,无处安身,闻悉闽国招贤,纷纷入闽避难,其中以韩偓、崔道融最为著名。韩偓,字致尧(一作致光),京兆万年(今陕西西安市东南)人。龙纪进士,历任翰林学士、中书舍人、兵部侍郎等职。后因不阿附权臣朱温,受排挤贬官,辗转入闽,一度成为王审知的座上客。后来朱全忠篡唐,王审知入贡称臣,韩偓不愿附和,来到泉州招贤院,受到王延彬的礼遇。韩偓是唐末著名诗人,早期诗作多描写艳情,词藻华丽,有"香奁体"之称,入闽后诗风为之一变,写出不少伤时忧世和慷慨愤激的作品。崔道融,荆州(今属湖北)人。唐末仕至右补阙,后入闽中躲避战乱,投靠王审知。崔道融禀性高奇,富有文才。与诗人司空图、方干等人为诗友,有诗唱和。尤工绝句,元辛文房《唐才子传》谓其"语意妙甚","古人复生,亦不多让"。自编诗文为《东浮集》十卷,又著有《申唐诗》三卷,均佚。《全唐诗》

① 《全五代诗》卷76,转引《十国春秋》。

存其诗一卷。

再次,一批闽地文人被王审知兄弟重用,加速了福建文学的本地化。王审知不仅注重外地人才的引进,更重视本地人才的使用,尤其重视唐末以来中举后到中原任职的福建文人,其中以黄滔、徐夤、翁承赞等最为知名。黄滔,字文江,莆田人,乾宁二年(895年)进士,任四门博士。因朱全忠篡唐,愤而归闽,被王审知重用,任为推官。当时入闽中原文人聚集黄滔门下,使其无形中成为当时福建文坛盟主。黄滔与罗隐、林宽、崔道融、徐夤等友善,有诗文往来。工诗善文,尤擅律赋。著有《泉山秀句集》,《全唐诗》收其诗三卷,《全唐文》收其文集四卷。徐夤(徐寅),字梦昭,莆田人,乾宁元年(894年)登进士第,官秘书省正字。后归闽,被王审知辟为掌书记。因曾讥刺后唐庄宗之父李克用,及庄宗即位,要王审知将其杀害。王审知虽然惧怕后唐,但也没有要徐夤的命,只是免去他的职务而已。徐夤工诗善赋,与司空图、罗隐等有交谊。今存《徐正字诗赋》、《钓矶集》。翁承赞,字文尧,乾宁三年进士,历任京兆府参军、右拾遗,唐末升任户部员外郎,曾代表朝廷出使福建,封王审知为琅琊王。后梁建立后,历任谏议大夫、御史大夫等职,再度入闽封王审知为闽王。不久,辞职返乡,辅佐王审知。翁承赞工诗能文,元代辛文房《唐才子传》称其诗"高妙"。《全唐诗》存其诗一卷。王审知兄弟为这些闽地文人提供了优裕的生活条件,为他们的文学创作创造了条件。以徐夤为例,徐夤归闽时的生活境况非常凄惨,他在《东归题屋壁》诗中这样写道:"尘埃归去五湖东,还是衡门一亩宫。旧业旋从征赋失,故人多逐乱离空。因悲尽室如悬磬,却拟携家学转蓬。见说武王天上梦,无情曾与傅岩通。"家人失去土地,过着颠沛流离生活,胸怀大志而无用武之地的徐夤希望能像傅说被周武王赏识一样得到重用。后来,徐夤得到王审邽父子的礼敬,生活为之改观,他的《自咏十韵》说:"只合沧洲钓与耕,忽依萤烛愧功成。未游宦路叨卑宦,才到名场得大名。梁苑二年陪众客,温陵十载佐双旌。钱财尽是侯王惠,骨肉偕承里巷荣。拙赋偏闻镌印卖,恶诗亲见画图呈。多栽桃李期春色,阔凿池塘许月明。寒益轻裯饶美寝,出乘车马免徒行。粗支菽粟防饥歉,薄有杯盘备送迎。僧俗共邻栖隐乐,妻孥同爱水云清。"从诗中可以看出,正是王审邽父子为徐夤提供了衣食无忧的条件,使得他的文学创作活动成为可能。

宋代,福建文坛异军突起,呈现出群星竞辉的景象。据统计,《宋史·文苑传》收录宋代著名文人 90 余人，其中福建有 8 人，名列全国第六位。据唐圭璋先生《两宋词人占籍考》所作的研究，在籍贯可考的 667 名宋代词人中福建籍有 110 人，仅次于浙江、江西，居全国第三位①。在这众多的文人中，脱颖而出的柳永、杨亿、蔡襄、刘克庄等具有全国影响的福建籍文人，成为宋代文学的重要组成部分。宋代福建文学突飞猛进的发展，肯定地说，与包括固始人在内的中原人的推动有密切关系。

## 第七节　中原艺术形式的承袭

南迁固始人将中原的歌舞、戏曲等也传入到了闽地。首先来看歌舞。陈政曾任隋朝协律郎，为太常寺的最高音乐官，当精通音乐无疑。陈元光幼承家学，同样精通音乐。在治理漳州的 20 多年间，他采用"乐、武治化"政策，出现"数千里无桴鼓之声"的太平局面。在陈元光诗集《龙湖集》中有多处提到音乐，如"倚曲酬歌去"②、"箫鼓迎欢会"③，"馈我兼金佩，和之美玉箫"④，"莫篆天然石，惟吹洛下箫。闻声神起舞，气感海无妖"⑤，"秦箫吹引凤，邹律奏生春。缥缈纤歌遏，婆娑妙舞神"⑥等诗句则反映了当时漳州歌舞盛况。从"惟吹洛下箫"来看，音乐应该来自中原地区。流行于闽南漳浦一带的大车鼓，据传也是由陈元光从中原带来的，表现的是"昭君出塞"的场面。

唐末固始人的大批入闽，再次带来了中原歌舞。史书记载，王延彬"性多艺"，"宅中声妓皆北人，将求妓，必图己形而书其歌诗于图侧，曰：'才如此，貌如此。'以是冀其见慕"⑦。声妓就是唐代艺人，她们能歌善舞。唐代一般贵族官僚家中都会豢养声妓，王延彬是有名的风流太守，当然会在家中养声妓。这标志着

① 唐圭璋：《宋词四考》，江苏古籍出版社，1985 年。
② 唐·陈元光：《龙湖集·山游怀古》。
③ 唐·陈元光：《龙湖集·故园山川写景》。
④ 唐·陈元光：《龙湖集·酬裴使君王探公》。
⑤ 唐·陈元光：《龙湖集·修文语土民》。
⑥ 唐·陈元光：《龙湖集·漳州新城秋宴》。
⑦ 宋·佚名：《五国故事》，卷下。

北方歌舞表演艺术南下,从而充实了福建原有的表演艺术。

　　再看戏曲。流传于漳浦一带的竹马戏,是唐代参军戏的基础发展起来的一种民间剧种,被誉为"唐宋遗响"。它起源于一种叫"竹马灯"的舞蹈。所谓竹马,即以竹篾扎制成马的骨架形状,蒙上绸布或彩纸。表演时舞者身着古代彩装,"马头"高挂在胸前,"马尾"低挂于背后腰间,好似骑在马上。演员手持小竹杆或马鞭子,做出徐行、奔驰、跳跃等舞蹈动作,生动、形象、有趣。唐代,皇宫里就有优伶扮演竹马舞的娱乐活动,并逐渐流行到民间。李白有"郎骑竹马来,绕床弄青梅"诗句,杜牧也有"渐抛竹马列,稍出舞鸡奇"的诗句。宋人孟元老在《东京梦华录》中记载的北宋汴京和南宋临安正月十五元宵节"社火"活动,有"小儿竹马"、"踏跷竹马"、"男女竹马"等演出形式。

　　随着包括固始人在内中原人的到来,竹马舞也被带到了福建,到唐宋时期已成为漳州民间佳节喜庆的民俗文艺活动。每年秋收之后,人们都要在适当地点搭台唱戏,祈求来年再有好"年冬",叫做"乞冬"。也许由于演出过盛,也许由于演出男女爱情故事或一些淫秽表演,被理学家陈淳称为"淫戏"。庆元三年(1197年),原大府寺丞傅伯成以朝散大夫知漳州,陈淳上书陈述情况时说:"某窃以此邦陋俗,当秋收之后,优人互凑诸乡保作淫戏,号'乞冬',郡不逞少年,遂结集浮浪无赖数十辈,共相倡率,号曰'戏头',逐家哀敛钱物,豢优人作戏,或弄傀儡。筑棚于居民丛萃之地,四通八达之郊,以广会观者。至市廛近地四门之外,亦争为之不顾忌。今秋自七、八月以来,乡下诸村,正当其时,此风正在滋炽,其名若曰戏乐,其实所关利害甚大。"①尽管理学家痛心疾首地将流行于福建农村的戏曲抨击为"淫戏",但却从反面反映出广大百姓对戏曲的欢迎程度。

　　传说漳州木偶戏也与唐初固始人入闽有关。当陈政部将沈世纪、李伯瑶以先锋将率兵与蛮獠交战,打得蛮獠节节败退,唐军乘胜追击。追至水晶洞时,这里悬崖峭壁、群洞环生,洞上洞,洞下洞,洞洞相连,唐军因不熟悉地形,损失惨重。面对复杂的地形条件,李伯瑶觉得:"不可强攻,只能智取。"但如何智取,李伯瑶一时也想不出计谋来。这天晚上,沈世纪躺在水晶石上,忽作一梦,梦见在河南固始老家庙会时,有木偶演社戏,锣鼓"咚咚咚"地响个不停。醒来一听,却

---

　　①　宋·陈淳:《北溪先生大全集》卷43,《上傅寺丞论淫戏书》。

是蛮獠来攻,只得起身应战。刚躺下不久,蛮獠又来骚扰。一个晚上就有好几次,弄得唐兵睡也不是,不睡也不是,非常疲劳。第二天,沈世纪对李伯瑶将军说:"昨天夜里我做了一个梦,梦见木偶演戏。因此,我想可不可以夜里用木偶放在山石顶上,招引蛮兵来攻。"李伯瑶一听,兴奋地说:"此计甚妙!"

李伯瑶依计行事,几天后将木偶安放在山顶石头上,人则在石洞中操作,并对蛮獠喊话说:"唐军神助,刀枪不入!"蛮獠听后非常气愤,便疯狂地向木偶放箭,可是怎么也射不死"唐军",而且还听了这样的声音:"我是唐军活神仙,来此只为平啸乱。教汝织衣耕田园,过好日子过好年!"待蛮獠箭用完时,唐军发动反攻,取得了最后的胜利。沈世纪、李伯瑶用木偶击败蛮獠的事,一时传为美谈。陈政命演木偶戏《秦皇平六国》给众将士看,共同祝贺这次战斗的胜利。由此,闽南一带木偶戏代代相传下来。

上述传说虽然有些离奇,但从史籍记载来看,漳州木偶戏传自中原还是完全可信的。《旧唐书·音乐志》:"散乐有窟垒子(傀儡)等戏。玄宗以其非正声,置教坊于禁中以处之。"又,《崔慎由传》载:率"众千余人"的叛将庞勋深知百姓爱看木偶戏,"每将过郡县,先令倡卒弄傀儡以观人情,虑其邀击。"[1]又《北梦琐言》载:镇蜀要人崔安潜也"频于使宅堂前弄傀儡子,军人百姓,穿宅观看,一无禁止。"[2]由此可见,唐代的木偶戏,已成为举国上下喜闻乐见的艺术形式。

张鷟在《朝野佥载》中记述了唐时河南木偶的情况:"洛州(今河南洛阳)殷文亮曾为县令,性巧,好酒。刻木为人,衣以缯彩,酌酒行觞,皆有次第。又作妓女,唱歌吹笙,皆能应节。饮不尽,则木小儿不肯把;饮未竟,则木妓女歌管连理催。此亦莫测其神妙也。"[3]张鷟是陈元光同时代人,《朝野佥载》记述之事,应是他的见闻。这一记述,看来使人难以置信,但是可以据此推想当时河南制作木偶,一定已有很高的水平,木偶戏也一定比较盛行。因此,在随陈元光入闽的固始人中当有会制造木偶者,把中原木偶制作技术传入闽地。

① 《旧唐书》卷177,《崔慎由传》。
② 宋·孙光宪:《北梦琐言》卷3,《崔侍中省刑狱》。
③ 唐·张鷟:《朝野佥载》卷6。

# 第七章　闽人入潮与中原文化扩散

## 第一节　宋元时期闽人大规模入潮

　　潮汕地区与闽南地区地理上相连,中间并无高山大河相阻隔,所以从宏观上看,这两个地区可视为一个大的自然地理区域。正是由于这个区位特征使得潮汕与闽南在历史上多次同属一个政区。根据文献记载,先秦时期闽南与粤东同为闽越族的分布地,汉代两地虽分属闽越国和南越国,但闽南之漳州梁山(今漳浦盘陀岭)以南部分则归南越国;东晋建立的义安郡除包括整个粤东外,还辖一个绥安县,即今漳州南部地区;唐代贞观三年至十年(629~636年)潮州与福建同属江南道;开元二十一年(733年)潮州隶于福州都督府,翌年潮州与漳州脱离福建,改隶岭南经略使;到天宝元年(742年)漳、潮二州一起割属福建经略使,天宝十年(751年)再归岭南经略使,上元元年(760年)复归福州管辖;大历六年(771年)潮州割隶岭南节度使。自此以后,潮州结束了与福建的隶属关系。

　　近年的研究成果表明,在文化地缘方面,潮汕文化、闽南文化都是本地土族文化和中原移民文化经过多次互相影响、互相吸收而逐渐融合的产物,距今8000年以上的潮汕"南澳象山文化遗址",与闽南的"漳州史前文化"属于同一个文化系统。距今6000~5500年前后的潮安"陈桥文化遗址",仍然表现出与闽南同一时期文化遗址接近的文化风格。从"浮滨类型"文化遗存推测,潮汕先民在商周战国有可能是属闽越族,与闽南同源。①

自唐代潮汕、闽南分属两个不同政区后,两者在经济、文化发展方面表现出巨大的差异,到南宋时,福建已经成为经济文化最为发达的省份之一,人口最密集的地区。梁方仲先生曾计算过南北宋各路的人口密度,其结论是:北宋崇宁元年平均人口密度为每平方公里18.1人,其时福建为每平方公里16人;南宋嘉定十六年平均人口密度为每平方公里16.4人,而福建为每平方公里25.4人。② 如果说北宋时福建人口密度还略低于全国平均数,到南宋时就大大超过全国平均数。而与福建邻近的广南东路在南宋时人口密度为每平方公里4.5人,远远低于全国平均数,许应龙曾说:"闽浙之邦,土狭人稠,田无不耕……潮(州)之为郡,土旷人稀,地有遗利。"③潮汕与闽南地缘上的相邻与文化上的相近,使得潮州成了闽南人移居的首选目的地。金石碑刻、家谱、方志、文集等资料记载福建人移居潮汕地区者比比皆是。例如林从周墓碣铭称"七世祖自南安徙居潮州,宗族盘互,为海阳著姓"④;台北县土城乡《邱氏族谱》谓"五胡之乱,南迁入闽,居兴化之莆田。宋皇祐间再分支入粤,家饶平。……据本谱记载,固始邱姓,乃自晋代永嘉年间入闽莆田,支派繁衍。至宋仁宗时,再分支入粤"⑤;"公弱冠游学粤东,入海丰庠,登贤书,粤人讦而削籍。崇祯元年,诏改还闽籍,成进士。以家于粤,不忍去,卜居潮州之普宁,子孙遂为普人矣";⑥明代著名学者薛侃(中离),其先祖薛兰也是"闽之廉村人,宋淳熙末始迁于潮,卜居揭阳龙溪之凤陇"⑦;"翁万达,字仁夫,其先莆田人,徙揭阳"⑧;"公名万达,字仁夫,东涯其别号也,广东潮州揭阳人。先世居闽之莆田,有名雄者徙潮鮀江里之举登村"⑨。

从姓氏人口也可看出潮汕与闽南的亲密关系。以陈氏为例,潮汕本土约1 000万人口中,居潮汕姓氏人口第一位的陈姓约有150多万人,其先祖绝大多数

---

① 曾骐:《韩江流域史前考古与潮汕文化源》,《潮学研究》第1辑,汕头大学出版社,1993年。
② 梁方仲:《中国历代户口、田地、田赋统计》,上海人民出版社,1980年。
③ 宋·许应龙:《东涧集》卷13,《初至潮州劝农文》。
④ 宋·余靖:《武溪集》卷19,《宋故两浙提点刑狱尚书度支员外郎林公墓碣铭并序》。
⑤ 《台湾省通志》卷2,《人民志·氏族篇》,台湾省文献委员会,1970年。
⑥ 清·蓝鼎元:《鹿洲初集》卷15,《曾叔祖侍御紫涛公像赞》。
⑦ 《薛氏族谱》,转引自饶宗颐《薛中离年谱》,载《饶宗颐潮汕地方史论集》,汕头大学出版社,1996年。
⑧ [雍正]《陕西通志》卷51,《名宦·翁万达》。
⑨ 清·黄宗羲:《明文海》卷449,《翁尚书(万达)墓志铭》。

就是来自闽南。被称为"玉湖派"(其祖陈仁在莆田玉湖开基)的陈泰初于宋绍圣年间(1094~1098年)任潮州通判,举家迁入揭阳县,其裔孙繁衍为潮的一大派系。与陈泰初年代相近的陈尧卿,是玉湖派的另一有名人物,宋任潮州路总管,落籍潮州后子孙也流布澄海、揭阳、普宁等县。属于"忠顺派"(先祖陈洪进谥忠顺)的陈坦,宋哲宗元符年间(1098~1100年)任海阳县令,落籍潮州官塘,后代遍布各县,有数十万人口。被称为北庙派(因陈元光庙建于漳州城北)的陈元光之后,子孙也广布潮阳等地。只有"江州义门派"的陈氏之后,是较早从江西义门陈村入潮的。潮汕大姓之一吴姓,据广泛调查考证,在本土60多万人口中,除普宁梅林镇近7000人口,先祖可能是从南京迁入外,其余都从闽南转籍而来。另如潮汕的庄姓20多万人,其开基祖是宋代从晋江泉州迁入的。李姓40多万人,先祖也分别于宋、明从福建迁入。赖姓12万人,先祖在明代初年从福建入潮,其裔孙已分布潮州、饶平、潮阳、揭阳等地。①

在移居潮汕的闽南人中,有不少是为官潮地而后定居下来者。如,北宋名臣余靖,祖籍福建莆田,迁居广东曲江。其三子余叔英官至潮州知府,"时因曲江寇乱,羡潮州风(景)之美,遂与长房嫡孙嗣光(时荫袭父职,任潮州司马)占籍于潮,创海阳县归仁都上、中、下外;揭阳官溪、霖田、蓬州;饶平苏湾、隆眼城等都",成为余姓潮州开基之祖。② 海阳知县陈坦,原籍福建晋江,北宋元符年间在海阳有惠政,秩满占籍,因百姓攀留而占籍海阳秋溪都,后裔兴盛,《海阳县志》称其"诸孙登仕榜者十三人,明经一十五人"③。民国十三年(1924年)重刊《潮州陈氏有庆堂族谱》载,潮安县东凤陈氏先祖世居福建莆田,北宋绍圣年间陈浩任潮州通判,遂以为家,始居揭阳蓝田深浦洋,传至五世陈溪东,移居潮安东凤,"今如潮(安)、普(宁)、澄(海)、揭(阳)、庵埠、郡城,以至广、惠各属,莫不有吾东溪公之支派焉"。④ 南宋绍兴年间,莆阳邱君与官梅州刺史,为官清廉,德高望

---

① 吴奎信:《潮汕与闽南具有血缘相连、地缘相接、业缘相类的文化特色》,载汕头市潮汕历史文化研究中心、厦门市闽南文化研究会、中共诏安县委员会编:《闽南文化与潮汕文化比较研讨会论文集》(内部出版),2005年。

② 《永新余氏族谱》,转引自《澄海百家姓》,澄海县志编纂委员会办公室编印,1990年。

③ [乾隆]《潮州府志》卷30,《侨寓》。

④ 陈泽生、陈卓然等纂:[民国]《潮州陈氏族谱》,民国十三年(1924年)有庆堂排印本。

重,致仕居海阳,子孙昌盛,为"邱氏迁潮始祖"①。端平年间,福建莆田人蔡盘溪(祖上由河南入闽)入潮任通判、知州,"潮之士民深爱之",遂定居于辟望(今澄城西门)。以蔡盘溪为入潮始祖的这个支系子孙昌盛,至民国年间已"蕃衍于邑及外地有:城西池墘、望美、外埔、东湖、大衙、程洋冈、鮀西、华富、信宁、港口、昆美、冠山、渔洲……还有居于港、澳、泰国、星洲"②。福建莆田人魏廷弼,"嘉熙元年擢知潮州军事,有惠政,民爱之,因占籍潮阳,再迁揭阳蓬洲富砂乡",其弟魏廷壁"由山东长清令迁潮州通判,占籍揭阳渔湖"③。"萧銮,其先漳州人,宋礼部郎国梁之后。国梁孙询知潮阳,始家焉"④。"先生(吴月庭)始祖权府心泉公者,讳平员,宋赐进士号翰学三十七府君子也,元初自漳来任潮州路总管府事,因家焉"⑤。

　　从迁入潮州的闽南人祖籍来看,有不少是由固始人后裔,如潮汕地区的陈姓人,大都认陈政父子为开基祖。如《饶平县志》谓:"入饶陈姓居民多为唐代开漳始祖陈元光派下。"⑥至今在潮汕农村陈姓门上仍可见到"鹰扬将军后"字样。陈元光直系后裔迁徙入潮,今存资料为宋以后的事。如陈政十七代裔孙陈汤征,于宋徽宗大观三年(1109年)登进士、授博士,谪知潮阳令,卒后埋于潮阳⑦。澄海隆都前美村,著名华侨陈慈黉家族的创始祖陈世序宋末由福建莆田入潮,元顺帝至正年间至隆都定居。据1958年统计,澄海县陈姓143 396人,占全县人口的1/5。⑧潮汕前七贤之一的王大宝,其先世就是唐末五代初的闽王王审知。王审知的玄孙王坦由泉州迁往漳浦,再迁饶平,最后定居于海阳。石井《郑氏本宗族谱》记载:"石井郑氏,先世自光州固始县入闽,由莆居漳居粤之潮。"⑨"林之先居光州固始,唐末讳靖者从王审知于闽,以功封忠烈侯,终于闽,子孙遂家福清之古隆。至元讳廷玉隐居不仕,生考亭书院山长时中,山长生福建行省员外郎子

①　[光绪]《海阳县志》卷42,《邱君与传》。
②　《西门蔡氏族谱》,转引自《澄海百家姓》,澄海县志编纂委员会办公室编印,1990年。
③　[乾隆]《揭阳县志》卷4,《寓贤》。
④　[雍正]《广东通志》卷46,《萧銮传》。
⑤　[民国]《陵海吴氏族谱》卷3,《祠宇·浦东吴氏始祖祠堂记》。
⑥　《饶平县志》,广东人民出版社,1995年。
⑦　饶宗颐:《潮州志·民族志》,1987年汕头方志办据稿本影印。
⑧　陈泽泓:《潮汕文化概说》,广东人民出版社,2001年。
⑨　伍天辉:《郑成功胞弟七左卫门家族在日本的衍派》,载《福建史志》,1997年第2期。

华,公(兴祖)之父也。员外元季镇潮州又家于潮。"①《崇正同人系谱》卷二载:吴氏"世居渤海,散处中州,其后有随王潮入闽,由闽而入于粤之潮、嘉等处"。

关于福建人移民潮汕的情况,有人曾对《潮州·民族志(稿本)》和《澄海百家姓》两种资料进行过统计,结果显示在宋元两代移居潮汕地区的 62 个家族中,北宋时迁入的有 13 个,南宋时迁入的有 28 个,宋元间迁入的有 13 个,元代迁入的有 11 个。这些迁移入潮的家族大多数来自福建,特别是福建的泉州和兴化军(莆田),只有少数家族来自江西、浙江和江苏等省。② 明代迁入潮州的人口数量更大,1985 年,揭阳县计划生育办公室对全县 236 个村落的建村时间和迁入地所做的调查显示,自福建迁入者有 100 个,占 42.4%。《浮洋镇志》所载资料表明,潮安县浮洋镇 94 个自然村中,明初至嘉靖间建村者 53 个,其中除迁入地未明的 11 个外,从福建直接迁入的有 30 个,其余自本县或本州各县辗转迁入者,多数仍然是来自福建。再如惠来县,明万历间才 2 万余人,崇祯时已增至 4 万多人,增加的人口中,许多是福建尤其是漳州等地的移民。③ 乾隆《澄海县志》称:"海(阳)、潮(安)、揭(阳)三邑,故家右族多来自闽漳、泉二郡。"④在澄海县的 311 个自然村中,创始人绝大部分迁自福建,先祖多出自河南。⑤ 大批福建人移居潮汕,使得潮汕民间广泛流传着"潮州人,福建祖"的说法。

## 第二节　闽人入潮与潮汕地区的开发

大量闽人移入潮州,不仅引起本区人口构成的重大变化,而且对农业生产的发展产生重大的影响。北宋时福建的农田水利事业已经相当发达,有些水利设施和种植方法闻名全国,如莆田木兰陂水利工程,既能拦洪,又能排灌,使周围两万多顷农田旱涝保收;又如在山坡垦出梯田,缘山引水,种植水稻;再如用龙骨水车汲水,骑在秧马上插秧,以及农作物优良品种的引进,等等。这些先进的农业

---

① 明·杨士奇:《东里续集》卷 29,《故广西布政使司右参议林(兴祖)君墓表》。
② 黄挺:《潮汕文化源流》,广东高等教育出版社,1997 年。
③ 黄挺、杜经国:《潮汕地区人口的发展(明)》,载《潮学研究》第 4 辑,汕头大学出版社,1995 年。
④ [乾隆]《澄海县志》卷 19,《风俗一·语音》。
⑤ 《澄海县志》,广东人民出版社,1992 年。

生产技术随着大批移民的前来而在潮州推广传播，无疑对农业的发展起着重大的促进作用。

首先是一系列水利设施的兴建。史称"潮（州）本泽国，合赣、循、梅、汀、漳五郡之水注于韩江，千里建瓴，万派归壑"①，给潮汕地区的农业生产带来巨大威胁。唐代韩愈贬潮期间，曾率民筑堤，"当其谏佛来潮也……又虑河水冲浸不常，筑堤延袤数十余里，捍蔽阡陌，民不特居有宁处，且变洼地为膏腴也。"②限于当时技术的原因，无论是从规模上，还是从效果上来看，都不是很理想。北宋年间曾对原有堤防继续进行改筑或增筑。例如，北宋元祐五年（1090 年），潮州知军州事王涤，在《拙亭记》中自述任期内做过的四件实事，其中有两件都是兴修水利方面的："决芹菜沟以疏水患，筑梅溪堤以障民田"③。芹菜沟即三利溪，是古代潮州著名的排灌航运工程。梅溪是韩江下游之一重要分支。这段记述说明北宋中叶，韩江堤线已筑至梅溪附近。南宋时期，随着福建人的大量移入，为修筑堤防提供了充足的技术和劳动力，同时，人口的增长，粮食增长的需要也使修堤防洪显得更加必要。地方官完善潮州城内外排水，修了北门堤、南门堤、东门堤及北江堤，宋理宗淳祐十二年又修南桂新堤、南横堤④。元祐年间，修三利溪，海阳、潮阳、揭阳三具利之，"盖浚自宋知州事王涤，引以灌三县之田也"⑤。三利溪水利工程是韩江三角洲平原排灌水运系统的雏形。史志上所见宋代本地区修的水利工程还有"河溪十八井"、大埔境内的蔡州引水渠，澄海境内中台潭排水工程。⑥ 水利的兴修为稻作农业的发展提供了条件。

其次是占城稻等农作物优良品种的引进和农业耕作技术的改良。占城稻原产占城国（今越南），"俗名黄占、白占、赤占、埔占。考真宗时，以福建田多高仰，闻占城国之稻耐旱，遣使求其种，得十石，使民莳之。潮界于闽，故得其种云"⑦。说明占城稻在北宋时已传入福建，潮州毗邻福建，也得到这一良种。由于水稻良

---

① 明·林熙春：《重修东津沙衙堤记》，载［乾隆］《潮州府志》卷 41，《艺文》。

② 清·祖植椿：《重修韩祠碑》，曾楚楠《韩愈在潮州》，文物出版社，1993 年。

③ 宋·王涤：《拙亭记》，见《永乐大典》卷 5345，《潮州府三》引《图经志》。

④ 宋·陈憷：《海阳筑堤记》，见《永乐大典》卷 5345，《潮州府三》引《图经志》。

⑤ ［顺治］《潮州府志》卷 8，《三利溪小记》。

⑥ 郭培忠：《古代潮州人文地理初探》，《中国历史文献研究会第十一届年会暨潮汕历史文献与文化国际学术讨论会论文集》（内部），1990 年。

⑦ 陈香白：《潮州三阳志辑稿》，中山大学出版社，1989 年。

种的引进和培育,南宋时期出现了一年两熟的耕作制度,有的耕地甚至一年三熟。据《三阳志》记载:"州地居东南而暖,谷尝再熟。其熟于夏五六月者曰早禾,冬十月曰晚禾,曰稳禾,类是赤糙米,贩之他州曰金城米。若秔与秫即一熟,非膏腴不可种。独赤糙米为不择,秋成之后为园,若田半植大、小麦,逾岁而后熟,盖亦于一熟者种耳。麦与菽豆,惟给他用,不杂以食,其本业盖如此。"①这里说的"赤糙米"、"金城米",或许是"赤占"、"占城稻"的别称,或许是农民新培育的品种,总之是较优良的品种。传统的品种秔(粳稻)、秫(粘稻)须种植于肥沃的土地,而且一年只能一熟。而赤糙米或金城米具有不择地而生、生长期短等优点,种植该稻种既可扩大水稻种植面积,又可一年两熟。若在晚稻收成后再种植大、小麦,就是一年三熟了。

再次,广泛使用耕牛。宋时潮汕地区已广泛使用耕牛,清乾隆《潮州府志》说:"郑敦义,浈阳(今英德)人,哲宗时知潮阳。官市牛皮甚急,敦义因上言黄牛善耕,农以子视之。今吏急征之,窃恐为害不只一牛,小民将无恃以为命。书奏,乃罢市皮之令。"②可见,宋代潮州养牛已很普遍,并成为农家一宝,当然也是耕作主要劳力。此外,宋代先进农具龙骨水车、秧马、铁搭等已在毗邻的福建推广使用,当大有可能传播到潮州,有助于提高耕作技术水平。

劳动力的大量增加,水利工程的大规模修建;农业生产技术的提高以及农作物品种的引进、改良,使韩江三角洲及榕江、练江下游平原进一步得到垦植,农业生产获得空前的发展。粮食不仅可以满足当地需要,还可贩运到其他地区。如,建炎四年(1130年)六月,"中书门下奏:'行在仰食者众,仓廪不丰,请委诸路漕臣及秋成和籴。'诏广东籴十五万斛"③;绍兴初年,转运判官周纲"籴米十五万石,无扰及,无陈腐"④,自"海道至闽中,复募客舟赴行在"⑤,因而被升职。朱熹在他的奏稿中提到"广南最系米多去处,常岁商贾转贩,舶交海中,今欲招邀,合从两司多印文榜发下福州沿海诸县,优立价值,委官收籴自然辐辏,然后却用溪

---

①  陈香白:《潮州三阳志辑稿》,中山大学出版社,1989年。
②  [乾隆]《潮州府志》卷33,《宦绩》。
③  《建炎以来系年要录》卷34,《建炎四年六月》。
④  《宋史》卷175,《食货志》。
⑤  《建炎以来系年要录》卷90,《绍兴五年六月》。

船,却来节次津般,前来建宁府交卸"①,并称"唯有广东船米可到泉、福"②。真德秀也说:"福、兴、漳、泉四郡,全靠广米以给民食。"③

　　农业技术的进步与农业生产的发展,使得潮汕地区在北宋时期州已呈现"稻田千万顷"、"处处尽桑麻"④、"万灶晨烟熬白雪,一川秋穗割黄云"⑤的繁荣景象。到南宋时期,潮州经济和社会发展已接近江南先进地区的水平,以致诗人杨万里发出由衷的赞叹:"地平如掌树成行,野有邮亭浦有梁。旧日潮州底处所? 如今风物冠南方。"⑥

## 第三节　闽人入潮与闽文化的西渐

　　闽人移入潮州地区,将闽人的学术思想、语言、风俗习惯、宗教信仰传入潮汕,加上出仕潮州闽人的大力推广,使得潮汕文化发生了巨大变化,出现了"虽境土有闽广之异,而风俗无潮、漳之分"⑦的局面。

### 一、闽人仕潮与潮州教育水平的提高

　　宋代有大批闽人出仕潮州,南宋文学家郑厚《风水驿记》有云:"潮居广府之极东,与闽岭比壤,凡游官于广者,闽士居十八九。"⑧此话虽然有些夸张,但也大体反映了闽人仕潮的情况。有关学者考证也证实了宋代潮州官员中闽籍比例较高的事实。李裕民、黄挺对两宋潮州知州籍贯的分类统计显示,"从知州的籍贯看,有一个很特殊的现象,即福建籍贯占大多数。北宋已知籍贯者31人,福建为18人,占百分之五十八。南宋已知籍贯88人,福建为53人,占百分之六十。"⑨

---

① 宋·朱熹:《晦庵集》卷25,《与建宁诸司论赈济札子》。
② 宋·朱熹:《晦庵集》卷29,《与李彦中张干论札济札子》。
③ 宋·真德秀:《西山文集》卷15,《赠福建右参政陆君赴官序》。
④ 《永乐大典》卷5345,《潮州府三》引《三阳图志·〈浦口庄舍五首〉》。
⑤ 《永乐大典》卷5345,《潮州府三》引《三阳图志·〈潮阳道中〉》。
⑥ 宋·杨万里:《揭阳道中》,载《诚斋集》卷17。
⑦ 宋·王象之:《舆地纪胜》卷100,《潮州》。
⑧ 《永乐大典》卷5345,《潮州府三》引《图经志·郑厚〈风水驿记〉》
⑨ 李裕民、黄挺:《两宋潮州知州考》,载《潮学研究》第4辑,汕头大学出版社,1995年。

谢重光重新做了考证,北宋闽籍潮州知州人数与李、黄考证一致,南宋闽籍潮州知州人数稍有出入,比例更高:南宋已知籍贯者91人,其中福建有60人,占66%。谢重光还对潮州通判、潮属县令的籍贯做了统计,结果显示,闽籍所占比例也较高。北宋潮州通判见于记载者9人,有籍可考的7人,闽籍3人,占43%;南宋潮州通判82人,籍贯可考者72人,其中闽籍53人,占74%。宋代闽人任潮属县令的也很多:海阳县见于记载的16人,籍贯可考者10人,其中闽籍9人,占百分之90%;潮阳县19人,籍贯可考者14人,闽籍11人,占79%;揭阳县3人,籍贯可考者2人,闽籍1人,占50%。[①]

仕潮闽籍官员普遍重视教育。元祐五年(1090年),"朝散郎王君涤来守是邦,凡所以养士治民者,一以公(韩愈)为师"[②],"增学田以养诸生,建韩庙以尊先贤"[③],在城南新建韩庙,延请苏东坡为韩庙撰写碑记,对以后师韩兴学产生了深远影响。建炎二年(1128年),方略知潮州,改广法寺为洞霄宫,后再改为州学。绍定年间,知州孙叔谨捐俸重修州学四斋,并兴建潮阳县儒学。其他闽籍潮州知州谢明之、游义肃、章元振、朱江、林嶔、曾噩、牟溁等也都曾兴建、修治过学宫学舍。

在潮州书院的建设上,闽籍官员出力尤多。潮州第一所官办书院韩山书院就是由闽籍官员创建,此后闽籍官员不断增修的。据《永乐大典》卷五三四三《潮州府一·书院》引《三阳志》载:"(韩山书院)仿四书院之创,地在州城之南,乃昌黎庙旧址也。淳熙己酉,丁侯允元迁其庙于水东之韩山,其地遂墟。淳祐癸卯,郑侯良臣以韩公有造于潮,书院独为阙典,相攸旧地而院之。外敞二门,讲堂中峙,匾曰'城南书庄',后方堂匾曰:'泰山北斗',公之祠在焉。旁立天水先生赵德像。翼以两庑,四辟斋庐,曰'由道',曰'行父',曰'进学',曰'勤业'。山长、堂长位于祠堂之左右。仓廪、庖湢、井厕,靡不毕备。复拨置田亩山地为廪士之费,租入附于学库,收支董以金幕。洞主,郡守为之;山长,郡博士为之。职事则堂长、司计各一员,斋长四员。斋生以二十员为额。春秋二试,则用《四书讲

---

① 谢重光:《宋代潮州主要从福建接受外来文化说》,载《潮学研究》第6辑,汕头大学出版社,1997年。
② 宋·苏轼:《潮州韩文公庙碑》,《东坡全集》卷86。
③ 宋·王涤:《拙亭记》,见《永乐大典》卷5345,《潮州府三》引《图经志》。

义》。堂计斋职以分数升黜,一如郡庠规式。春秋二祀,则用次丁,郡率僚属以牲币酒礼献,工歌东坡祀公之诗以侑之,此书院创始之规模也。""淳祐癸卯",即淳祐三年(1243 年),可见韩山书院是由知州郑良臣创建的。几年后,知州陈圭又有进一步地完善:"捐金市朱文公所著书,实于书庄。……又刊复斋(即陈圭父陈宓)所书《仁说》于二壁","增塑周濂溪(敦颐)、廖槎溪(德明)二先生像,并祠其中。以濂溪持节本路,槎溪尝倅此邦,继而为本路宪帅,盛德至善,至今人不能忘也"①。二十年后,时任通判、摄郡事林式之遂组织发起该书院历史上第一次整修工程:"(林式之)捐俸金四十两,命堂长林震曾董其役。凡室之材,无分巨细,摧折者易之,腐缺者补之。楹之础,高至数尺。去瓦之蔽,重覆一新。自门堂斋庑至于庖湢,与外之九贤堂,皆完且固。仲春始事,首夏讫工。"②

在闽籍官员的大力推动下,潮州人好读书的风气逐渐形成,民众教育程度有很大的提高。《三阳志》记述了南宋后期潮州参加贡举考试人数日益增多的情况,就是一个例证:淳熙元年(1174 年),参加考试的士子只有 3 000 人,到嘉泰四年(1204 年),有 4 000 多人。以后读书人越来越多,参加考试的人也比前增加。到绍定元年(1228 年)已增加到 6 600 人,而咸淳三年(1267 年)竟然超过 1 万人。在不到 100 年的时间里,参加贡举考试的人数从 3 000 人增加到 1 万人以上。

宋代潮州学子参加科举得中者,数字远高于唐代,且有出任国家要职者。据《三阳志》、《潮州府志》记载,宋代潮州有许申、林巽、卢侗、刘允、吴子野、张夔、王大宝、姚宏中等八位名贤。潮州所属各县第进士者(包括特科、特奏的进士),唐代只有 3 人,宋代增至 172 人。③ 又据雍正《广东通志》记载,宋代广东参加全国进士科考试登皇榜者共 528 人,潮州籍者 96 人,是广东以至全国进士及第较多的州府之一。其中绍兴十八年(1148 年)戊辰科,广东登进士 6 人,潮州籍者 4 人;淳熙四年(1177 年)丁酉科广东登进士 3 人,全是潮州人;淳祐七年(1247 年)丁未科,广东登进士 12 人,潮州籍者 8 人。④

---

① 《永乐大典》卷 5343,《潮州府一·书院》引《三阳志·》。
② 宋·林希逸:《潮州重修韩山书院记》,载《竹溪鬳斋十一稿续集》卷 11。
③ [乾隆]《潮州府志》卷 26,《选举表上》。
④ [雍正]《广东通志》卷 31,《选举志一》。

正因教育日盛,教化大开,参加科举考试见多,遂有不少得中榜首者,潮州地位逐步提高,并被誉以"海滨邹鲁"美称,这是对潮州教育事业发展的肯定。北宋咸平间曾任潮州通判的陈尧佐,入朝为相后,在接见潮州赴京考试士子时,感慨作《送王生及第归潮阳》诗称"休嗟城邑住天荒,已得仙枝耀旧乡。从此方舆载人物,海边邹鲁是潮阳"①。后来陈尧佐在另一首《送潮阳李孜主簿》诗中再次提到:"潮阳山水东南奇,鱼盐城郭民熙熙。当时为撰贤圣碑,而今风俗邹鲁为。"②

### 二、潮汕方言是闽方言的一个分支

依照语言学界公认的观点,现代汉语可分为七大方言,即北方方言、吴方言、湘方言、粤方言、闽方言、赣方言和客家方言,其中潮州方言被认为是闽方言的分支。

潮汕方言属于闽南方言,这个结论的得出是从语言事实本身概括出来的,也是从潮汕地区先民迁移、变动的社会历史概括出来的。明代王士性在谈到潮州风俗与语言时说:"潮为闽越地。自秦始皇属南海郡,遂隶广至今。以形胜风俗所宜,则隶闽者为是。……潮在南交之外,又水自入海,不流广,且既在广界山之外,而与汀、漳平壤相接,又无山川之限,其俗之繁华既与漳同,而其语言又与漳、泉二郡通,盖惠作广音而潮作闽音,故曰潮隶闽为是。"③潮汕方言与闽南方言同属一系,一方面固然是因为潮州与汀州、漳州地境接壤,又无山川之隔,相反,潮州与广州相距较远,且有关山阻隔;另一方面,则是由于历史上人群的流徙播迁。

由于移民数量的巨大与迁出地域的集中,且在时间上持续不断。而当移民势力超过迁入地的土著时,移民语言不必逐渐渗透、融入土著语言,反而可以对迁入地的原来民众(土著)语言造成极大的冲击,甚至以其强劲的势头,覆盖了原来的语言面貌,最终导致了整个语言格局的改变。在这种背景下,就有了"韩愈正音"的传说。宋元潮州方志《三阳志》载:"郡以东,其地曰白瓷窑、曰水南,去城不六、七里,乃外操一音,俗谓之'不老'。或曰韩公出刺之时,以正音为郡

① 宋·王象之:《舆地纪胜》卷100,《广南东路·潮州》。
② 宋·王象之:《舆地纪胜》卷100,《广南东路·潮州》。
③ 明·王士性:《广志绎》卷4,《境内诸省》。

人诲，一失其真，遂不复变。市井间六、七十载以前，犹有操是音者，今不闻矣，惟白瓷窑、水南之人相习犹故。吁！文公能一潮阳之人于诗书之习，独不能语音变哉？是未可知者。"①由于两宋闽人，特别是泉州、兴化二地的居民，大量移居潮州，闽南话成为本地区通行的语言，而原来本地人所操的"不老"音，也就逐渐消亡。

南宋淳熙年间(1174～1189年)，福建兴化军(治今莆田市)人余崇龟作《贺潮州黄守》文称："眷今古瀛，实望南粤，虽境土有闽广之异，而风俗无潮漳之分。"他又在另一处文中写道："初入五岭，首称一潮。土俗熙熙，有广南福建(一作"闽峤")之语；人文郁郁，自韩公赵德而来。"②在闽籍的作者看来，当时潮州是两广(岭南)人文最发达的地区之一，民众语言同时呈现出广南路(今广东、广西地)与福建路的特征；潮州和漳州接壤，虽分属广南东路与福建路两个不同的政区，但两地的语言习俗几无差别。以至于福州福清县人陈藻在从广州回乡，路经海丰时，发出了"忽听儿音乡语熟，不知方到海丰城"③的感慨。

### 三、潮汕风俗与闽南风俗相近

潮汕与闽南的民风民俗，在饮食服饰、岁时节日、婚姻嫁娶、丧葬礼俗等方面，有很多相近以至相同之处。明万历《广东通志》就说：潮州"其风气近闽，习尚随之，不独语言相类矣。"④

从食俗来看，与闽南人一样，潮汕人以大米为主食，日常特别爱吃粥，称为"食糜"。早餐食糜，夜宵也是食糜，以杂咸为佐餐之物。潮州菜与闽南菜均以海鲜为主，重视制汤，制作工细精巧，制作方法也基本相同。在服饰方面两地也有共同点。清代，在闽南的泉州、漳州两府与粤东的潮州地区，妇女出门普遍流行戴一种被文人称为"文公兜"或"文公帕"奇特的服饰。据说此种风俗是朱熹任泉州同安县主簿和知漳州期间，见妇女在外抛头露面，下令妇女出门必须以花巾遮面，后人称之为"文公兜"。道光《福建通志》引《同安志》曰："宋朱子主簿

① 《永乐大典》卷5343，《潮州府一·风俗形胜》引《三阳志》。
② 宋·王象之：《舆地纪胜》卷100，《广南东路·潮州》。第二段文引书缺，《元一统志》引作《余崇龟文集》云，知同为余文。
③ 宋·陈藻：《乐轩集》卷2，《过海丰》。
④ [万历]《广东通志》卷39，《潮州府·风俗》。

同安及守漳时,见妇女街中露面往来,示令出门须用花巾兜面,民遵公训,名曰公兜……一兜一屐,防杜之意深矣。"①道光《厦门志》载:"昔朱子守漳时,教妇人用公兜,出门蒙花帕盖首,俗曰'网巾兜',外服宽袖蓝袄。岛中尚仍其俗。"②光绪《龙溪志序》称:"龙溪为漳(州)附郭邑,自承紫阳(朱熹)过化,理学名臣前后接踵。且就其小者言之,如妇女出门,有文公斗(兜)、文公衣、文公履、文公杖,诚海滨邹鲁也。"③民国《龙溪新志》亦云:"吾邑旧俗,凡妇女出行,须穿浅蓝色阔袖衫,头蒙一杂色布帕,使人不得见其面,盖朱文公治漳时之遗制也。民国初乡间尚多见。"④清代姚莹《康輶纪行》中有更具体的记载:"朱子守漳州,乃制妇人出门,以蓝夏布一幅围罩其首及项,亦宽其前,使得视地,穿大布宽衣,拄杖而行,皆良家妇也。……至今漳州妇人称蔽首之布曰文公兜,衣曰文公衣,杖曰文公杖。"⑤

而在岁时节日方面,两地习俗亦极为相近。如正月十五元宵节,潮汕与闽南都有吃汤圆、游花灯和赛花灯习俗。清明节两地民俗活动大致相同:扫墓、祭祖、插柳、踏青,扫墓时挂纸钱于墓上。端午节两地是包粽子、赛龙舟,插艾、蒲。七月七日的"乞巧节",闽南的拜七娘妈与潮汕的拜公婆母有些近似,闽南人认为16岁以下的儿童都受到七娘妈的保护,等到16岁就要答谢神恩,除备办礼品虔诚奉拜外,还要给亲朋好友发送糖果,告知孩子已经长大成人,并设宴招待亲友。潮汕的"七夕节"是"公婆母生"日子,这一天家中有15岁的孩子要举行"出花园"仪式,"出花园"的意思是表明孩子已长大成人,可以走出家庭这个"小花园",踏上社会。而孩子的成长,是受公婆母庇护的,故祀拜公婆母是出花园的主要内容。这一天,孩子要理好发,穿新衣、红皮木屐,用多种鲜花水洗净身体,然后恭恭敬敬地拜谢公婆母。祀拜的仪式是在眠床上置放一个"胶掠"(用竹篾编制的大箕子),然后把香炉及三牲果品摆在上面,由家长指点孩子烧香点烛跪拜。然后站在"胶掠"里跳出。中午要备办丰盛的午餐,孩子坐正位,咬鸡头(表示能出人头地)。闽南的拜七娘母与潮汕的出花园拜公婆母,都有古代"成人

---

① [道光]《重纂福建通志》卷56,《风俗·泉州府》引《同安志》。
② [道光]《厦门志》卷15,《风俗记》。
③ [乾隆]《龙溪县志》卷首,光绪五年(1879年)增补重刻本。
④ [民国]《龙溪新志初稿》卷3,《轶闻》。
⑤ 清·姚莹:《康輶纪行》卷14。

礼"的内涵,而在七夕节进行这项活动,其他地方是少有的。七月十五的中元节,闽南与潮汕都是搭台摆祭品,请僧道念经做法,超度亡灵,祭四方无主鬼。此俗潮汕称"施孤",闽南称"普渡"。两地有些地方施孤时还在高棚边糊一鬼王,闽南称"普渡公",用以制伏恶鬼。另如中秋节设香案,备月饼、芋头及水果拜月神,以至砌瓦塔、烧塔等,两地也大体相同,冬至以及除夕过年,两地民俗活动也较接近。

古代潮汕民风民俗的形成和改变与大量闽籍人宋代入潮为官,倡导移风易俗有密切关系。《永乐大典》转引《三阳志》说:"州之旧俗,妇女往来城市者,皆好高髻,与中州异,或以为椎结之遗风。嘉定间,曾侯噩下令谕之,旧俗为之一变。"①文中所说曾噩改变潮州妇女发式就是闽籍官员改革潮州风俗的典型事例。

### 四、闽文化对潮汕艺术形成的影响

宋代闽人的大批入潮对潮汕地方艺术产生了重要影响,这里仅就闽人对潮乐、潮剧的影响做一简单介绍。

首先看潮州音乐。潮州音乐起源于唐,发展于宋,成型于明,入清以后,又不断改革创新。唐初,平定泉、潮蛮獠啸乱的陈政父子是精通音乐的官员。唐玄宗开元年间,潮州城建开元寺,中原燕乐、法乐随之传播入潮。韩愈在《韩昌黎文集》中,记叙唐代潮州祭神时的音乐活动,有"吹击管鼓,侑香洁也"、"侑以音声,以谢神贶"、"躬斋洗,奏音声"等句,可见潮州在唐代中晚期的吹打乐及演唱已初具规模。宋代潮汕音乐又有发展,史籍记载当时潮州"仕皆倡琴瑟,重乐以治民"。这同儒学提倡礼乐有很大关系。据《三阳志》载,南宋嘉定十四年(1221年),代摄郡守的教授谢明之重修了供奉孔子的宣圣庙大成殿,祭祀时还仿配奏一套完整的"大晟乐",但由于连年战火的影响,学舍荒陋失修,"乐器沦胥",礼乐不存长达十二年,便"慨然兴起,考古制,按音律,修旧补缺,与潮士肄习。二丁祭,执器登歌,用士人为之。迎神、送神,奏《凝安》、《宁安》;奠币,奏《同安》;酌献,俱奏《成安》。名同而曲有三。升殿,奏《同安》,降亦如之;亚献,奏《文

---

① 《永乐大典》卷5343,《潮州府一·风俗形胜》引《三阳志》。

安》，终亦如之。今所存者，编钟、编磬，其数十六；琴自一张至九弦者十，笙瑟、凤箫、搏拊各二。潮学一新，士知古乐，教授林霆力也。"①林霆之后的一些知州和教授对于潮州礼乐的完善也作了许多努力。如淳熙年间任知州的朱江，用乐工代替士人担任奏乐任务；嘉泰年间，知州赵思会根据朝廷颁降的制度改造献官祭服和执事生员祭服；绍定元年，知州孙叔谨置雅乐校正一名，并且拿出自己收藏的太常乐章订正乐曲。陈圭、吕大圭及宝祐年间任知州的林光世对礼乐制度都屡有更新改造。林光世是林霆的孙子，以家学渊源，洞晓音律。宝祐六年（1258年）丁祭前一月，出示家藏林霆亲定乐章，命州教授赵崇郱与诸生诵习，又增置田入学，作为司乐生员的伙食和日常费用，对其中成绩优异者给予奖励；在林光世的亲自指导下，习乐者技艺更加精进，丁祭之夕"冠佩济济，雅颂扬扬，高下疾徐，抑扬中度"②，由林霆奠定的礼乐制度，至此臻于完美。上述对宋代潮州礼乐制度作出贡献的知州、教授，除赵思会一人之外，其余均为闽人。由此可见，南宋时期福建流行的礼乐制度对潮州的礼乐制度的建立发挥了重要作用。由福建理学名家传来的礼乐制度，无论其音律曲调，还是其乐器、祭器、服饰，对于日后潮州雅乐的发展都有深刻的影响。

再看潮州戏。唐、五代时期，文献已载福建有百戏活动。至南宋，在福建东南沿海地区，杂剧、百戏（演乐曲）在年节、社日、庙会的定期举行，成为民众祭祀、娱乐的一种重要活动。由于以男女情爱为主要内容的民间戏剧活动与理学家提倡的格物穷理，居敬持志思想不相容，儒者多视演民间优戏为陋俗。一代理学家师朱熹守临漳（今漳州）时，就禁止过地方戏曲的演出。朱熹门生陈淳在《朱子守漳足迹记》中曾说："朱先生守临漳，未至之始，阖郡吏民得于所素，竦然望之如神明。俗之淫荡于优戏者在焉悉屏戢奔遁。"③陈淳在庆元三年（1197年）给他的友人漳州知州傅伯成的信中对优戏更有进一步的抨击。宋代闽人入潮，将地方戏曲也带入潮汕，到明代时，潮州戏已很风靡。嘉靖十四年（1535年）广东监察御史戴璟主编的《广东通志初稿》所载《正风俗条约》云："十一曰禁淫戏。访得潮俗多以乡音搬演戏文，挑男女淫心，故一夜而奔者不少数女。富家大

---

① 《永乐大典》卷5343，《潮州府一·学校》引《三阳志》。
② 《永乐大典》卷5343，《潮州府一·学校》引《三阳志》。
③ 宋·陈淳：《北溪先生大全集》卷43，《上傅寺丞论淫戏书》。

族恬不知耻,且又蓄养戏子,致生他丑。此俗诚为鄙俚,伤化实甚。虽节行禁约,而有司阻于权势,卒不能实奉行。今后凡蓄养戏子者,悉令逐出外居。其各乡搬演淫戏者,许各乡邻里首官惩治,仍将戏子各问以应得罪名,外方者,递回原籍;本土者,发令归农。其有妇女因此淫奔者,事发到官,乃书其门曰'淫奔之家'。则人知所畏,而薄俗或可少变矣。"①由此可知当时的潮音戏已有相当的规模和影响。

稍后时期,黄佐《广东通志》就指出:"(潮州府)习尚大都奢,务为美观,好为淫戏女乐……仲春,祭四代祖,是月坊乡多演戏为乐……潮阳(县)士夫多重女戏……观风者每以潮为诟病,盖秋千答歌,乡谈杂剧……"又引旧《志》云潮州"搬戏以诲淫"②。标榜正统的本地士大夫认为应该革除的习俗,其一就是"搬杂剧",薛侃甚至立乡约,规定"家中又不得搬演乡谈杂剧",以其"荡情败俗,莫此为甚。"③各级官府与士大夫阶层的强烈阻止演戏风习,从一个侧面可以看出其风习之炽盛,流行之普遍,不惟民众。

从现存明代剧本、剧情来看,闽南与潮州戏剧活动在地域上的亲密关系。1975年,潮州出土了宣德七年(1432年)写本《刘希必金钗记》,使这个早已失传的宋元南戏的明初本子重现人间,它无疑是研究南戏的重要资料,同时也反映了潮州演戏酬神之盛。而福建泉州的梨园戏的传统剧目中流传有《刘文龙》一剧。从潮州出土本第四十六出现"福建布政使司邓州府南阳县信女萧三氏"④文字,可见存在从福建地区传入之痕迹。

《荔镜记》(即《陈三五娘》)是明清时期乃至近代泉、漳、潮州最流行的剧目之一。至今仍流传下从嘉靖至光绪多种版本,嘉靖本特别提到是将潮、泉二部校正重刊。有趣的是,在明清时期的地方志上,同时留下有关潮州与闽南两地官府禁演《陈三五娘》的记载。陈耕先生对《陈三五娘》故事情节的演变、剧本内容分析以及版本分析等几个方面全面论述后认为:首先,从故事情节的发展及形式演变上来看,闽、潮两地人民共同完成了这一蜕变过程,《陈三五娘》情节上的完整

①　[嘉靖]《广东通志初稿》卷18,《风俗》。
②　[嘉靖]《广东通志》卷20,《民物志·风俗》。
③　明·薛侃:《乡约诸款》,载[雍正]《揭阳县志》卷4,《风俗》。
④　陈历明:《〈金钗记〉及其研究》,广西师范大学出版社,1992年。

与成熟正是在两地民间传说、小说乃至戏文形式的互补、融合中形成的。当然，作为有着极为旺盛生命力的艺术作品，《陈三五娘》并没有随着封建王朝的覆灭而消亡，相反，民间永恒丰润的土壤使其以新的形式活跃到今天。至今我们还能看到梨园戏和高甲戏的《陈三五娘》，也还能见到潮剧中的《荔镜记》，便是最好的证明。这种生命力，也是两地文化从未间断过的交流所养成。其次，从戏文本身的内容来看，无论是音乐声腔、出目结构还是表演形态上，《陈三五娘》戏文一开始都是潮、泉戏文的糅合。这种糅合，是由两地密切相关的文化因素所决定的。比如相近的方言形成的潮泉腔，对南戏共同的喜好沿承了古老的南戏传统等。再由戏文语言的押韵上来看，下场诗和曲词韵脚大部分都是潮、泉方言通押的。换句话说，方言上的共通造就了《陈三五娘》戏文语言的灵活与动听。最后从版本上讲，嘉靖本、万历本等四个现存版本的题记和牌记都清楚地向我们传达了一个信息，那就是《陈三五娘》戏文流传至今与闽、潮人民文化上的频繁交流是分不开的。①

### 五、福建民间信仰传入潮汕地区

宋代福建民间信仰风气特别浓烈，《宋史·地理志》都说"其俗信鬼尚祀"。由于福建移民大量进入潮州，有不少福建民间信仰传播到了本区。例如妈祖信仰和陈元光信仰都是在宋代就已经在本区扎下了根。

妈祖，本名林默娘，是生活在莆田湄洲湾畔的一个民间女子。相传她聪明、勇敢、善良，有预知气象变化、驱邪治病和泅水航海的本领，又常在惊涛骇浪中救助遇难的船只，很受远近人们的爱戴。宋雍熙四年(987年)重阳节，林默娘登上湄洲峰顶后，就再也没有回来。百姓传说她在这一天"升天"成仙，此后奉她为航海保护神。

在民间信仰里，妈祖是一位圣洁、善良、公平、正直的海神。宋代海外交通、贸易频仍。南宋时，金兵犯境，陆上丝绸之路受阻，人们只好改从福建泉州出海，打开了海上丝绸之路。在船上供奉妈祖的习俗从此流传开来。明成祖时，在派

① 陈耕：《从〈陈三五娘〉看闽南潮汕的文化关系》，载汕头市潮汕历史文化研究中心、厦门市闽南文化研究会、中共诏安县委员会编《闽南文化与潮汕文化比较研讨会论文集》(内部出版)，2005年。

郑和下南洋(当时称西洋)前,郑和还奉旨先到湄洲岛祭拜妈祖。可见官方对妈祖信仰的重视。从宋代到清代妈祖被历代皇帝敕封 28 次,在清康熙及乾隆年间被尊为"天后圣母"。明清以来,妈祖信仰与传说的扩展,妈祖的职能已不再局限于海上护卫,许多民间习俗资料显示,妈祖信仰已融合了儒、释、道教的理念和色彩,有关显灵的传说更加频繁。在民间信仰中妈祖已成了一位神通广大、法力无边的女神了。

　　早在宋代,不少借助商人或移民的媒介,妈祖信仰就传播到了潮州。根据文献记载,潮州最早的妈祖庙也出现在宋代,隆庆《潮阳志》谓:"天妃庙……其创造年月无考,大都始自宋元"①,陈天资《东里志·祠庙》则肯定地说:"天后宫,在深澳。宋时番舶建,时加修理,晏总兵移建于海岸。"②另外,南宋修成的《临汀志》记载:"三圣妃宫,在长汀县南富文坊,及潮州祖庙(天妃庙)。……嘉熙间创。今州县吏运盐纲必祷焉。"③据考,南宋绍定年间,长汀县令宋慈开凿汀江航运直通韩江,汀人走水路往返于汀州、潮州之间,为求航运安全,而从潮州祖庙分灵到汀建庙奉祀"海上女神"妈祖。这说明南宋时潮州除南澳有妈祖庙外,州城附近韩江之滨至少还有一座妈祖庙,此庙始建的时间肯定在嘉熙之前,由此亦可见,妈祖信仰先由福建沿海一带传到潮州,再由潮州传到闽西山区。

　　陈元光在北宋成为漳州的地方保护神。神宗熙宁八年(1075 年),陈元光被朝廷封为忠应侯,宋徽宗政和三年(1113 年),漳州陈元光祖庙获赐"威惠"庙额。此后屡有加封,直至南宋初封为灵著王,地位极为崇高。宋廷对于陈元光的追封属于封神的性质,说明至迟到北宋中叶,漳州民间对陈元光的信仰已获得官方的认可,由此推动了陈元光崇拜的对外传播。从文献记载来看,宋代对陈元光的崇拜向北扩展至闽中、闽北,向南传播到粤东潮、循二州。潮州西湖山北岩活人洞现存宋玉牒赵希蓬石刻《修威惠王庙题记》曰:"威惠庙日就圮坏,邦人无有身其责者。玉牒希蓬毕力就事。以嘉定壬申三月朔兴役,逾年春告成,敬书以志岁月。六弟希稠书。"嘉定壬申即公元 1212 年。就是说只过了几十年,潮州也建了威惠庙,由此可见,闽文化向潮州传播之迅速。

---

① ［隆庆］《潮阳县志》卷 10,《坛庙》。
② 明·陈天资:《东里志》卷 1,《疆域志·祠庙》。
③ 宋·胡太初修,长汀县地方志编纂委员会整理:《临汀志》,福建人民出版社,1990 年。

# 第八章　闽粤移民与台湾文化形成

## 第一节　闽粤移民入台概况

关于福建人早期移居台湾之事史籍文献多有记载。季蓉洲《诸罗县志·杂记》引沈文开《杂记》云:"土番种类各异,有土产者,有自海舶飘来,及宋时零丁洋之败,遁之至此者,聚众以居,男女婚配,故番语处处不同"。道光年间任台湾北路理番同知的邓传安在《蠡测汇钞》中也记道:"卑南觅……今其女士官宝珠盛饰,如中华贵家,治事有法,或奉官长文书,遵行惟谨。闻其先本逃难汉人,踞地为长,能以汉法变番俗,子孙并凛祖训,不杀人,不抗官"。《噶玛兰志略》亦云:"瑯峤为全台适中之地,番王居之,统内、外社。或云宋零丁洋之败,有航海至此者"。凡此种种记载,莫不与沈文开之说相印证。考闽南家谱,知零丁洋之役,余生泛海,飘泊或晦居闽南及金门一带者,颇有其人,台湾与闽南相近,故当时逃生者或因风至台,亦极有可能。其他志书中也有关于福建人早年来台的记载。乾隆范咸《重修台湾府志》载:"南社、猫儿干二社番,其祖兴化人,渡海遭飓风,船破浮流到台,娶番妇为妻,今子孙婚配,皆由父母主婚,不与别番同"。周玺《彰化县志》也记道:"猫儿干社番,有说兴化话者,想系兴化人入社所传。"这些早期来台的汉人能在番众中保留自己的语言习俗,历久不泯,且能易番俗为汉俗,其人数当下在少数,否则是无法做到这一点的。

另外,谱牒资料也为福建人最早移居台湾提供了另一个有力的证据。目前见诸谱牒最早移民台湾的是北宋末南宋初的德化县苏姓。据《德化使星坊南市苏姓族谱》七世祖苏钦于南宋绍兴三十年(1160年)撰写的序文云:苏氏一族"分于仙游南门、兴化涵头、泉州、晋江、同安、南安塔口、永春、龙溪、台湾,散居各处"①。苏钦,字伯承,北宋宣和甲辰进士,官至利州路转运判官。该序作于南宋初,则苏氏族人分居台湾的时间,当可推溯到北宋末年甚至更早。北宋元祐二年(1087年),泉州正式设立市舶司成为我国对外贸易的主要港口,商人足迹远至亚非各国,其与台澎岛屿的联系,亦较前代密切,尤其是泉州人民已有不少移居澎湖,故德化苏姓于此时迁台,亦不足为奇。

　　元代时汉族人民迁去台湾者就更多了,元史虽未直接留下当时汉人分期分批迁去台湾的具体数字,但元朝建国初期国力强盛,版图横跨欧亚大陆,在继承宋代对台澎继续通航、相互往来的基础上,于元世祖至元二十九年至三十一年(1292~1294年)间设立了隶属于福建省晋江县的澎湖巡检司,这是大陆在澎湖列岛上设立专门政权机构的开始,曾对台湾多次进行诏谕。第一次诏谕发生在至元二十九年九月,根据海航副万户杨祥和书生吴志斗的建议,决定派兵6 000人前往诏降。杨、吴率军亲往琉球,但这次行动到达澎湖后因内部纠纷而发生混乱,以致半途而废。到了1297年,任福建省平章政事的高兴曾向朝廷上书:"泉州与瑠求相近,或招或取,易得其情","不必它调兵力"。元政府便下令改福建行省为平海等处行中书省,将省治设于泉州。同年9月,高兴便派省都镇抚张浩、福州新军万户张进等往台湾,"禽生口一百三十余人"返回。到了1298年正月,又将这些人遣送回去,要他们传达元政府"归谕其国,使之效顺"的意愿。结果一点反应都没有。这是由于当时台湾的土著民族处于大小不同,不相隶属的原始部落阶段,对于本部落以外的人则保持高度警惕,无法起到使之效顺的政治目的。元末至正元年(1341年)时,江西南昌人汪大渊曾搭乘海船,从泉州出发,远游南洋各国,回国后据其亲眼所见,亲耳所闻的情况写成了著名于世的《岛夷志略》一书。可见当时大陆人民去台湾已为濒濒之事了,否则他不可能随便乘船去台湾。此书是反映当时台湾社会经济的重要文献,忠实记载了台湾地势地形、方位、气候、物产、民族、饮食、航海、贸易等基本状况。元末明初时由大陆迁

---

① 庄为玑、王连茂:《闽台关系族谱资料选编》,福建人民出版社,1985年。

往澎湖的人口数字已相当可观,《小琉球漫志》引《泉郡志》云:"澎湖屿,在巨浸中,环岛三十六,如徘衙然,昔人多侨寓其上,苫茅为庐,推年大者为长,不蓄妻女,耕渔为业,牧牛羊,散食山谷间。"可见当时移居于澎湖的汉族居民确实为数不少,否则不可能出现聚族而居,到处可见排列整齐的住房。

明朝初年,社会秩序未定,沿海不安。朱元璋为了防止方国珍、张士诚等部逃往海上的残余势力卷土重来和倭寇的骚扰,洪武五年(1372年)命信国公汤和经略海上。在东南沿海一带实行迁界移民,坚壁清野政策,澎湖亦属迁界范围。以澎湖"居民叛服不常,遂大出兵,驱其大族,徙置漳(州)泉(州)间","徙其民而虚其地"。朱元璋虽则多次下令迁界移民,把澎湖人民移到漳、泉二州安置,但迁界政策并不能完全阻止福建沿海人民继续迁居澎湖、台湾的趋势。并且内地农民为了逃辟沉重的赋税负担,亦"往往逃于其中,而同安、漳州之民为多"。明政府虽有迁界之名,实际并无虚地之实,澎湖、台湾依然成为沿海人民的逃难地。

到了永乐年间(1403～1424年),朱棣改变其父闭关锁国政策,积极发展对外关系,出现了郑和七次下西洋的壮举。郑和是否亲自到过澎湖和台湾,史书未留下明确记载,但郑和庞大的船队中有些船只肯定到过台湾这是不可否认的。蒋毓英在《台湾府志》中曾记有:"台湾古荒裔地也,前之废兴因革莫可考矣,所得古老之传闻者,近自明始,宣德间太监王三宝(景弘)舟下西洋,因风过此"。王三宝为郑和随员,曾三次参加郑和的远航,目前在台湾有许多关于郑和及三宝太监的传说和遗迹。"大井取水"、"植姜风山"即为其例。此二例蒋毓英在《台湾府志》中亦有记载。"大井取水"相传为赤嵌(今台南市)有一口大井,王三宝到了台湾后曾在此井取水饮用时,在井内淡水中投放了药物,住在台湾岛上得了皮肤病而久治不愈的居民曾在井中取水洗浴得以治愈。"植姜风山"说的是王三宝到了台湾后在风山种姜,此姜食后可治百病。对此龚柴在其所著《台湾小志》中记得更为具体,"明成祖永乐末年,遣太监王三宝至西洋,遍历诸邦,采风问俗。宣德五年,三宝回行,近闽海为大风所吹,飘至台湾,……越数旬,三宝取药草数种,扬帆返国"。由此看来,郑和的船队肯定到过台湾。

明代中期,台澎地区不仅成为大陆海盗和商人的根据地,而且大陆沿海渔民也常常到台湾海峡捕鱼,其中部分居民便定居于此,成为台湾岛上居民。《明实录·万历》条记,万历二年(1574 年)明军追击"海盗"林凤集团到台湾北港后,召渔民刘以道,传达明皇帝谕旨,让台湾"番人"(原住居民)与明军合力夹攻海盗。

到了明代晚期,由于大陆战火连绵。天启六年(1626 年)到崇祯四年(1631 年),福建又连年灾荒,丧失土地和无衣无食的农民横渡海峡,到台湾谋生。而这时的郑芝龙以台湾北港为基地,活动于海峡之间,并在台湾行使着政权职能。郑芝龙以"劫富施贫"为号召,招纳流亡失地农民,沿海饥民纷纷投奔郑芝龙,郑芝龙以优厚条件招抚赴台垦荒饥民,"乃招饥民数万人,人给银三两,三人给牛一头,用海舶载至台湾"①,一时"漳、泉之人,赴之如归市"②。这虽则是按抚饥民的措施,但大大增加了台湾的汉族人口,促进了台湾经济的发展。就在郑芝龙招抚以后的时间里,大陆前往台湾的移民仍络绎不绝,后来又加之荷兰殖民者为了扩大对台湾的掠夺也积极招纳移民。从 1624 年荷兰占据台湾西海岸的部分地区起,到 1662 年郑成功收复台湾的 38 年间,史称荷据时代。陈孔立教授把人口和耕地面积联系起来考察,估算"荷据时代赤嵌附近有汉人 3.4～4.4 万人,全岛汉人人口达 4.5～5.7 万人"③。杨彦杰根据荷兰人征收人头税的资料测算,1647 年"在台湾的大陆移民约 13 000 余人,50 年代初期将近 2 万人,60 年代初期已达 35 000 人"④。由此看来,认定荷据时期中国大陆向台湾移民的人数在 3 万至 4 万人,当比较合理。

到了 1662 年郑成功收复台湾后又出现了大陆向台湾的第二次移民高潮。1662 年郑成功为收复台湾,所带领去台湾的军队人数即达 3.7 万人,后来还有陆续到来的士兵和自由移入的劳动人民,总人数达 12 万余人。⑤ 在荷兰殖民者投降后,郑成功又实行"寓兵于农"的屯田政策,从事垦荒,以备军粮。同时还派务田能手杨英到台湾原住居民村社中传授生产技术,加速了台湾经济的迅速开发和吸引了大批由大陆而来的移民。清朝统治初年,又在沿海一带实行"迁界令",对于流离失所的人民郑成功却"驰令各处",尽力收容,全移台湾。从清康

① 清·黄宗羲:《行朝录》卷 11,《赐姓始末》。
② 清·魏源:《圣武记》卷 8,《康熙戡定台湾记》。
③ 陈孔立:《早期台湾人口与耕地的重新估算》,《台湾研究辑刊》,1988 年第 3 期。
④ 杨彦杰:《荷据时期中国大陆向台湾的移民》,《现代台湾研究》,1993 年第 4 期。
⑤ 陈碧笙:《台湾地方史》,中国社会科学出版社,1982 年。

熙元年(1662 年)到康熙二十二年(1683 年)的郑氏时代,移入台湾的汉族居民约在 25 万左右。①

而人数最多、对台湾人口影响最大的是第三次移民高潮。虽然清政府在统一台湾后,将郑氏官兵及眷属遣送回大陆,而对过去移居台湾的各省移民可听任自愿,但自动返回者却寥寥无几。这是因为台湾开发的局面早已打开,人们对到"人口稀少,地利有余,又值雨水充足"的台湾开荒垦植很感兴趣,尤其是对居住在人多地少的福建沿海居民来说,则更具强大吸引力。虽然清王朝一再严刑苛法,禁止偷渡,但为求谋生的大陆民众却蜂拥而至。到乾隆四十七年(1782 年),台湾的人口已达 912 920 人②。嘉庆十六年(1811 年),台湾的人口已增至 1944 373 人③。

同治十三年(1874 年),钦差大臣沈葆桢建议开放人民渡台入山之禁,并制定开台奖励条例三条,得到清廷的批准。光绪元年(1875 年)日军侵台的事件发生后,清政府实行"开山抚番"政策,在汕头、厦门及香港等三地设招垦局,招徕大陆移民垦辟卑南、恒春及埔里等地旷土。光绪十二年,台湾建省。清政府在台湾设立招垦总局,以巡抚刘铭传兼任抚垦大臣,主持招抚垦荒工作,对大陆人民迁台谋生无疑起了一定的促进作用,但从人口增长情况看,效果并不十分明显。据光绪十九年户口调查,在籍汉人已有 507 105 户,2545 731 人。④ 此时人口的增加主要是自然的增长,大陆来台的移民已经不多了。

1949 年,国民党败退台湾,成为中国历史上时间最短、人数最多、规模最大的一次人口大迁徙。1946 年至 1949 年的三年间,台湾人口由 6 090 800 人,增至 7 396 931 人,增长了 130 多万人。⑤

---

① 清·蒋毓英等修:《台湾府志》,中华书局影印本,1985 年。
② 《福建巡抚雅奏》,载《明清史料》(戊编),中华书局影印本,1987 年。
③ [道光]《重纂福建通志》卷 48,《户口》。
④ (日)伊能嘉矩:《台湾文化志》,台湾省文献委员会编译出版,1991 年。
⑤ 廖正宏:《人口迁徙》,三民书局,1985 年。

## 第二节　台湾十大姓氏多自闽粤迁入

　　清代《小琉球漫志》说:"台地居民,泉、漳二郡十有六、七,东粤嘉、潮二郡十有二、三,兴化、汀州二郡十不满一,他郡无有。"成书于清末的《安平县杂记》说:台湾人口绝大部分都是汉人,原住民仅占很小比重,而在汉人中,"隶漳、泉籍者十分之七八,是曰闽籍;隶嘉应、潮州籍者十分之二,是曰粤籍;其余隶福建各府及外省籍者,百分中仅一分焉",也就是说,来自福建省籍的约占 70~80% ,来自广东的约占 20% ,而来自福建省的就是指漳州和泉州的移民。另外,据 1926 年日本人在台湾所作的人口调查,在台湾汉人人口总数 3 751 600 人中,祖籍福建者 3 120 000 人,占全台总人口的 83.1% ,祖籍广东者 590 000 人,占 15.6% ,其他地区者仅占 1.3% 而已。在祖籍福建省的汉人中,绝大多数来自泉州和漳州两府,其中泉州为 44.8% ,漳州为 35.1% ,汀州、福州、龙岩等地为 3.2% ;在广东省籍人口中,以嘉应、惠州、潮汕为多,分别占 7.9% 、4.1% 、3.6% 。[①] 而上述地区移民的祖先不少都可以上溯到光州固始,因此,可以说台湾同胞根在固始。下面综合杨绪贤《白话台湾区姓氏堂号考》[②]、《台湾省通志·人民志·氏族篇》[③]、《重修台湾省通志·住民志·姓氏篇》[④]所载资料,对台湾十大姓氏的大陆居民迁台情况做一考察。

### 一、陈氏

　　为台湾第一大姓,有"陈林半天下"之说。陈氏迁台最早始于元代,当时有永春岵山陈氏、南安丰州陈氏族人迁澎湖居住。明万历年间,有金门水头陈氏陈振遥到台湾开基,漳州府岛屿桥围仔头乡陈雅迁台湾岐头开基。郑成功收复台湾时,有陈氏族人随郑芝龙、郑成功父子入台,此后陈氏族人入台者络绎不绝,遂

　　① 转引自台湾文献委员会:《台湾省通志》卷 2,《人民志·氏族篇》。
　　② 杨绪贤:《白话台湾区姓氏堂号考》,台湾新生报社,1981 年。
　　③ 李汝和主修:《台湾省通志》卷 2,《人民志·氏族篇》,台湾省文献委员会,1970 年。
　　④ 庄英章:《重修台湾省通志》卷 3,《住民志·姓氏篇》,台湾省文献委员会,1997 年。

使陈氏一跃成为台湾第一大姓。今日陈姓族人已广泛分布于台湾各地,尤以台南、台北、嘉义、南投、新竹等地为多。

台湾陈氏主要来自福建、广东两省。来自福建者以泉州为最多:1. 同安县(今同安区,属厦门市)。万历年间,陈振遥由金门水头乡迁居于湖西,分传到澎湖各地。明永历十五年,陈一贵(一桂)随郑成功自金门渡台,移居今台南学甲;十八年,谘议参军陈永华入台,帮助郑经规划治台,死后葬于今台南柳营;二十年,陈元、陈永池移居今嘉义六脚;二十七年,陈水源移居今嘉义太保;陈士政、陈德卿移居今六脚。陈克恭于明郑时期移居今学甲,清康熙二十二年,迁居今湖西;康熙中期,陈登昌移居今台南善化。康熙、雍正年间,陈倪移居今高雄路竹。雍正年间,陈金生移居今嘉义朴子;陈炳辉移居今台南佳里;陈准、陈有德移居今台南将军。乾隆初期,陈文菊移居今台北市大同区;陈耀移居今桃园芦竹;陈仲惠移居今台北市景美区。乾隆中期,陈高移居今台南盐水;陈炎移居今台中神冈;陈佛助、陈必娱移居今台北市士林区;陈氏移居今台北市北投区;陈起府、陈链熊、陈链禹移居今台北五股。乾隆末期,陈犬、体、建、福四兄弟移居今彰化大城、溪湖;陈妈意移居今南投竹山;陈佑移居今台中大肚、龙井;乾隆四十年,陈某移居今台南县永康;乾隆四十五年,陈文澜今台北市大同区(大龙峒),五十三年,文澜子逊言、逊朗、逊陶兄弟亦入台定居。乾隆五十七年,陈武、陈举兄弟移居今彰化秀水,其后人口繁衍,成为大族;陈兆实移居今五股。乾隆年间,陈安陵移居今新竹,子长茂徙居今台北新庄。乾隆、嘉庆间,陈士篇携侄儿鼎训、鼎间、鼎学移居今龙井;陈阳棳移居今神冈;陈允、陈暂兄弟移居今新郑县;陈妈要移居今台北泰山;陈匡移居今五投。嘉庆十八年,陈廷珪入台,在今新竹市立业。2. 安溪县。雍正十三年,陈某移居今高雄桥头;雍正年间,陈星辉迁居今澎湖白沙;陈弈岳移居今屏东盐埔;陈赞、陈郡、陈侯移居今彰化和美。乾隆初期,陈文荣、陈文晃、陈敦执、陈敦添、陈肇质等,先后移居今台北县;陈保、陈夺移居今和美。乾隆中期,陈士琔移居今台北新店;陈百庙、陈炳聪、陈簿等移居今台北桃林;陈启都移居今台北莺歌;陈鸿秀、鸿栗兄弟外十五人移居今台北、桃园一带。乾隆四十年,陈某与杨、林二氏移居今台南永康;乾隆末期,陈懋诗、懋义、懋主兄弟外九人移居今桃园大溪;陈有余移居今台北三峡;陈文俊移居今台北县。嘉庆年间,陈进移居今树林。3. 南安县。永历三十三年,陈巨郎移居今六脚;三十五年,陈意境、陈能意移居今六脚。康熙五十年,陈祯郎移居今佳里。雍正八年,陈安移居今太保;陈仲固移居今树林;陈仲月、仲特、仲将、仲麟兄弟移居今芦竹。乾隆初期,陈玉起移居今彰化盐埔;陈怡报移居今桃园大园。嘉庆年间,陈足意移居今台北石碇。4. 晋江县。康熙四十八年,陈赖章移居今台北市。雍正乾隆年间,陈球兄弟二人移居今台南学甲。乾隆二年,陈仁愿移居今新竹香山。乾隆中期,陈光建移居今屏东南州;陈琛迁居今台南市;陈妈恩移居今台北市;陈越移居今台北中和、树林。乾隆五十年,陈长顺移居今新竹关西;乾隆五十八年,陈智仁移居今新竹关西。乾隆末期,陈德相移居今佳里;陈仁厚移居今香山。乾隆年间,陈某移居今台南一带。5. 惠安县。雍正二年,陈朝合移居今台中市,后代徙居苗栗后龙一带。6. 县份不明者:康熙四十年,陈维参移居今高雄岑雅。康熙年间,陈朝合移居今云林元长。道光八年,陈瑞兴、陈元瑞移居今台中县。

　　来自漳州府的亦不少:1. 海澄县(今龙海市)。永历初年,陈仕迁居今澎湖白沙;永历十五年,宣毅前镇陈泽随郑成功驱荷复台,死后葬内地,后代繁衍于今台南市;永历三十二年,陈台灵移居今高雄路竹。2. 漳浦县。永历二十年,陈开高、陈辟高入台创业;二十八年,陈天楣与林虎合垦今六脚。康熙末年,陈增耀移居今桃园中坜。乾隆初期,陈穆移居今彰化二水;乾隆中期,陈孝率子宗、择、初、骞等兄弟移居今大肚;乾隆五十八年,陈士灶移居今南投名间;嘉庆年间,陈瑞兴移居今彰化二水;陈淇澳移居今宜兰市。咸丰十一年,陈辉煌移居今宜兰三星。3. 龙溪县(今龙海市)。永历十五年,陈锦移居今台南安定;十八年,陈子政与杨巷摘合垦今六脚;三十七年,陈升与蔡振龙合垦今六脚。康熙中期,陈石龙移居今云林古坑;四十七年,徙居今嘉义梅山;康熙末年,陈灿、陈迎兄弟移居今台南永康;康熙年间,陈有芳移居今嘉义义竹。雍正年间,陈猛移居今佳里。乾隆嘉庆年间,陈元盛移居今台南永康。嘉庆年间,陈钦凤移居今台中丰原;陈孟兰与吴表合垦今宜兰市。4. 诏安县。康熙末期,陈蔡献南移居今神冈。陈鞍、陈元利移居今龙井。乾隆初期,陈德贺移居今彰化田中。乾隆中期,陈志城迁居今台南市,后徙居苗栗苑里。5. 南靖县。乾隆初期,陈樵迁居今台北市;乾隆二十年,陈天春移居近桃园观音;乾隆末期,陈岁移居今名间。6. 平和县。乾隆初期,陈党移居今台北三峡。7. 县份不明者:万历末年,陈雅移居今澎湖白沙。光绪九年,陈丁移居今桃园大园。

来自广东潮州府者:1. 饶平县。康熙末期,陈圣瑞移居今台北市内湖区。乾隆初期,陈名显、名光、钦耀、名周、名庚、名英、名标等七兄弟,移居今台南东山,后徙居今桃园龟山;陈声荣等移居今彰化田尾。2. 海阳县(今潮安县)。乾隆中期,陈林吉义移居今台中石冈。嘉庆元年,陈二郎、喜父子移居今台中新社。3. 揭阳县(今揭阳市)。雍正十年,陈宽和移居今彰化员林。

来自嘉应州者:1. 镇平县(今蕉岭县,属梅州市)。雍正初年,陈观珠、庆恩兄弟移居今苗栗通霄;陈学正迁居今台北淡水;雍正十三年,陈世荐移居彰化沙辘,后迁居今苗栗竹南。乾隆初年,陈开云移居彰化沙辘,后迁居中港。乾隆十六年,陈华标移居今苗栗头份;乾隆中期,陈世举、德鹏父子最初在今苗栗竹南,后迁桃园市;陈硕沐移居今苗栗三义;陈凤述移居今苗栗头份。乾隆末期,陈任华移居今新竹县,分传入丰原;乾隆年间,陈某移居今苗栗大湖,陈观潮移居今苗栗通霄。嘉庆年间,陈彰智移居今苗栗苑里。道光年间,陈穆明、穆凤兄弟移居今苗栗头份;陈妈枝兄弟二人移居今嘉义市;陈兴龙移居今头份。2. 长乐县(今无华县,属梅州市)。乾隆中期,陈振韶、奕韶、添韶等兄弟,先后移居今中坜;乾隆年间,陈凤文移居今苗栗头份。3. 平远县。雍正年间,陈淑英入台建业。乾隆中期,陈启伦移居今苗栗铜锣;陈玉珠、陈联三移居今中坜。4. 兴宁县。乾隆四十七年,陈东浩移居今芦竹,他的四个儿子分传关西、杨梅一带。5. 陆丰县(今陆丰市,属汕尾市)。乾隆初期,陈曰勋移居今新竹市;乾隆中期,陈北端移居今铜锣,陈乾兴移居今新竹湖口;乾隆年间,陈广澄移居今桃园中坜。

## 二、林氏

为台湾第二大姓。早在隋代便有林氏族人到了台湾,唐代航海家林銮祖父是隋代开发夷州(台湾)航线的主要成员。据史籍记载,明永乐五年(1407年),一位叫林朝和的人,东渡过海,定居台南,史称林氏移台第一人。据说现今台南市大南门外尚有林朝和的墓,就是为了纪念这位台湾的林氏祖先。林朝和移居台湾后,林氏大规模从大陆迁居台湾的活动有两次。第一次是在明朝末年,即郑成功据台反清复明时期。原居福建的林氏世家,纷纷东渡,迁居台湾,开始以嘉义、台南地区居多,后逐渐扩及全岛。第二次发生在清康熙年间。福建与广东的林氏族人大批移民台湾,从而造成台湾林氏的兴盛。今日林氏,以台南、台北两地最多,次为彰化、嘉义、南投、台中、新竹和苗栗。

从迁入地看,以来自福建漳州为最多。1. 漳浦县。崇祯末年,林四迁居今白沙。永历年间,林宗哲移居澎湖;明郑时期,林超移居今南投竹山,后代徙居今南投镇。清康熙三十三年,林云从移居今嘉义大林,他的儿子林委徙居台南市南区,后来成为台南大族。康熙末年,林振、林谋移居今南投名间;林大鹏移居今台中市;林兴移居今台中龙井。雍正年间,林卯移居今云林斗南;林升移居今彰化埤头;林天生移居今南投草屯;十二年,林成祖移居今台中大甲,后移台北板桥,凿沟辟地,有功于地方。乾隆中期,林笃实移居今嘉义竹崎;林焕、林道、林镇、林源及林教等,移居今彰化社头;林志听、林景宜移居今台中潭子;林壮移居今大甲;林协伦移居今苗栗通霄。乾隆五十五年,林英豪移居今台中县大甲。乾隆末期,林跳、桔父子,移居今台中大安,后徙居潭子;林扶、林升亮、林文炳等,移居今南投镇;林文俊移居今南投鹿谷;林旷移居今南投国姓;林田、林积庆及林万福,移居今台中市。嘉庆年间,林同翁移居今南投集集;林长移居今潭子;林正直、纯直移居今宜兰市;林秀移居今宜兰冬山。道光十一年,林针移居今宜兰县苏澳镇。2. 海澄县(今龙海市)。永历十五年左右,林厚迁居今白沙。康熙三十二年,林榜迁居今台南市。雍正年间,林良德移居今竹山。3. 平和县。永历二十二年,林宽老移居今嘉义六脚;二十三年,林虎自今嘉义徙居竹山,后徙居六脚;林万移居今南投竹山;三十年,林一移居今嘉义太保。康熙中期,林宽壳、林必锦移居今竹山。康熙末期,林满移居今云林六斗;林应、林德纯移居今竹山;林瑞芸移居今台中大里;林固移居今台中市东区。雍正年间,林宏齐、林敦成移居今彰化永靖;林彩、林剧移居今竹山;林元明移居今台中市东区。乾隆初年,林江、林受豚移居今大里,后迁居台中县雾峰;林爽文移居今大里,后聚众抗清,事败被杀;十年,林簪移居今台中市东区,后移南区;十一年,林石移居今大里,长媳林黄瑞娘携子琼瑶、甲寅迁居雾峰,后繁衍为闻名的"雾峰林家"。乾隆中期,林先仲移居今永靖;林敦朴、林历、林广真、林超及林麻,先后移居今竹山;林伯朋、林灶移居今鹿谷;林允移居今南投镇;林上秧、林溪山及林尾移居今台中市;林梯移居今台北中和。乾隆末期,林直、林监移居今彰化员林;林遥、林籍、林正直及林德超,移居今台中市;林圣移居今大里;林怕、林最乃移居今中和。乾隆年间,林勤朴移居今台中乌日。嘉庆年间,林文雅、林良清及林笃信移居今竹山;林敦厚移居今鹿谷;林在现移居今南投水里;林玉琨、林崇谦及林阿谟移居今台中市;林水、林同及林朝淇移居今宜兰头城、罗东。4. 诏安县。康熙中期,林生携子移居今彰化市,后代迁居中和。康熙末期,林贺、林朴素移居今云林莿桐、斗六。康熙年间,林克明移居今云林斗六。雍正年间,林都移居今潭子。乾隆初期,林善移居今员林;林朝脉移居今中和,分传板桥。乾隆中期,林廷抡、廷柄、廷村兄弟移居今台中大雅;林荐、林廷悦、林朴直及林维高,移居今潭子;林秉道、林在忠移居今彰化,后迁居今台北景美。乾隆末期,林迁仔移居今草屯;林双美、林天汉移居今台中丰原、潭子。5. 南靖县。永历十九年,林新彩移居今南投竹山。康熙末年,林国荣移居今竹山;林廷柯、林元成、林元旻及林元道移居今台北市士林、松山区,后代迁居今宜兰礁溪。康熙年间,林耀烈移居今嘉义。雍正年间,林应朝移居今南投县;林元察移居今板桥。乾隆初期,林宜治、林继怀、林观论、林公愿、林志、林墀、林筹、林豁、林天就、林泰及林算移居今草屯,其后族人生聚甚众,为草屯四大姓之一。乾隆中期,林应世移居今台中市西屯区;林忠移居今桃园市;林世献移居今板桥。乾隆末年,林招、林愁、林联德及林文潭先后移居今竹山、鹿谷,分传水里。嘉庆年间,林醉橱移居今桃园大园。6. 龙溪县(今龙海市)。永历二十五年,明郑部将林凤移居今台南六甲,郑成功为纪念他的功绩,把他所开垦的地方叫做"林凤营"。永历年间,林白、林阉猪移居今台南永康。康雍年间,林君宠移居今台中清水,后裔徙居今台中神冈;林某移居今高雄茄萣。乾隆初期,林天来移居今南投,分传集集、水里、鱼池等地;林婉容携子世杰移居今草屯。乾隆四十三年,林应寅入台,开设书馆教授学生于今台北新庄,其子平侯迁居桃园大溪,平侯子国华、国芳兄弟再迁至板桥,经商致富,为"板桥林家"。乾隆中期,林志竹、林志添及林志间移居今台北桃林;林士知、林戚移居今板桥;林昆茂移居今台南永康。乾隆末期,林曲移居今竹山;林朴移居今龙井,后迁彰化。乾隆年间,林缘移居今嘉义新港。乾嘉年间,林某移居今台南永康。7. 长泰县。嘉庆年间,林安然、林国成移居今南投镇。8. 县份不明者:永历十九年,林天生、林万福、林浮意移居今云林北港。乾隆二十二年,林虎移居今南投竹山。乾隆三十七年,林潘磊入垦今台中新社。道光七年,林流水移居今宜兰苏澳。

　　其次为来自泉州府的。1. 同安县(今同安区,属厦门市)。崇祯末年,林达迁居今白沙;崇祯年间,林氏兄弟三人分布移居今高雄路竹、湾里、三甲。永历十九年,明郑参军林圯率所部屯驻今竹山,后被原住民杀害,人们为纪念林圯开垦功绩,将这个地方命名为"林圯埔";永历三十二年,林才甲移居今台南湾里;明郑时期,林三光移居今台南市,后代迁居新竹。康熙末期,林传移居今台南归仁,分传高雄路竹;林广富移居今台北市景美区。乾隆初期,林祖源、林祐移居今台中清水。乾隆中期,林尾移居今永靖。乾隆末期,林功成移居今台北三重;林宏、林汲移居今新庄,分传花莲;林祖定移居今台北汐止。乾隆年间,林荣初移居今台北三重。嘉庆年间,林传振移居今苗栗苑里;林朝波、朝晓、仁贵、朝阳兄弟及林册移居今板桥。咸丰年间,林石藻移居今台北龙山,再迁今延平。2. 晋江县。永历三十四年,林启鸾迁居今澎湖马公。明郑时期,林元侯(林鼎)移居今高雄桥头。雍正年间,林文进移居今桃园市。乾隆二十五年,林杨团携子世蕴、世菊、世阁兄弟,迁居今彰化市,后迁鹿港。乾隆末期,林荣昌移居今南投镇;林谦移居今彰化二水,后代迁居龙井;林建鹰移居今台北林口。嘉庆年间,林光九移居今嘉义朴子。3. 安溪县。雍正年间,林光晃移居今草屯,分传台中市;林端正、林生赞移居今树林。乾隆初期,林文礼移居今彰化秀水。乾隆中期,林德耀移居今草屯;林君让、林尧移居今台北市古亭区。乾隆末期,林哈英移居今彰化福兴;林三其移居丰原;林文最、林凤、林晚及林进移居今树林;林经纶移居今大溪,分传莺歌;林君昌、林君顶、林臣发、林臣覆、林臣郎、林一旅、林嘉胞、林嘉瑜及林六褚先后移居今台北新店,分传台北地区;林洪景、洪泰兄弟移居今台北市,稍后,林洪作、洪老、洪隐、洪伯、洪约及温理等兄弟叔侄亦移居台北地区。乾隆年间,林震郎移居今台北新店。嘉庆四年,林文敏迁居今台南麻豆;嘉庆年间,林良济、行夏、高攀兄弟及林敏政移居今台中神冈;林致远、林理完移居今三峡。4. 惠安县。雍正年间,林兆元移居今台中市。乾隆初期,林管移居清水,分传鹿港。5. 县份不明者:永历十六年,林某移居今澎湖马公。乾隆四年,林耳顺移居今苗栗头份。嘉庆初年,林文意兄弟三人移居今屏东南州、潮州。道光年间,林叶时移居今云林麦寮;林某移居今台南归仁。

来自永春州者:1. 大田县(今属三明市)。康熙末年,林开燕移居今二林。2. 永春县(今属泉州市)。乾隆初年,林科移居今莺歌。乾隆末年,林士倡移居今云林土库。

来自汀州府永定县(今属龙岩市)者:乾隆中期,林增皆、林兴应移居今台中市;林淑勤移居今南投镇。来自龙岩州龙岩县者:乾隆末年,林瑞魁移居今板桥。

来自广东者以潮州府为最多。1. 饶平县。康熙中期,林敛滟移居今永靖。康熙末期,林端楠移居今丰原,后代迁居苗栗卓兰。雍正年间,林仕泰移居今台中石冈,分传苗栗三义、通霄。乾隆初期,林元梅、林元开、林明周及林怀二,移居今丰原;林元滨、林元茂及林仁曹,移居今台中东势;林仁茬、林仁英移居今潭子,分传卓兰;十四年,林钦堂、林孙彰携子居震、先坤移居今鹿港,十七年迁居新竹竹北,稍后,邀同乡林孙服、林孙檀移居竹北。乾隆中期,林朝钦移居今高雄凤山,后徙居苗栗公馆;林元、林钦健移居今台中市;林孙嗣移居今石冈;林男海移居今苗栗镇;林孔奇移居今公馆;林静操、林彭城、林心奇及林仕孔,移居今新竹竹北;林莲美、林浩流及林孔凤移居今新埔;林士乾移居新竹竹东。乾隆末期,林登移居今鹿谷;林学諵、金榜父子及林阿来移居今丰原。乾隆年间,林耀辉移居今高雄凤山。嘉庆年间,林廷封移居今永靖。2. 海阳县(今潮安县)。康熙末期,林集山、忠生、忠茂父子,移居今云林西螺。嘉庆年间,林能乞移居今丰原。3. 大埔县(今属梅州市)。雍正年间,林世隆、林世传移居今丰原,分传东势。

来自嘉应州者:1. 梅县(今属梅州市)。乾隆初年,林潮皇移居今苗栗镇。乾隆末年,林璋瑞移居今水里。嘉庆年间,林乾传移居今南投埔里;林德政移居今竹东。2. 镇平县(今蕉岭县,属梅州市)。康熙六十年,林汉泰、林乾玉移居今屏东万峦;康熙年间,林锦秀移居今新竹峨嵋,后再迁今苗栗头份。乾隆初期,林益杏、益杰、益汉兄弟移居今苗栗头份。乾隆十六年,林洪移居今苗栗头份。乾隆中后期,林栋瑞移居今永靖;林彩秀、林锦秀、林辉海、林通义及林圮芳移居今头份。乾隆年间,林珍义移居今苗栗头份。道光十六年,林元华、林炳华移居今苗栗头份。

来自惠州府者:1. 陆丰县(今陆丰市,属汕尾市)。康熙末年,林俊曾移居今台中神冈,分传通霄。康熙年间,林清茂移居今台中神冈。康雍年间,林君宠移居今台中清水,后裔徙居今神冈。乾隆二十一年,林君海移居今桃园观音。2. 海丰县(今属汕尾市)。乾隆三年,林文裁移居今通霄。

### 三、黄氏

为台湾第三大姓,素有"陈林半天下,黄郑排满街"的说法。明朝天启末年,福建大旱,郑芝龙便舟载饥民数万人人台,其中有大批黄姓成员。但见于史籍记载的最早迁台黄氏族人是明末移居今台湾马公的南安人黄正束。此后,黄姓族人入台者,便源源不断,如今黄氏族人已广泛分布于台湾各地,尤以彰化、台南、嘉义、台北、苗栗为多。从迁入地来看,主要来自福建的泉州、漳州、汀州和广东的嘉应、潮州、惠州等地。

来自泉州府者:1.南安县。崇祯十年,黄正束迁居今马公,分传澎湖湖西。永历三十三年,黄雄移居今嘉义六脚。清康熙中、末期,黄兴龙移居今台北泰山;黄凤、怨、坐等三兄弟,移居今嘉义。乾隆元年,黄某移居今嘉义六脚。乾隆初期,黄士决移居今台北市南港区。乾隆末期,黄朴直、黄明移居今屏东盐埔;黄基源移居今台北地区。嘉庆年间,黄水迁居今屏东琉球;十年,黄元隆移居今台北树林,其后传布繁衍成为大族。道光年间,黄暖时、黄孙虑率子礼犁、孙则沙迁居今台北市万华区。2.同安县(今同安区,属厦门市)。康熙中期,黄瑞端移居今台南市,后代迁居台北三重。雍正年间,黄仁长由金门迁居今澎湖西屿。乾隆初期,黄有声移居今台北地区。乾隆中期,黄紒、黄耀、黄理、黄祐、黄普、黄参、黄英、黄勇、黄椿、黄御等,先后移居屏东东港。乾隆末期,黄特迁居今新竹市。嘉庆年间,黄元赞移居今台北芦洲;黄雄移居今台北大同。3.安溪县。康熙末期,黄可宝移居台北地区。乾隆初期,黄都移居今台北板桥,分传台北三峡。乾隆中期,黄端移居今台北淡水,分传台北地区;黄继炫、继焙、继炯、继灯、继燧、继炯、继焊、继劲兄弟移居今桃园龟山,分传台北地区;黄廷宝、廷琬、廷篇、廷禄兄弟移居今泰山,分传台北市南港、松山区;黄继抵、继端、继葱兄弟移居今台北新庄、三重、泰山;黄春、秋、文亨兄弟移居今板桥、三峡、中和;黄箸、黄安庆移居今新庄;三十九年,黄廷同、黄廷升及黄廷瑜、廷坚兄弟,移居今新庄,分传台北地区。乾隆末年,黄世贤、黄朴居移居今台北新坑。嘉庆年间,黄登龙、再春兄弟移居今台北莺歌,分传三峡。道光十五年,黄宝移居今台北淡水。4.晋江县。康熙五十三年,黄可麟、可申移居今台北淡水;康熙末期,黄某移居今嘉义东石。雍正年间,黄许爱携子移居今台北八里。乾隆初期,黄玉衡移居今台中清水;黄仲漳、黄朝仪移居今彰化鹿港。乾隆末年,黄三老移居今清水。乾隆年间,黄清美移居今彰化鹿港;黄光渊、光长移居今台北万华。嘉庆年间,黄季厚移居今鹿港;黄昌宰移居今桃园,分传花莲光复。同治年间,黄培宗移居台湾。光绪十七年,黄植拼移居今彰化鹿港。5. 县份不明者:康熙年间,黄某移居今台南佳里。道光二十九年,黄露柏移居今新竹关西。

来自漳州府者:1. 龙溪县(今龙海市)。永历中期,黄盛移居今台南仁德。康熙末期,黄必照、黄法移居今台中丰原。乾隆中期,黄绍移居今南投竹山。嘉庆年间,黄濂移居今南投鹿谷。2. 南靖县。康熙中期,黄纯善移居今台北市区内湖区。康熙末期,黄永山移居今板桥、树林。雍正年间,黄元喜移居今台北中和;黄联德、黄奉、黄朴直及黄武国等移居今竹山,分传鹿谷。乾隆中期,黄震宪、黄攀龙移居今台北地区,后代迁居花莲;黄良同移居今板桥。3. 海澄县(今龙海市)。永历二十年,黄庭柳移居今台南麻豆。乾隆中期,黄勤创、仕登父子移居今屏东林园。4. 诏安县。雍正年间,黄英哲、黄平侯移居今彰化埔心;黄盛漳移居今彰化员林。乾隆初年,黄昌钟移居今台北土城;八年,黄端云移居今彰化溪湖;黄国帖、国查兄弟移居今彰化大村;九年,黄君宠移居今溪湖;黄聆移居今埔心。乾隆中期,黄昌仓、昌积、昌贤兄弟移居今桃园大溪、芦竹及新竹关西。乾隆末期,黄韵风、祖昌父子移居今桃园大园。5. 平和县。乾隆三年,黄元路移居今丰原,分传台中市及苗栗通霄。乾隆初期,黄登科、登杰兄弟移居今新庄,后代迁居宜兰;黄通、黄朴厚移居今竹山,后徙居鹿谷。乾隆中期,黄忠移居今台中乌日,分传屏东恒春。嘉庆年间,黄福盛移居今宜兰头城。6. 漳浦县。乾隆七年,黄世珍迁居今台南市。乾隆中期,黄璋瑞、黄海移居今南投水里;四十六年,黄汉迁居今南投集集。嘉庆年间,黄敬穆移居今土城。道光年间,黄文骞移居今台北双溪,再迁瑞芳。7. 县份不明者:乾隆三十六年,黄某移居今南投。乾隆年间,黄濑移居今嘉义朴子。

来自汀州府者:1. 永定县(今属龙岩市)。雍正年间,黄维英及黄日英、只仁父子等移居今台中市南屯区。乾隆初期,黄举英移居今通霄。2. 宁化县(今属三明市)。光绪三年,黄开懋移居今台中西屯。

来自嘉应州者:1. 镇平县(今蕉岭县,属梅州市)。康熙四十三年,黄明觉、黄明发移居今嘉义义竹,后代迁居桃园平镇、中坜。雍正年间,黄及文移居今桃园龙潭。乾隆初年,黄周旺移居今台中雾峰,后再迁苗栗。乾隆六年,黄瑞庆移居今苗栗公馆。乾隆初期,黄纯宾移居今桃园新屋;黄梅生、庚生、金生兄弟及黄元琮移居今桃园杨梅、中坜;黄如三、如泗兄弟移居今新竹湖口;黄棋信移居今苗栗狮潭;黄淑璋、淑琇兄弟及黄彦赵、宝兰父子等先后移居今苗栗、铜锣及新竹北埔;十六年,黄日新移居今苗栗竹南、头份。乾隆中期,黄彦桂、彦远、彦兰、彦和、彦连、彦芳、彦祯、彦安、黄朝贤、黄建才等移居今竹南、头份、内湾。乾隆末期,黄永华移居今新竹芎林;黄元扬、元英移居今桃园中坜、新屋及头份;黄清泰、黄明庆移居今头份;黄隆英移居今苗栗南庄;黄其滞移居今松山,后徙居今苗栗镇。嘉庆年间,黄国兰、黄端殿、黄日来、黄奕城及黄盛栢等先后移居今苗栗镇,后分传花莲玉里、瑞穗;黄富其移居今彰化永靖,后迁台中东势;十八年,黄璿卿移居今头份,分传新竹市。嘉道年间,黄明汉移居今台中东势,后再徙今桃园龙潭。道光二十四年,黄润凤移居今台南头份。2. 梅县(今属梅州市)。乾隆年间,黄允金移居今南庄;黄成恭移居今屏东万峦、新埤;五十年,黄朋仲移居今新庄。嘉庆年间,黄祈英移居今头份。3. 长乐县(今无华县,属梅州市)。乾隆中期,黄闰贵、辛贵、壬贵兄弟,移居今苗栗、三湾;黄成全移居今中坜。道光末年,黄梅怡移居今杨梅,同治二年,其子南球迁居今南庄。

来自潮州府者:1. 饶平县。康熙中、末期,黄仕卿移居今彰化埔心,凿"十五庄圳",与施世榜所凿施厝圳,合称八宝圳,灌溉彰化平原;康熙末期黄可久、黄实贤移居今员林及台中石冈;黄君必、君伦兄弟移居今台中大雅。雍正年间,黄国良移居今桃园杨梅。乾隆年间,黄信义、黄日敏移居今中坜;黄尚蛾、黄选移居今埔心及苗栗苑里。2. 丰顺县(今属梅州市)。康熙末期,黄翼万移居今新竹,后代迁居竹东。乾隆年间,黄乾保移居今基隆市。3. 揭阳县(今揭阳市)。雍正年间,黄佑阁移居今丰原。乾隆中期,黄朝安、黄朝略移居今关西、竹南。乾隆末期,黄立祯移居今台中神冈。4. 惠来县(今属揭阳市)。雍正年间,黄凤祥移居今杨梅,分传中坜、关西。5. 大埔县(今属梅州市)。乾隆初期,黄上华移居今土城,后迁居新竹。乾隆中期,黄魁周移居今龙潭;黄敏锡移居今狮潭。6. 海阳县(今潮安县)。乾隆中期,黄有宁移居今新庄;乾隆末期,黄英隆移居今台中石冈。

来自惠州府者:1. 陆丰县(今陆丰市,属汕尾市)。雍正初年,黄达庆、达文兄弟移居今丰原,分传潭子;黄特成移居今新屋;五年,黄君泰、魁智父子移居今新竹新丰;八年,黄海元移居今新竹市;十一年,黄魁兴移居今新丰。乾隆初期,黄廷拔及黄鼎坤、鼎交兄弟等移居今湖口、新丰;黄英照、黄升其移居今桃园观音。乾隆三年,黄荣贵携嫂及侄儿移居今新屋。乾隆中期,黄盛辉移居今台中后里;黄金钟移居今苑里。乾隆末期,黄国服、黄鸣贤移居今新丰,分传玉里。乾隆年间,黄英飘移居今桃园观音。嘉庆年间,黄正移居今桃园观音。咸丰二年,黄阿东移居今台中大甲。2. 海丰县(今属汕尾市)。乾隆初期,黄成略移居今苢林,分传中坜、平镇。

### 四、张氏

明崇祯年间有漳州人张百万、泉州同安人张尾凉迁居澎湖县,是大陆较早迁台的张氏族人。郑成功渡海收复台湾时,有不少福建张氏族人跟随前往,并留居台湾。而清朝收复台湾后的大批张氏族人移居台湾,使得张氏成为台湾人口较多的姓氏。如今,张氏族人已广泛散居于台湾各地,但主要分布在彰化、台南、台北、嘉义、新竹、南投。从迁入地来看,主要来自福建的漳州、泉州、汀州和广东的嘉应、潮州、惠州等地。

来自漳州府者:1. 龙溪县(今龙海市)。康熙二十四年,张鉴移居今嘉义六脚。康熙末期,张淑仁移居今彰化田尾。雍正十一年,张仲和移居今云林东势。乾隆初期,张臣移居今高雄桥头。乾隆末期,张红毛移居今高雄仁武;张创移居今南投竹山。2. 南靖县。永历十五年,张文羡随郑成功入台。康熙末期,张世英移居今高雄凤山。康熙六十年,张志达移居今嘉义,其后再徙台中西屯。雍正二年,张广伯移居今彰化县。乾隆初期,张志和移居今台中市西屯区;张志达、张从身移居今台中市西屯、台中大雅;张一唯移居今云林斗六,张金受、张峨移居今竹山;张永茂移居今台北中和。乾隆中期,张水生移居今台中雾峰;张纯益移居今桃园县;张文莫移居今竹山,后迁居台北永和;张极移居今台北贡寮;嘉庆、道光年间,张云露及张玉池、玉晏、玉芳兄弟,移居今竹山。3. 平和县。康熙末期,张谢勤惠携子移居今斗六。雍正年间,张亦善、张伯起移居今南投名间。乾隆初期,张其阳移居今台北五股。乾隆中期,张放移居今台中市西屯。乾隆末期,张贤、张清标移居今台中太平、乌日;张鸿毅移居今台中市西屯。嘉庆年间,张金菊移居今高雄旗山;张明担移居今南投中寮;张亨、滚叔侄及张指等移居今大雅;张大连移居今桃园市。4. 漳浦县。康熙末期,张涌昌移居今大雅。雍正年间,张光喜移居今嘉义朴子。乾隆初期,张温厚与朱孝生合垦今高雄前镇区;张妈厚移居今台中龙井。乾隆中期,张何业移居今龙井。乾隆末期,张天赐移居今大雅;张俊直移居今台中大里。嘉庆年间,张丙、张基、张顺及张鹤生等,先后移居今龙井。道光二年,张纯素移居今斗六,后代迁居竹山;道光六年,张庆茂移居今宜兰罗东。5. 诏安县。乾隆末期,张坯、张阿微移居今竹山;张公成移居今台中市。6. 县份不明者。崇祯十年,张百万(张隐)移居今澎湖白沙。康熙末期,张某移居今云林仑背。

来自泉州府者:1. 南安县。康熙中期,张权移居今彰化永靖。康熙末期,张宫移居今云林北港。雍正十二年,张春始移居今新竹竹北。乾隆初期,张彦恺、张彦参及张会、张福、张权等兄弟,入台建业。乾隆中期,张通、理兄弟入台建业;张敬老、尊贤兄弟移居今永靖;张炳文、张圻招及张彦七等移居今台中后里;张荷及张伯适、张伯益叔侄等移居今台中大甲;张稷、张稻及张夏莲等入台建业;张送春移居今后里,后徙居台中神冈;张验、张低、张年、张瞻、张盖及张改、张因等兄弟,移居今大甲。乾隆末期,张水、张忍及张罕兄弟等移居今大甲;张元插、张奇生入台建业;五十年,张昭川移居今后里。嘉庆年间,张成、张迎禧及张维春等,先后移居今后里。2. 惠安县。康熙中期,张士栯迁居今台南市。乾隆初期,张纯德移居今朴子;张纯厚移居今南投草屯。3. 安溪县。雍正四年,张文凤移居今彰化市,后徙居台北地区。乾隆初期,张启梅、张益宝移居今树林。嘉庆年间,张权移居今旗山。光绪年间,张居素移居今台北瑞芳。4. 晋江县。乾隆初期,张亨移居今云林虎尾;张必荣移居今云林西螺;张方高、方升、方远、方大兄弟等初居今凤山,后徙居台北树林、莺歌。乾隆中期,张文、韬、武、略等兄弟移居今彰化和美;二十三年,张志波迁居今台南市。乾隆末期,张哲仁、张诗钦移居今高雄,分传台南;张维璜、张维珠移居今和美。嘉庆九年,张聪移居今新竹竹东。5. 同安县(今同安区,属厦门市)。崇祯十七年,张尾凉移居今澎湖马公。永历年间,张灏、张瀛随郑成功入台。康熙二十二年,张来通入居今台南。雍乾年间,张来、张哲、张进、张仕、张祐、张林、张以举(张选)、张迪、张抱、张奇、张朝移居台湾。乾隆十八年,张尚德移居今台北大同;乾隆中期,张元、张羡移居今台北八里;三十一年,张徽万移居今台北板桥;四十二年,张光备、张光报移居今八里;乾隆年间,张启望、启兴、启三、启攀、启顺、启近移居台湾。嘉庆年间,张敬时兄弟六人移居今台北八里;张文祥移居今屏东潮州;张观习初居今台南市,后徙居台南归仁;张再兴移居今后里;张建学兄弟等六人移居今台中大安;张世文入台,后代迁居花莲。6. 县份不明者。嘉庆年间,张某移居今台南安平。

来自汀州府者:1. 永定县(今属龙岩市)。嘉庆年间,张佛元移居今台中市南屯区。2. 武平县(今属龙岩市)。嘉庆年间,张祥云初住今大甲,后迁居后里。

来自潮州府者:1. 饶平县。康熙中期,张卓理、张廷盛移居今嘉义溪口,分传彰化社头。康熙末期,张刚直及张应和、张文敞叔侄等移居今员林;张友经、张侃直移居今员林及埔心。雍正年间,张朝惠、张俊异移居今溪口;张儒林移居今员林;张信堡移居今大雅。乾隆初期,张希强、希远先后移居今员林;张兆追移居今桃园平镇;张喻义、信直父子移居今中坜。乾隆末期,张文睦、文燕兄弟及张东海等先后移居今新竹芎林、横山。嘉庆年间,张鹏程移居今彰化员林;张卓辉移居今员林;张磝移居今台中市。2. 大埔县(今属梅州市)。康熙五十年,张达京移居今神冈。雍正十二年,张达朝、达标兄弟移居今台中潭子。乾隆初期,张廷连移居今台中市北屯区。乾隆中期,张科寿移居今潭子;张衍岳移居今台中市北屯,后徙居苗栗三义;张尚错移居今台中新社。乾隆末期,张乃浚移居今台中东势;张牧亭入台建业,后代迁居台东。3. 丰顺县(今属梅州市)。雍正年间,张结生移居今台中东势。4. 潮阳县(今潮阳区,属汕头市)。乾隆十二年,张元香初住今台中清水,后迁居台中丰原。5. 海阳县(今潮安县)。乾隆末期,张钦禄移居今溪口。嘉庆年间,张金章移居今竹东。6. 县份不明者。嘉庆二十四年,张宁封移居今台中东势。

来自嘉应州者:1. 镇平县(今蕉岭县,属梅州市)。乾隆初期,张日红、日丹兄弟移居今丰原;张清九移居今苗栗市。乾隆中期,张德贵移居今屏东长治;张忠辉及张恒标、宏标兄弟等,移居今屏东佳冬;张信及、张开忠、张开兴、张振琼等移居今屏东竹田;张思贤、张志禄、张志杰等先后移居今竹田;张文秀、淑秀兄弟移居今屏东内埔;张孔传移居今屏东万峦;张丹龙、麟兄弟初居嘉南地方,后迁居神冈,分传后里;张子敏、德麒伯侄移居今桃园八德。乾隆末期,张秀兰、秀书兄弟入台建业,后代分垦桃园大溪、新竹新埔、竹东及苗栗三湾。嘉庆年间,张愈成移居今竹东。光绪初年,张光熙移居今苗栗头份。2. 梅县(今属梅州市)。乾隆初期,张坤秀移居今苗栗镇,分传苗栗造桥。乾隆末期,张时好移居今后里。乾隆年间,张某移居今屏东内埔。嘉庆年间,张元满移居今潭子;张峻山移居今竹东。3. 长乐县(今五华县,属梅州市)。乾隆末期,张扬赞、扬祯、扬轩等移居今苎林;张子进移居今竹东。4. 平远县(今属梅州市)。嘉庆年间,张旺廷移居今桃园县,后迁居苗栗南庄。

来自惠州府者:1. 陆丰县(今陆丰市,属汕尾市)。明郑时期,张赞文、应伍兄弟初居云林大坤,后迁居台北泰山。雍正八年,张阿春移居今新竹市;张怀德移居今新竹县,后代迁居花莲。乾隆十二年,张玉亮移居今桃园。乾隆中期,张协贵移居今台中市南屯,后代徙居南投埔里;张学升移居今竹东;张庆凤移居今桃园中坜;张云兆初住今基隆市,后代迁居苗栗铜锣;四十三年,张奕标移居今新竹湖口;乾隆年间,张寿昌移居今桃园大园。2. 海丰县(今属汕尾市)。乾隆中期,张振皇、张鳌、张振龙及张朝登等叔侄移居今苗栗通霄。

## 五、李氏

从明末开始,闽粤李氏族人陆续东渡台湾海峡,到台湾岛上求发展。郑成功、郑经父子治台期间,有许多李氏族人追随郑氏父子在收复台湾的战斗及开发台湾的事业中有优异的表现。清政府收复台湾后,闽粤李氏移民络绎不绝于台海道上,发展至今,李氏已是台湾的第五大姓。迁台李氏族人主要来自福建的泉州、漳州、汀州和广东的嘉应、潮州、惠州等地,散居于台湾各地,尤以台南、台北、嘉义、南投、基隆为多。

来自泉州府者:1. 同安县(今同安区,属厦门市)。隆武元年,李顺迁住湖西。永历三十三年,李龙珠移居今高雄路竹;永历年间,李群移居今台南永康。清雍正年间,李福入迁今嘉义布袋。乾隆初期,李拱移居今高雄市;李昆仑移居今台南玉井;李典、李伯捷、李伯东、李伯西、李杉侯等,移居今台北芦竹;李前移居今台北三重;李敬珍、敬球、敬瑜兄弟移居今台北淡水。乾隆中期,李旋入迁今台南盐水;李绰、李厚、李伯进、李伯继、李仁侯、李收侯、李平侯、李起侯及李长侯等先后入迁今芦竹;李雍、宋、天兄弟移居今台北市南港区。乾隆末期,李亿侯、李续侯、李天侯、李物华及李眼等移居今芦竹、三重。乾隆年间,李求移居澎湖,其子李换移居今台北淡水;李羡侯移居今台北八里。嘉庆年间,李佳、李士仟、李明礼移居今屏东万丹;李朴直移居今高雄市;李佛成迁住今台南市。李公赞、李公敏、李公喜、李公藉、李公正及李桃、岩、秋兄弟移居今芦竹。道光年间,李预迈、仕迈、光吟兄弟移居今盐水;李财源、李漳、李省移居今芦竹、三重。2. 晋江县。清康熙中、末期,李文经移居今嘉义市;李祥移居今嘉义朴子。雍乾年间,李士衡、李益救移居台湾。乾隆年间,李克湛移居今万丹;李唇移居今台南市;李神助移居今台中大甲;李豹移居今云林斗南;李宗宁入台建业。嘉庆七年,李锡金移居今新竹市。道光年间,李隐塞移居今台北石碇。3. 南安县。康熙末期,李二移居今台南学甲;李成移居今台南将军。李碧移居今嘉义六脚。雍正年间,李启登移居今台中清水;李勤宣入台建业。乾隆初期,李甲移居今学甲;李宽入台建业;李府、李诗、李煖、李寅、李麟趾、李再三、李文山及李超良、逢良兄弟移居今云林元长。乾隆中期,李攀移居今高雄市;李烈、李志移居今元长;李酿移居今彰化花坛;李换移居今彰化埔盐;李士瑞移居今台中沙鹿;李保为移居今台中梧栖;李顺发、李图渐入台建业。道光年间,李世思移居今花坛;李山霖移居今彰化和美;李道、李阿彭移居今苗栗通霄。4. 安溪县。康熙末期,李元仁、元智兄弟移居今花坛。雍正年间,李凤移居今台南新营;李启相入台建业。乾隆中期,李元明、国开兄弟移居今台北三峡;李梓宗移居今三重市;李孙第移居南港。嘉庆年间,李奕正移居台北泰山。道光二十年,李庇、李联霸、李联渊、李联锦移居今台北瑞芳。5. 惠安县。嘉庆年间,李斐然移居今台中市。6. 县份不明者。乾隆初期,李禄移居今云林斗南。

　　来自漳州府者:1. 漳浦县。永历十五年,李报本移居今台南善化;永历年间李有守(文宗)移居今高雄桥头。乾隆中期,李道、李明赞移居今南投名间;李吉信移居今南投集集。道光年间,李朴植移居今云林西螺。2. 龙溪县(今龙海市)。永历十八年,明末遗臣李茂春随郑经入台,定居今台南市。康熙末期,李元迁住今台南市,经营糖厂。雍正年间,李侃直移居今彰化市。乾隆中期,李顶硕移居今彰化市;李奕成移居今高雄路竹。道光年间,李方移居今台南归仁;李典移居今南投镇。3. 平和县。永历二十二年,李达移居今六脚。康熙中、末期,李仁乡移居今嘉义市;李玉书移居今彰化田尾。雍正年间,李盛行移居今西螺;李胎移居今彰化芬园,后迁居南投草屯,子孙繁盛,为当地大族;李创移居今草屯,其后传布繁昌,也成为当地大族;李檖移居今台中潭子,后迁居草屯。乾隆初期,李舜移居今南投竹山,后迁居草屯;李文藏移居今草屯;乾隆末期,李明通、李廉、李仕移居今草屯;李子传移居今台中大雅。嘉庆年间,李瞻移居今草屯。4.

南靖县。康熙中期,李奇茂移居今云林北港。雍正年间,李升入台建业。乾隆中期,李行有、行二兄弟、李克达、李禄移居今斗南;李梧移居今草屯;李明敏移居南投中寮。乾隆年间,李士勇、士几、士安、士成兄弟移居今台北中和。嘉庆九年,李振庚携子克茂移居今台北中和,后徙居今宜兰市。道光初年,李良信移居今斗南;李朴直移居今宜兰市。5.诏安县。康熙末期,李宜贵、李圣移居今云林二仑。雍正年间,李光玉移居今嘉义梅山;李定钦移居今二仑;李庙入台建业。乾隆初期,李拔伦移居今二仑;李秉万、李君实、李君壁移居今草屯;李于赐、李元湍及李善明、善班兄弟移居今桃园市。乾隆中期,李霞山移居今西螺仑背;李叠移居今名间;李瑞波移居今草屯;李裕宽移居今台中丰原,分传台中石冈;李凤、李圣叟入台建业。乾隆末期,李午生移居今梅山;李振移居今云林口湖;李隆科移居今草屯;李忠直移居今台中大里;李胄样移居今桃园八德;李布移居今台北金山。乾隆年间,李彩云移居今桃园大园。嘉庆年间,李隆箱移居今宜兰市;李杖、李荣轴移居今宜兰罗东;李会忠移居今宜兰苏澳;李佳、李相移居今宜兰壮围;李善杭、李君宠移居今宜兰冬山。6.海澄县。永历年间,李达移居今台南永康。康熙末年,李某兄弟三人移居今高雄茄萣。乾隆年间,李郁章及李相、章、仰华、渊兄弟移居今桃园市。嘉庆年间,李逢春移居今壮围。7.长泰县。永历年间,李文奇、文旦、文登兄弟移居今台南永康。8.县份不明者。乾隆年间,李仕移居今南投草屯。

来自永春州永春县者:雍正年间,李洪愿移居今和美。

来自汀州府者:1.上杭县(今属龙岩市)。乾隆年间,李正宏移居今苗栗铜锣。2.永定县(今属龙岩市)。乾隆年间,李荣显移居今桃园杨梅;李引寿入台建业。

来自嘉应州者:1.镇平县(今蕉岭县,属梅州市)。康熙末年,李天德移居今通霄,后代迁居今苗栗三义。乾隆初期,李文达移居今屏东潮州;李伯恭入台建业。乾隆中期,李维斡移居今屏东内铺;李伯我、李梓桁移居今高雄美浓;李友渊、李连淑移居今铜锣。嘉庆年间,李秀锦移居今铜锣。2.梅县(今属梅州市)。乾隆中期,李成儒移居今屏东县;李松如移居今苗栗镇;李世权移居今新竹关西;李壬满、李文嘉移居今新竹北埔。嘉庆年间,李德万移居今苗栗铜锣;李国秀移居今新竹,后迁至苗栗。2.平远县(今属梅州市)。乾隆中期,李元礼移居今三义。4. 长乐县(今无华县,属梅州市)。雍乾年间,李廷裕、廷贵兄弟与侄茂胜移居今苗栗西湖。乾隆三十九年,李德万移居今台中东势,后迁居铜锣,其后传布繁衍,为当地大族。乾隆中期,李应龙移居今彰化,后徙居今苗栗铜锣。乾隆末期,李高胜移居今桃园杨梅。嘉庆年间,李联发、胜发、金发、文发兄弟及胜发子贵升移居今桃园杨梅。

来自潮州府者:1. 饶平县。雍正年间,李石保移居今云林台西,其子李蒲徙居草屯。乾隆中期,李江海移居今嘉义大林。2. 大埔县(今属梅州市)。乾隆初期,李崇开移居今北埔。3. 揭阳县(今揭阳市)。乾隆中期,李元凤移居今桃园龙潭。

来自惠州府者:1. 陆丰县(今陆丰市,属汕尾市)。乾隆初期,李春魁、肇凤、肇兴、春厚兄弟移居今通霄;嘉庆年间,李廷金偕侄顺祥移居今新竹宝山,分传头份。2. 海丰县(今属汕尾市)。乾隆初期,李瑞华移居今新竹竹东。

## 六、王氏

明末清初,闽粤王氏族人开始向台湾迁移。郑成功收复台湾时,在其麾下有不少王氏族人。清统一台湾后,渡海入台的王氏族人络绎不绝。如今,王氏已发展成为台湾第六大姓,散居于台湾各地,尤以台南、台北、彰化、嘉义、南投、基隆为多。从迁入地看,明清两代迁台王氏族人主要来自福建的泉州、漳州和广东的潮州、惠州等地。

来自泉州府者:1. 同安县(今同安区,属厦门市)。永历十三年,王鸭由金门迁居今马公。永历年间,李文医移居今高雄路竹。明郑时期,王世杰移居今新竹市,稍后,王列移居同地。康熙中期,王正焰移居今彰化及和美;王北移居今台中清水、大甲。康熙末期,王祁静、祁明兄弟及王咏、王乾等移居今彰化及和美。康熙年间,王某移居移居今高雄路竹;王某移居今澎湖马公。雍乾年间,王焜耀(成耀)移居今彰化和美。乾隆中期,王番婆移居今台中神冈,分传台中丰原;王日华、王成耀移居今神冈;王团丹自金门移居今台北内湖。乾隆四十年,王天香、王吟移居今台中沙鹿。乾隆末期,王仕得移居今神冈,分传丰原;王龙移居今淡水。嘉庆年间,王文超移居今神冈;王恭驾移居今台中清水。道光年间,王忠岂移居今台北瑞芳。2. 惠安县。明郑时期,王忠孝迁居今台南市。乾隆中期,王清池移居今高雄、台南一带。光绪十五年,王文芳移居今台北龙山。3. 南安县。康熙中期,王端移居今神冈,分传丰原;王醒移居今神冈,分传台中外埔。乾隆中期,王时沃、时沙、时服、时兴、时允、时敏、时与、时助、时雄等移居今大甲,分传清水、沙鹿;王时蔡移居今神冈。4. 安溪县。康熙中期,王承韶移居今台中梧栖;王吟移居今台中大安,分传清水。雍正年间,王仰移居今台中龙井,分传清水;王飞龙移居今彰化田尾。乾隆初期,王杉才移居今台中沙鹿;王中浩移居今梧栖;王思移居今神冈。乾隆中期,王祖移居今神冈;王文旭移居今苗栗苑里。乾隆年间,王义转移居今台北板桥。乾嘉年间,王阶考移居今台北莺歌。嘉庆十七年,王百全移居今台北树林。5. 晋江县。乾隆中期,王照移居今屏东车城、王孝移居今彰化鹿港。嘉庆年间,王文瑛、王炳谊、王炳裔迁居今鹿港;王道洒迁居今台北市万华区。6. 县份不明者。永历年间,王某移居今台南北门;王某移居今台南安定。乾隆年间,王某移居今高雄路竹。嘉庆年间,王尊柄移居今台北大同。道光年间,王狮移居今云林虎尾。

来自漳州府者:1. 漳浦县。永历年间,王团移居今新化;王国庆移居彰化,后迁今桃园大溪。乾隆二十四年,王立生、王朴素移居今台北淡水、金山。稍后,王院移居今台中大肚。嘉庆年间,王正迁居今台中大甲。2. 海澄县。永历十六年,王淑慎迁居今澎湖马公。3. 龙溪县(今龙海市)。康熙三十年,王学渊移居今高雄路竹。康熙五十年左右,王某移居今台南永康。雍正年间,王绵远移居今大肚。乾隆年间,王日迁居今彰化市。嘉庆年间,王溪迁居今台南市。4. 南靖县。雍乾年间,王吉筑移居今桃园观音。同光年间,王天佑、王成生、王位、王养、王使、王回、王锦、王定子、王秀坤移居今云林虎尾。5. 东山县。康熙年间,王养仔移居今台北淡水。乾隆年间,王冠仔移居台湾。同治年间,王马体移居今台北。6. 县份不明者。嘉庆末年,王伯荣移居今南投竹山。嘉庆年间,王某移居今嘉义竹崎。

来自潮州府饶平县者:雍正年间,王克师移居今桃园大园,后移桃园平镇。

来自惠州府陆丰县(今陆丰市,属汕尾市)。乾隆末期,王华英移居今新竹湖口。

## 七、吴氏

元朝至元二十八年(1291年),礼部员外郎吴光斗和宣慰使杨样奉元王朝之命,率 6 000 大军,携诏书至琉球(今台湾)招谕高山族,传其留居台湾。明万历年间,福建云霄人吴登高移居台湾。此后,闽粤两地吴氏族人有许多前往澎湖、台北、高雄等地谋生创业。发展至今,吴氏已成为台湾第七大姓。人口散居于台湾各地,尤以台南、嘉义、彰化、台北、新竹、苗栗为多。从迁入地来看,明清迁台张氏族人主要来自福建的泉州、漳州、汀州和广东的嘉应、潮州、惠州等地。

来自泉州府者:1. 南安县。崇祯年间,吴耀余迁住今马公。清康熙年间,吴清移居今高雄湖内。乾隆年间,吴裕记迁住今台南市;吴米移居今彰化鹿港;吴元增、吴垂裕移居今彰化市;吴光暖移居今台中大雅;吴春来移居今台中清水;吴生移居今台北树林;吴日旺移居今台北市万华区;吴光亨移居今基隆市五堵区。嘉庆年间,吴广移居今屏东枋寮;吴明珠移居今台南柳营。2. 同安县(今同安区,属厦门市)。崇祯十七年,吴隆赛自金门(浯江)迁住今马公。永历初年,吴礼熙、祖合叔侄自金门迁住今澎湖白沙。雍正末年,吴祖移居今新竹香山。乾隆年间,吴宽移居今屏东潮州;吴桃移居今高雄小港;吴贡移居今台南七股;吴往移居今嘉义朴子;吴猂移居今云林四湖;吴天送移居今云林元长;吴扬富移居今彰化二林;吴拱照移居今鹿港;吴世景移居今彰化市;吴龙合、吴方、吴轩、吴西等先后移居今清水;吴嗣振移居今新竹市;吴思宗移居今台北五股;吴得意移居今台北新竹;吴宗显、吴度来移居今台北板桥;吴荣华、吴惟球移居今台北市。3. 晋江县。康熙年间,吴重燕、吴允秀移居今嘉义东石。乾隆十五年,吴洛移居今台中雾峰。乾隆四十五年,吴圭东移居今台南将军,再迁台南北门。乾隆年间,吴克灼移居今小港;吴佳富移居今台南北门;吴挺谷、吴缪生移居今台南将军;吴馆移居今台南麻豆;吴章教、吴文豹移居今台南学甲;吴国美、吴素珍、吴汪、吴长源、吴纯寿等先后迁住今台南市;吴相移居今朴子;吴梓、吴顺移居今四湖;吴市移居今云林水林;吴南明移居今彰化花坛;吴国钟移居今彰化线西;吴可必、吴锦、吴粖、吴益灿、吴美、吴清华等先后移居今鹿港;吴子隆移居今彰化市;吴佛赐移居今清水;吴焕翁移居今新竹市;吴秉忠移居今新庄;吴家问、吴家帖、吴评移居今万华。嘉庆年间,吴基栋移居今云林北港;吴金篆移居今鹿港;吴纯恩移居今新庄;吴卿瑞、吴光成移居今台北市。4. 安溪县。永历年间,吴天来移居今高雄仁武。康熙年间,吴神祐移居今彰化秀水。乾隆初年,吴梦花移居今台北莺歌。乾隆年间,吴旺移居今彰化市;吴莺歌移居今彰化芬园;吴纯移居今台中梧栖;吴春连移居今台北坪林;吴存移居今新庄。5. 惠安县。雍正年间,吴忠信移居今新竹香山。乾隆年间,吴举移居今彰化市。乾隆三年,吴乌纳移居今苗栗苑里。6. 县份不明者。永历年间,吴伍移居今高雄路竹;吴维祥移居今澎湖马公。康熙中叶,吴蓉移居今彰化和美、线西、伸港一带。嘉庆年间,吴糖、精二人移居今台北莺歌;吴新兴移居今高雄左营。

来自漳州府者:1. 龙溪县(今龙海市)。永历十八年,吴凤胎随宁静王朱术桂入台,定居今台南市,曾参与编订《大明中兴永历大统历》。康熙年间,吴锡泰、吴志拔移居今台南市;吴访、吴纯直移居今彰化田尾。雍乾年间,吴某移居今高雄阿莲,后再迁高雄茄萣。乾隆年间,吴新兴移居今高雄市;吴昆山、昆林、昆水兄弟移居今台南市;吴文汉移居今彰化永靖;吴思昌移居今南投中寮。嘉庆年间,吴禄生移居今嘉义市。2. 漳浦县。康熙年间,吴谨村移居今高雄旗山,吴攀移居今高雄田寮;吴梦海移居今南投名间。雍正年间,吴享移居今台南市。雍乾年间,吴正旋移居今台北板桥。乾隆年间,吴奇卫、奇赐移居今嘉义布袋;吴奇爵移居今嘉义大林;吴朝珪移居今嘉义民雄;吴进移居今南投竹山;吴家永、吴艺、吴忠良、吴癸正、吴剑、吴文、吴骞、吴扁、吴文喜、吴永德、吴平会等先后移居今名间;吴皈、吴石移居今南投镇;吴泰移居今台中大肚;吴元移居今大雅;吴扁生移居今台中丰原;吴天王移居今台中市;吴沙先移居今台北贡寮,嘉庆初年,率众拓垦宜兰头城,被誉为"开兰第一人"。嘉庆三年,吴沙侄吴化移居宜兰。嘉庆年间,吴添保移居今名间,后迁居彰化市;吴苍生移居今贡寮;吴成活移居今宜兰礁溪;吴克洁、克栽兄弟移居今宜兰罗东。3. 南靖县。康熙年间,吴纯朴移居今嘉义市;吴文朝移居今名间。雍正年间,吴寿移居今高雄弥陀;吴仁移居今高雄冈山。乾隆三十年,吴某移居今桃园大园。乾隆年间,吴报移居今枋寮;吴三祐移居今旗山;吴贞义移居今台南市;吴顺寿、吴五成移居今云林古坑;吴贞砖移居今竹山;吴茂移居今南投镇;吴世俊、吴世佐、吴惕成、吴正本、吴勃海、吴建等移居今桃园市。4. 平和县。康熙末年,吴珠移居今嘉义竹崎,其子为阿里山通事吴凤;吴鼎辉移居今竹山。乾隆年间,吴泉移居今嘉义梅山;吴振旺移居今嘉义市;吴春满、吴能智、吴扶生、吴扶章等移居今彰化埔心;吴复兴、吴朴直移居今彰化员林;吴忠朴、吴由移居今彰化大村;吴茶移居今彰化市;吴诰移居今南投镇;吴雨全移居今桃园芦竹;吴克英移居今桃园八德;吴添寿移居今桃园市;吴廷禄移居今坪林;吴仕城移居今台北市士林区。5. 海澄县。康熙初年,吴祖凯移居今澎湖马公。康熙年间,吴旋移居今白沙。乾隆年间,吴烈移居今嘉义新港。6. 诏安县。乾隆年间,吴全移居今屏东恒春;吴梦连移居今彰化市;吴财乾移居今中寮。7. 长泰县。乾隆年间,吴唱、吴宗枝、吴仙序等移居今大雅。8. 县份不明者。康熙二十九年,吴某移居今云林斗南;吴某移居今云林古坑。康熙六十年,吴元三移居淡水港,并协助清廷平朱一贵之乱有功。康熙末年,吴某移居今云林仑背;吴某移居今嘉义东石;吴某移居今彰化永靖、田中一带。乾隆二十三年,吴存移居今南投竹山。乾隆末年,吴尔移居今台北双溪。道光年间,吴某移居今云林口湖;吴某移居今云林四湖。

来自汀州者:永定县(今属龙岩市)。吴珩臣移居今中坜。乾隆年间,吴乃郊移居今八德。

来自永春州者:永春县。乾隆年间,吴仕荨移居今清水。

来自嘉应州者:1. 梅县(今属梅州市)。康熙年间,吴亮柱移居今屏东内埔;吴来杞移居今屏东万峦。雍正年间,吴卓辉移居今新竹关西。乾隆四十五年,吴起成移居今苗栗县。乾隆年间,吴毓善、伯桂移居今万峦;吴琳芳、华芳、荣芳、俊芳、群芳兄弟移居今苗栗铜锣;吴以召移居今苗栗镇;吴棋文、吴清礼移居今八德;吴桥文移居今中坜;吴禹甫(维信)移居今苗栗铜锣。嘉庆年间,吴存珪、存桂兄弟移居今八德。道光末年,吴凤能移居今苗栗苑里。2. 镇平县(今蕉岭县)。康熙年间,吴三霖移居今员林。雍正年间,吴海广移居今苗栗镇。乾隆十六年,吴永忠移居今苗栗一带。乾隆三十年,吴有浩移居今苗栗头份。乾隆年间,吴九良移居今丰原;吴有煌移居今桃园平镇;吴奇莱、吴福新移居今芦竹;吴仲立、吴仲金移居今八德;吴某移居今苗栗铜锣。嘉庆二年,吴信福移居今苗栗三湾。3. 平远县(今属梅州市)。乾隆年间,吴克隆、克俊、克陵、克院兄弟移居今高雄美浓。

来自惠州府者:1. 陆丰县(今陆丰市,属汕尾市)。康熙年间,吴式鸿移居今田尾。乾隆年间,吴立华移居今台中东势;吴朝镇移居今苗栗西湖;吴汝宗、吴汝楚移居今苗栗公馆;吴定贵移居今苗栗竹南;吴永昌移居今新竹湖口;吴立霸、吴上钟移居今新竹宝山;吴必辉移居今新竹芎林。2. 县份不明者。乾隆年间,吴友宗移居今苗栗大湖。

来自潮州府者:1. 饶平县。康熙末期,吴亨泰移居今彰化市;吴笼赐移居今台中神冈。雍正年间,吴雨吉移居今中坜。乾隆年间,吴禹仪移居今埔心;吴金安移居今永靖;吴查某移居今大村。2. 大埔县(今属梅州市)。乾隆年间,吴朴义移居今东势。

### 八、刘氏

明朝末年,有刘氏族人随郑成功大军渡海入台。清朝统一台湾后,闽粤刘氏入台者络绎不绝,发展至今刘氏已成为台湾第八大姓。人口散居于台湾各地,尤以苗栗、新竹、嘉义、台南、台北、南投为多。从迁入地来看,迁台张氏族人主要来自福建的漳州、泉州、汀州和广东的嘉应、潮州、惠州等地。

来自漳州府者:1. 平和县。永历年间,刘德龙移居今屏东九如。明郑时期,刘茂燕之子求成随郑成功入台,初居台南市,后移居柳营,为当地大族。乾隆中期,刘亨移居今台北新庄,分传基隆市。2. 南靖县。雍正年间,刘贯移居今新庄。乾隆初期,刘塔移居今南投镇。乾隆中期,刘士江移居今台北市松山、内湖区,分传基隆市;刘秉高、刘耀兴移居今台中市,分传苗栗苑里;刘一符移居今彰化员林;刘仪忠移居今桃园龟山。嘉庆年间,刘秉嵩移居今宜兰头城。3. 县份不明者。康熙二十九年,刘某移居今云林斗南、古坑一带。

来自泉州府者:1. 南安县。永历二十五年,刘传移居今嘉义六脚。2. 同安县(今同安区,属厦门市)。明郑时期,刘二正移居今高雄大湖、湖内,分传梓官。乾隆年间,刘葵移居今台南学甲。3. 安溪县。康熙末期,刘厚、刘绳突移居今漳州溪州。乾隆初期,刘世知移居今彰化花坛;刘元意、刘仕鸾移居今彰化田尾。乾隆五十年,刘秉盛移居今台北新店。4. 县份不明者。嘉庆年间,刘某移居今屏东南州;刘郑洁移居今嘉义朴子。

来自汀州府者:永定县(今属龙岩市):乾隆五年,刘文科移居今嘉义大林,分传嘉义梅山。

来自嘉应州者:1. 五华县。康熙末年,刘奇生移居今新竹市,后代迁居新竹新埔、新丰。嘉庆二十三年,刘鸿润移居今桃园杨梅,后再迁至新竹竹东;刘康宁、杨宁兄弟移居今新竹芎林。2. 梅县(今属梅州市)。康熙年间,刘鸿源移居今苗栗铜锣。雍正年间,刘开倬移居今台北淡水,后再迁至桃园芦竹,分传中坜、杨梅。乾隆初期,刘逍遥移居今苗栗镇。乾隆中期,刘震展、刘伟芳先后移居今屏东万峦。乾隆年间,刘纯畦移居今苗栗白沙屯。3. 平远县(今属梅州市)。雍正年间,刘子柱移居桃园龟山,后迁居竹东;刘京琏、戊常、定宏、定宝、定夺五兄弟移居今台中丰原,后分传台中东势、苗栗头份。4. 镇平县(今蕉岭县,属梅州市)。乾隆四十一年刘训进移居今苗栗。乾隆末期,刘祺补移居今台中潭子,分传东势;刘楚云移居今苗栗铜锣,分传南投草屯。乾隆年间,刘恭辰移居今苗栗县。嘉庆十二年,刘富龙移居今杨梅,后迁居头份。道光年间,刘新麟移居今公馆。光绪三十三年,刘定山移居今台中外埔。

来自潮州府者:1. 饶平县。康熙末期,刘名珍移居今台北八里,后迁居中坜,分传竹东。雍正年间,刘延皦移居今台中丰原。乾隆初期,刘授臣移居今丰原、潭子,分传东势。嘉庆九年,刘朝珍移居今新竹横山。嘉庆年间,刘神堤偕侄可亮等移居今新竹关西,分传中坜。康熙末期,刘中孚移居今中坜;刘颖德同三弟大愿、侄可清分别移居今新竹、中坜、东势,分传云林斗南;刘明心、光直、明义兄弟移居今苎林。雍正年间,刘可策、刘英雅移居今竹东;刘可仲、可岁兄弟移居今新竹竹北;刘光祖移居今竹北,后迁居新埔;刘可佑移居今苎林。乾隆初期,刘万金移居今大林;刘石进移居今新埔。乾隆中期,刘光袍、光柑兄弟移居今台中乌日,分传丰原;刘汉杰移居今八里,后迁居台北市士林,分传新竹湖口、新埔。康熙末期,刘廷魁移居今彰化员林,后迁居台中石冈;刘廷皎移居今台中西屯,分传丰原。雍正年间,刘宁庭移居今员林;刘宁堂移居今彰化田中;刘延转、延白、延楹兄弟移居今新埔,分传台北地区;刘延皦移居今丰原。乾隆初期,刘澄清移居今新庄,分传关西、新埔。乾隆中期,刘景泉移居今八里。嘉庆中期,刘阿满、刘奕元移居今东势。2. 大埔县(今属梅州市)。康熙五十年,刘元龙移居今台中神冈,后迁居石冈。乾隆初期,刘士秀移居今东势,后迁居公馆;刘儒俊移居今新竹。乾隆中期,刘大郎移居今台北市松山区,后迁居苎林;刘思敬移居今苗栗造桥。乾隆三十七年,刘启东移居今台中东势。乾隆年间,刘承豪移居今新竹苎林。3. 丰顺县(今属梅州市)。雍正年间,刘恭而移居今苗栗县。乾隆年间,刘可良移居今杨梅。

来自惠州府者:陆丰县(今陆丰市,属汕尾市)。雍正年间,刘延章移居今台北新竹,后迁居新埔。乾隆中期,刘恩宽移居今苗栗西湖。

### 九、蔡氏

明天启年间，福建莆田人蔡文举渡海到达台湾，先在今台南创设慎德堂，后迁居今高雄冈山镇，是大陆蔡氏入台定居较早者。郑成功收复台湾时，有不少闽粤蔡氏族人追随前往，清政府统一台湾后，前往台湾定居的闽粤蔡氏族人更是络绎不绝，发展至今，蔡氏已成为台湾第九大姓。人口散居于台湾各地，尤以嘉义、台南、台北、彰化、澎湖、新竹为多。从迁入地看，迁台张氏族人主要来自福建的漳州、泉州、汀州和广东的嘉应、潮州、惠州等地。

来自福建泉州府者：1. 同安县（今同安区，属厦门市）。崇祯十七年，蔡鸣震迁住今澎湖马公。崇祯末年，蔡某自金门迁至马公。永历初期，蔡肃器迁今马公；蔡相将迁今澎湖湖西。明郑时期，蔡寅宝迁今马公；蔡才六、蔡秩宝迁今湖西；蔡道宝、德宝兄弟，迁今澎湖西屿；蔡应科带了五子（允嘉、允爱、允勤、允源、允猛）移居今台南西港。乾隆十八年，蔡谅移居今台中沙鹿。乾隆三十九年，蔡和移居今台北淡水。乾隆末期，蔡士来、蔡恭入义朴子。道光年间，蔡光岱迁今彰化鹿港。2. 南安县。崇祯末年，蔡三迁今西屿。康熙二十四年，蔡为谢移居今嘉义六脚。康熙中期，蔡赛移居今台南安定。乾隆初期，蔡琢移居今桃园龟山。同治年间，蔡清水移居今台中清水。3. 晋江县。永历三十二年，蔡预、蔡盛移居今高雄路竹。康熙四十年，蔡某移居今嘉义县。康熙末年，蔡绳铸、绳钦兄弟，入居台南，后徙居台中清水；蔡子玩移居今清水；蔡某移居今嘉义东石。雍正年间，蔡世送移居今清水；蔡德容带着儿子廷魁、廷亮，移居今清水。乾隆初期，蔡继党迁居今东石，其问杞迁居鹿港；蔡芳永、蔡继亮移居今东石，分传嘉义市；蔡候移居今屏东琉球。乾隆十九年，蔡守洪移居今云林崙背，后迁居北港。乾隆中期，蔡世琏、蔡世卫移居今台中清水；蔡希直、希谅兄弟、蔡希赏、希宝兄弟及蔡岗鹏、蔡紫荆、蔡希迎等，先后移居今清水，分传沙鹿；蔡转、岳、三、仰等四兄弟，移居今彰化芬园。乾隆末期，蔡伯燕、伯蕊、伯敬、伯卜、伯惠等五兄弟，移居今嘉义东石；蔡创移居今云林虎尾；蔡德权移居今沙鹿；蔡哲、蔡荫、蔡迎移居今高雄梓官。嘉庆年间，蔡政、蔡富及蔡天报、晓兄弟等，移居今清水，分传沙鹿。道光十九年，蔡宜谦迁今高雄凤山。咸丰三年，蔡锡如移居今苗栗后龙。4. 安溪县。乾隆末期，蔡利瑶、利璃兄弟，移居今清水，分传台北石碇；蔡利雪移居今清水。5. 县份不明者。乾隆年间,蔡某移居今云林北港。道光年间,蔡衬移居今嘉义朴子。

来自福建漳州府者:1. 龙溪县(今龙海市)。乾隆中期,蔡玉孺初居今凤山,后迁屏东东港;蔡兴迁居今高雄市旗津区。2. 漳浦县。乾隆中期,蔡迁移居今彰化二水,分传云林斗六;蔡养移居今台北金山。嘉庆年间,蔡正顺移居今宜兰三星。3. 南靖县。乾隆末期,蔡洪九移居今桃圆大溪。4. 诏安县。嘉庆初年,蔡希畅初居今鹿港,后迁彰化;蔡鸟来移居今桃圆市。5. 县份不明者。乾隆初期,蔡五常、蔡玉昆移居今台南六甲。

来自广东潮州府者:1. 大埔县:乾隆末期,蔡义烈移居今台中大雅。2. 潮阳县。道光初年,蔡生移居今彰化员林。3. 饶平县。康熙年间,蔡恭义移居今新竹宝山;蔡就也移居今桃园大溪。康雍年间,蔡淳笃移居今新竹五峰。

来自广东嘉庆州者:蕉岑县。嘉庆年间,蔡元魁移居今苗栗镇。

## 十、杨氏

明崇祯年间福建泉州安溪三位杨氏族人入垦苗栗,是大陆入台定居较早者。郑成功收复台湾时,闽粤杨氏族人有不少追随前往。此后直到清末,闽粤杨氏族人迁台者络绎不绝。如今,杨氏已发展成为台湾第十大姓。人口散居于台湾各地,尤以台南、彰化、台北、新竹、嘉义为多。从迁入地来看,迁台张氏族人主要来自福建的漳州、泉州、汀州和广东的嘉应、潮州、惠州等地。

来自漳州府者:1. 海澄县。永历十五年,杨文科;二十八年,杨文允;清雍正十二年,杨肇盛、杨明教;乾隆初年,杨肇珍、杨应阳、杨应言、杨应寻、杨肇晖、杨肇智;乾隆中期,杨应焕、杨应诛、杨应勉、杨应谟、杨应贺、杨应凤、杨应尊、杨应掌、杨应老、杨涂西、杨肇团、杨传受、杨明固;乾隆末年,杨应蚕、杨肇豹、杨经纶、杨天庇等先后移居今台南佳里。2. 龙溪县(今龙海市)。崇祯年间,杨某移居今苗栗一带。永历十八年,杨巷摘移居今嘉义六脚。康熙末期,杨逞移居今云林斗六。雍正年间,杨顺盈、杨榜、杨长利移居今台南大内;杨寝移居今台中市。乾隆年间,杨正公移居今大内;杨德惠移居今苗栗后龙,后迁居今宜兰;杨庆移居今台北市士林区。道光年间,杨苗、杨宽移居今大内。3. 长泰县。康熙中期,杨如凤移居今台南归仁。乾隆三十年代,杨逞移居今台南永康。嘉道年间,杨振移居今台南永康。4. 平和县。雍正年间,杨舜移居今台中乌日。乾隆十七年、十八年,杨国策、杨君略先后移居今士林,其后为当地大族。乾隆末年,杨鼎元移居今乌日。5. 诏安县。乾隆四十二年,杨江氏率子文、明、作移居今嘉义民雄。6. 漳浦县。雍乾年间,杨宽柔、杨秉正、杨敦朴移居今台北淡水,再迁桃园观音。乾隆末年,杨炳移居今屏东新园。嘉庆末年,杨三生移居今宜兰头城。7. 安溪县。康熙年间,杨兴全移居今台南后壁。8. 县份不明者。嘉庆七年,杨牛移居今宜兰市。乾隆三年,移居今台南善化。

来自泉州府者:1. 晋江县。康熙三十年,杨古移居今云林北港。2. 同安县(今同安区,属厦门市)。康熙中、末期,杨国扬移居今彰化市,杨子爵移居今台中清水。雍正九年,杨仰生移居台南。乾隆四十年代,杨某兄弟三人移居今台南佳里。乾隆年间,杨咸曲、杨咸仙、杨炳耀、杨富宗移居今清水;杨长成移居今士林;杨某移居今台南永康。嘉庆初年,杨咸石、杨咸琴移居今彰化及鹿港。3. 南安县。康熙末期,杨凤移居今清水;杨正发移居今嘉义布袋,其后分居彰化溪湖。乾隆末年,杨士琬、杨士琴、杨士丕、杨方意、杨士代先后移居今溪湖;嘉庆二十五年,杨万片、杨万爪、杨万接、杨万夏等移居今溪湖。4. 县份不明者。康熙中期,杨志申移居今彰化县。乾隆末年,杨东兴移居今南投集集。

来自嘉应州者:1. 镇平县(今蕉岭县,属梅州市)。雍正年间,杨于崇移居今嘉义。乾隆初年,杨朝达、杨胡进、杨焜华、杨钦成移居今屏东高树。乾隆中期,杨恭成、杨旭及、杨相梅等移居今高雄美浓。2. 长乐县(今无华县,属梅州市)。乾隆三年,杨赞绅移居今桃园八德。3. 梅县(今属梅州市)。嘉庆年间,杨凤廷移居今苗栗镇。

来自潮州府者:1. 饶平县。嘉庆年间,杨贵义移居今苗栗西山。

来自惠州府者:1. 陆丰县(今陆丰市,属汕尾市)。乾隆初年,杨尚连移居今桃园中坜。2. 不明县份者。乾隆年间,杨仲文移居今新竹峨嵋。

## 第三节　闽粤移民台湾的微观考察

### ——以同安兑山李氏家族为例

实际上,明清时期闽粤移民台湾的数量要比上述记载多很多,据晋江《莲江东林宗谱》、《玉山东林宗谱》记载,今蚶江镇莲埭村东间林氏、石壁乡玉山林氏就分别有超过 400、1 000 人移居台湾;《安溪参内二房黄氏族谱》记载该族迁台者有近千人;晋江新市《武城曾氏重修族谱》就记载有康熙至道光间迁台者达280 人之多。①

为全面反映闽粤移民情况,下面以同安兑山李氏家族为例做一分析。

同安与台湾一水之隔,明清两代有大批姓氏族人通过刘五店、澳头等港口移居台湾,有资料显示,台湾人口中,同安县籍者占 14.7% ,为当时人口的七分之一。在台南、台北、台中三地祖籍同安人口最多,分别有 162 100、111 200、114 000 人。② 移居台湾的同安人大多以地缘关系聚居在一起,以台北为例,在鹭州(今三重、芦州)、五股、八里、三芝、北投、淡水等地均有一半以上的人祖籍为同安,祖籍同安者分别占当地人口的 97.5%、80.6%、69.2%、60.1%、57.3%、52.6% 。③

陈在正先生根据光绪年间编修的《兑山李氏烟墩兜房族谱》、《兑山李氏垅尾井房族谱》、《兑山李氏垅尾井下厝二房支谱》、1980 年李开忠《重修兑山垅尾井下厝二房李氏族谱》、民国年间编的《芦洲田野美本支世系族谱》,1987 年赵振绩编《台湾区族谱目录》、1978 年杨绪贤撰《台湾区姓氏堂号考》、1990 年李鼎元主编《李氏源流》、1990 年李清知编《陇西李氏兑山族谱》等有关族谱及姓氏资料的记载,对兑山李氏族人向台湾移民情况所做整理分析显示:

1. 兑山李氏根在固始。同安兑山,今厦门市集美区后溪镇兑山村开基祖名仲文,于南宋时从同安南山迁居地山(兑山)。据明朝正德十一年丙子(1516

---

① 庄为玑、王连茂:《闽台关系族谱资料选编》,福建人民出版社,1985 年。
② 转引自台湾文献委员会:《台湾省通志》卷 2,《人民志·氏族篇》。
③ 林嘉书:《明清年代同安县向台湾移民史略》,载《同安文史资料》第 8 辑。

年)陈良策撰写的《同安地山李氏家谱引序》记载:"其始光州固始县人也,同闽王王审知入闽,遂卜于县南人(仁)德里地山保家焉。"①清康熙六十年辛丑(1721年)《重修地山李氏族谱序》亦言:"惟吾地山一派,相传始自光州固始县居民,当唐末梁初之时,随闽王王审知入闽,兄弟叔侄散处闽地,分居五山。始犹时相往来,一二世后遂不相闻,各就所处之地建立宗祠,自立谱系,后人不能稽核古迹,各以其始至者为祖"。又言:"尝闻吾始祖之来此地山也,其始受命于太祖贞孚公曰:惟吾始至闽中,依山立家,后世子孙分居,勿忘山字。由是言之,凡以山为号者,皆吾宗人也。"②

自仲文徙居兑山,经过十七世繁衍,至康熙年间"已蕃育千有余丁","生聚既盛,人文自兴",成为同安著名宗族之一。康熙乾隆年间,闽台地区比较安定,经济得到较快的恢复和发展,人口繁殖也较快。康熙六十年(辛丑,1721年)到乾隆二十二年(丁丑,1757年)的30多年期间,"丁数盖比辛丑之额则三加矣"。又过30多年,至乾隆五十九年(甲寅,1794年)年间,"族之日大、众之蕃,视前尤加数倍"。由于兑山地少人多,而统一后的台湾膏腴之地正待移民开发,所以康熙末年以后兑山李氏开始大批向台湾移民开垦。

2. 兑山李氏移居台湾的时间。根据前述族谱等有关资料记载,兑山李氏族人在清代渡台者达142人,其中15世14人,16世29人,17世76人,18世21人,19世2人。但族谱资料均不明记渡台时间,如以族谱所记生卒年月估算其入台时间,则雍正年间2人;乾隆年间80人,其中初期11人,中期20人,后期49人;嘉庆年间41人,其中前期29人,后期12人;道光年间19人,其中前期12人,后期7人,共142人。由此可以看出,乾隆、嘉庆年间是兑山李姓族人渡台的高潮期。乾隆年间渡台80人,占渡台总数142人的56.34%,超过一半;嘉庆年间渡台41人,占渡台总数28.87%,两者合计121人,占渡台总数142人的85.21%。

3. 兑山李氏移居台湾的地点。前述族谱等资料除17世公腾、公鸣兄弟明确记载"渡台居嘉义白沙墩",即今云林县元长乡外,其余多数只记卒葬地点,而

① 陈良策:《同安地山李氏家谱引序》,引自《兑山李氏烟墩兜房族谱》。
② 李执中:《重修地山李氏族谱序》,引自《兑山李氏烟墩兜房族谱》。

不记入垦地区。从绝大多数卒葬地点均在清代淡水厅所属的八里坌、沪尾、和尚洲、三重埔、五股坑等地（其中卒葬观音山与和尚洲的占三分之二左右）来看，兑山李氏除少数入垦南部今彰化、云林、台南、屏东等地外，绝大多数入垦淡水河下游两岸，特别是观音山南北麓的乡村，即今八里坌、淡水镇、五股乡、三重市、芦洲乡、泰山乡等地，分别成为各地的渡台祖，形成不同的房派。

乾嘉时期，兑山李氏的大批移民开垦淡水河下游两岸时，是以芦洲为开垦中心的。乾隆初叶，兑山烟墩兜房15世李伯谟，垅尾井房的伯捷、伯东、伯西以及16世青侯等入垦；乾隆中叶，又有垅尾井房15世李伯进、伯继，16世起侯等入垦；乾隆末叶，又有垅尾井房16世亿侯、天侯等入垦。乾隆后期、嘉庆前期，更有17世70多人渡台，又有李公宝等大批入垦芦洲各村。如烟墩兜房的公常于嘉庆初年入垦芦洲溪墘（今溪墘村、仁复村），垅尾井房的公断、公羽于乾隆中叶、末叶先后入垦水湳（今水湳、永河、保佑等村），有公蓁、公石、公成兄弟3人于嘉庆年间入垦南港子庄（今正义村），有公秋、公春、公正兄弟3人于乾隆末年入垦中路村田仔尾等地，另有16世菱侯入垦楼子厝庄（今楼厝、得胜、保和等村）。至嘉庆年间芦洲地区已被开发迨遍，道光以后移民数量大大减少，咸丰以后未见再有移民入垦的记载。

4. 兑山李氏族人在台湾的繁衍。兑山李氏移居台湾后，经过多代的繁衍，人口不断增加，又向周围地区或新待垦地区再迁徙，现在已遍布全省各地。但多数移民仍居住始迁地，并在这些地区人口中占较高的比例。根据1964年台大社会系教授陈绍馨博士与美国哥伦比亚大学人类学系主任兼远东研究所教授傅瑞德（Morton H. Fried）合作编撰的《台湾人口之姓氏分布：社会变迁的基本指标》一书，以1956年9月16日台湾省1/4人口普查口卡资料分析，兑山李氏移民集中的地区李氏人口数如下：云林县元长乡有李姓1 403人（以4倍计，实际人口数为5 612人，其他统计数字同此），为本乡第二大姓，其中就有一批兑山李公腾、公鸣等人的后裔。屏东万丹乡有李姓1 476人（实际为5 904人），为本乡第一大姓，其中同样有不少兑山李伯唐、伯发、公尝、论夫、士担等人的后裔。台南盐水镇有李姓612人（实际为2 448人），占本乡人口第二位，其中也有兑山李至侯等后裔。

## 第四节 中原文化在台湾的传承

闽粤移民台湾后,使得以中原文化为主体的中华文化也随之传入,并且随着台湾移民社会的形成,使中华文化成为台湾社会发展的文化基础和主导。

### 一、大陆教育制度移入台湾

明郑时期大陆的教育和科举制度已被搬入台湾。儒生出身的郑成功,对先后赴台的明末文人学士十分看重,吟诗作赋,时与过从。不过此时政局尚乱,未能顾及其他。永历十九年(1665年),时局稍为安定,郑氏部将陈永华即向郑经提出:"开辟业已就绪,屯田略有成法,当速建圣庙、立学校",他引经据典,力谏办学校的必要性,他说:"昔成汤以百里而王,文王以七十里而兴,岂关地方广阔? 实在国君好贤,能求人材以相佐耳。今台湾沃野数千里,远滨海外,且其俗醇;使国君能举贤以助理,则十年生长,十年教养,十年成聚,三十年真可与中原相甲乙。何愁局促稀少哉? 今既足食,则当教之。使逸居无教,何畏禽兽? 须择地建立圣庙、设学校,以收人材。庶国有贤士,邦本自固;而世运日昌矣。"[①]在陈永华建言后的第二年,台南孔庙落成,其旁并建有明伦堂,台湾教育事业由此拉开序幕。此后,包括学院、府学、州学和社学等在内的大陆教育体系被引入台湾,并开始推行科举选考人才制度,即两年三试,"州试有名送府,府试有名送院,院试取中,准充入太学,仍按月月课。三年取中试者,补六官内都事,擢用升转。"

清统一台湾以后,进一步完善这一套教育系统,设府学和县学,统称儒学,由主管台湾政务的台厦道(后为台湾道)兼理学政。在民间则有社学、义学和私塾如雨后春笋般崛起。由于各级官员的倡导,祖国大陆盛行的书院也移入台湾。据统计,自康熙四十三年(1704年)台湾知府卫台揆倡建的崇文书院始,至光绪十九年(1893年)台湾布政使沈应奎所建的明道书院止,百余年间台湾共办书院45处。所有这些书院,所学均以儒家经史典籍为正统,有所谓"非圣贤之书,一

---

① 清·江日升:《台湾外记》卷6,福建人民出版社,1983年。

家之言,不立于学官者,士子不得诵习"之说;其授业儒师,则由内地调补。据清《吏部则例》规定:"台湾府学训导,并台湾等四县教谕、训导缺出,先尽泉州府属之晋江、安溪、同安,漳州府属之龙溪、漳浦、平和、诏安等七学相调缺教职内拣选补调,倘有不敷,或人地未宜,仍于通省教职内,一体拣选补调。"因此,台湾儒师,多为福建人。

在教育思想方面,清代无论哪种学校或书院都是祀孔孟、尊理学,以灌输儒家思想为主。台湾的各类学校都是从大陆移植过去的,大陆的教育内容和思想也原封不动地被搬到台湾,如祭祀孔孟是各种台湾学校的重要活动内容。而文庙的神位,也与大陆相同,主祀孔子,两旁配祀颜子、子思、曾子、孟子,有的地方还增设朱子祠。由于福建学子对朱熹的崇仰,朱子理学便在台湾儒学的发展中居有重要地位。朱子祠内配祀明末清初寓台八贤,即沈光文、徐孚远、卢若腾、王忠孝、沈佺期、辜朝荐、郭贞一、蓝鼎元。春秋两祭,礼同祖国大陆。

在教材、教规方面,亦与大陆一样限于各种经学和艺文,即使乡间社学也是从《三字经》入手,再教以《论语》、《大学》、《中庸》、《孟子》以及《千家诗》、《声律启蒙》等,然后接读《诗》、《书》、《易》、《礼》等。各级学校、书院的学规,亦大都沿袭朱熹创办的白鹿书院的学规而加以衍化。其强调明大义、端学规、务实学、崇经史、正文体、慎交游等,均以儒家思想为规范。

大陆科举制度也在清统一台湾后被全盘移入台湾。台湾各府、县学的岁、科两考,完全按照大陆各府县事例办事。至于考试责任,应否仿照广东琼州事例,由台厦兵备道就近办理,还是另派官员,则由福建巡抚裁夺。此一建议由道任台厦兵备道周昌提出,经省、道、府、县各级机构详细讨论后,报请清政府批准。清廷认为,台湾学校刚刚建立,应考之人不多,除名额暂时未按照内地府县分配之外,其余童试、岁试两试均可按内地格式进行。岁考、科考在台湾,乡试则须到省城福州。考虑到台湾文教初开,往来风波险阻,为鼓励生员参加省城乡试,于康熙二十六年(1687 年)援甘肃、新疆例,为台湾考生另编字号,额外取举人 1 名。雍正、乾隆、嘉庆、咸丰又陆续增加,定额中试举人者最后已达 8 名。在全国会试中,也于福建通省之外,另准额取 1 名。此一措施,说明清政府对台湾的重视,也反映了台湾儒学教育的发展。科举制度既是人才选拔的措施,也是教育推广的结果,同时又是统治者对作为四民之首的士进行思想控制的手段。它在台湾,同样也起到了播扬儒家思想、选用各级人才、把台湾纳入大陆管理体制的多方面作用。

### 二、闽南话随闽南移民入台

闽粤移民台湾,必将其语言、文字带到台湾。由于来自讲闽南话的泉州、漳州、永春、龙岩、潮州等地移民占了绝对多数,闽南话在台湾地区所使用的汉语方言中就占了绝对的优势。

从语音系统看,台湾闽南语与本土闽南话几乎没有差别,声母都是15个,声调8种和厦门极为相近。当然,由于移民籍贯有别,台湾岛内闽南话也有泉州腔、漳州腔之分。在地理分布上,北部台北、基隆和鹿港、淡水一带,南部高雄至恒春沿海一线主要通行泉州腔;中部嘉义、南投一带和东北部宜兰、罗东、苏沃等地则通行漳州腔;而西部台南、台中和东部新城、花莲一带以及台湾的不少地方,泉州腔和漳州腔交错分布,所讲的闽南话也象厦门腔那样结合着泉、漳两种口音,并以泉州腔略占优势。① 在音韵方面,台湾闽南语通用的十五音和闽南《闽音必辨》、《雅俗通十五章》等通俗韵书所列的相同。如《汇音妙悟》代表清初泉州地方之语音系统,其所用韵母字,曰"字母":即春、朝、飞、花、香、欢、高、卿、杯、商、东、郊、开、居、珠、嘉、宾、莪、嗟、恩、西、轩、三、秋、箴、江、关、丹、金、钩、川、乖、兼、管、生、基、猫、刀、科、梅、京、鸡、毛、青、烧、风、箱、三、熊、嘐。其所用声母15字,曰"十五音":柳、边、求、气、地、普、他、争、入、时、英、文、语、出、喜。其声调八种,曰"八音":如春上平声、蠢上上声、寸上去声、出上入声,悴下平声、痒下去声、寸下去声,怵下入声。②

来源于福建闽南话的台湾闽南话,虽然历经数百年的沧桑,但如果寻根追源,台湾方言仍是"言多周秦之语,声含中原之音"。台湾史学家连横在《台湾语典》自序中说:"余以治事之暇,细为研究,乃知台湾之语,高尚优稚,有非庸俗之所能知,且有出于阁案之际,又非今日儒者之所能明,余深自喜。试举其例:泔也,潘也,名自《礼记》,台之妇孺能言之,而中国之士夫不能言。夫中国之雅言,

---

① 张振兴:《台湾闽南方言记略》,福建人民出版社,1983 年。
② 《台湾省通志》卷2,《人民志·语言篇》,台湾省文献委员会,1970 年。

旧称官话,乃不曰泔而曰饭汤,不曰潘而曰淅米水。若以台语较之,岂非章甫之与褐衣,白璧之与燕石也哉! 又台语谓谷道曰尻川,言之甚鄙,而名甚古。尻字出于《楚辞》,川字载于《山海经》,此又岂俗儒之所能晓乎! 至于累字之名,尤多典雅,湖口之于《左传》,掆力之于《南华》,拗蛮之于《周礼》,仃出之于《汉书》,其载于六艺九流,征之故事雅记,指不胜屈,然则台语之源远流长,宁不足以自夸乎!"①因此,他搜集了大量与古代中原语言有密切关系的台湾语言,编成四卷本《台湾语典》。他在列举了大量的台湾方语与中原古语相同之后指出:"台湾之语,既有古音古义,又有中土正音,如纪纲之呼起江,彭亨之呼拼风,高兴之呼交兴,都好之呼诛好,则其明著者也。夫台湾之语,传自漳泉,而漳泉之语,传自中土。"②

### 三、大陆家族文化传入台湾

明清时期,随着闽粤等地人民大量移居台湾,大陆的宗族制度以及有关的宗族组织、宗族活动等相继移植到台湾。纵观台湾宗族的形成和演变,大体经历了移民社会和定居社会两个历史阶段。

清代前期,由于清廷禁止渡海去台者携带家眷,因而当时入台的大陆人多为单身男子,很少有举家举族迁居的现象。一般来说,早先入台者都是家族中富于冒险和开拓精神的少数人。他们到台湾有了立足之地后,同族的人就会闻风而动,纷纷渡海投靠,因此与前者相比,后者多是通过同乡、同族的关系前往台湾谋生。而一旦他们找到了安身立命之地,只要条件许可,就会返回故里携眷迁居台湾。

早期移民往往是先后抵达的同族人聚居一地,形成家族聚落。如台湾北港郡四湖乡的林厝寮,就是以林姓为主开基建立的村庄;彰化大村乡中部有七八个村,是祖籍福建平和县心田乡赖姓宗族聚居区,埔心乡和员林镇分别是潮州饶平黄姓与张姓的分布点,员林镇东南、社头乡东北,是漳州南靖县刘姓宗族聚居地。也正因为如此,台湾地名中以某一姓氏家族先前聚居而冠名的村名极为常见。

---

①　连横:《台湾语典》,序一。
②　连横:《雅言》,(台北)台湾银行,1963 年。

据《台湾省通志》的粗略统计,台湾以姓氏冠地名者约有 163 个村落,涉及 69 个姓氏,而实际上这类历史地名的数量远远不止这个数字。

　　早期台湾移民,在东渡台湾时大都携带着祖宗牌位,即便是首次渡台没能携带,待定居下来后,也要专程回祖地迎来祖宗牌位。漳州龙溪童氏族人童秀弼兄弟三人携带先祖牌位迁至台湾;乾隆三十八年(1773 年),晋江县柯诚定的子孙专程回祖家,"将神主请往台湾奉祀";晋江鉴湖张氏族人也从晋江迎祖灵到台湾;乾隆四十三年(1778 年),同安吴氏族人吴诚厚将祖先神主移至台湾彰化县。有些移民赴台一段时间后,还返乡祭祖,参加本族的一些活动,如嘉庆二十五年(1820 年),玉山林氏家族编修族谱时,远在台湾淡水经商的十六世族人林正心"积金满千,公鸠佛银,交入行中,言念宗谱未修,以为修谱之用。又恐不充,自独加捐以补足"①。但是日久感到渡海不便,而且不能满足众人尊宗敬祖的愿望,于是在台湾本地划置一部分专用的田产,用于祭祀共同的祖先。

　　由于早期同一宗族一起迁入台湾的人有限,为了增强同族人的凝聚力,同一祖籍地同姓的人们出资置产,祭祀共同的祖先,如陈氏家族一般都把河南颍川始祖陈实、入闽开漳始祖陈元光等作为祭祀的对象。入台闽粤人经过几代的繁衍,家族初具规模后,便开始建立严格意义上的宗族制度。这主要表现在:

　　1. 置族田。乾隆以后,禁渡宽弛,家族成员移居台湾不断增多,各家族都致力于添置族产以增强家族势力。所设立的祭祀产业,其组成部分除田产外,扩大到房屋、果园、山园、手工坊、店面、渡船、地皮、耕牛等方面,祭祀产业来源的多样化,说明家族社会的进一步发展,家族经济力量增强。早期祭祀公业主要是用于祭祀先祖活动,后来增加了济困扶贫、迎神赛会和其它公共事务活动的开销。有的家族还专置"书田业",前面提到的台中县大村乡的赖环翠堂家族,就设立"书田业",用于奖励家族子弟的读书。

　　2. 建祠堂。据陆炳文《台湾各姓祠堂巡礼》所列,相当多的家族祠堂是建造于乾隆至道光年间,有的一族建多处祠堂,如漳浦县洪氏移民台湾彰化,随着族人不断增加,又分支于台湾各地,并在各聚居地建立分祠。由此可见,乾隆以后,台湾家族组织得到迅速的发展,许多家族加强了自身的组织力量,其重要的步骤

————————

　　①　转引自庄为玑、王连茂:《闽台关系族谱资料选编》,福建人民出版社,1985 年。

就是纷纷兴建祠堂。李国祁《清代台湾社会的转型》中说："至1850年时,台湾各地已普遍有宗庙家祠的建立。"[1]

3. 修族谱。据郭松义《介绍美国犹他家谱学会所藏台湾家族资料》一文的介绍,美国犹他家谱学会收藏不少台湾的家谱,以1978年的调查统计,共征集到1 218种台湾族谱,清代时期的家谱计有117种,约占总数的10%。虽然这个数字比例不一定全面,但也能说明有清一代台湾各地编修的族谱总量不是太多。其中绝大多数是嘉、道以后修编的,而且手抄本占的分量很大,书写欠工整,装制也粗糙,与同时期的福建家谱相比较,其编纂水平不高。地方文化教育欠发达,制约了这一时期台湾家族编修谱牒的正常进行,他们往往联合祖籍地的族人共修族谱。晋江《玉山林氏宗谱》在叙述修谱沿革时,谈到了嘉庆二十五年(1845年),筹备修订族谱,台湾淡水族亲林正心,捐赠千金资助家乡修编族谱之用。南安《蓬岛郭氏族谱》也记述了三修谱牒时,台湾族人越洋归故里共商修编事宜[2]。有些家族为了不使血脉世系中断,就从大陆祖籍地直接带来本宗的族谱,作为后代寻根问祖的依据。有的是派人专程回原籍抄录谱牒,如台北陈氏,雍正十三年(1735年)由南安县渡舟入垦台北一带,后来形成家族,就派子孙返籍抄族谱。清代台湾手抄本的家谱很多,与这种回大陆抄家谱,既方便又省事的做法有关。

4. 设族长。雍正年间,为了利用家族势力来加强对百姓的管制,朝廷曾下令凡聚族而居者,要推选一位德高望重的长者为族正(即族长)。乾隆二十二年(1575年),再次要求家族设立族正。这种行政命令在客观上无疑会进一步促进台湾家族制度的建设,在嘉庆年间就有一些家族设立族正的明确记载:道光时期,淡水分府曾命竹南四保内巨姓11家,各选出一人为族长。陈盛韶《问俗录》记述道光时,曾在台湾岛范围清庄,清查无业游民,命令各庄总理和族长负责督查。可见乾隆后,台湾许多家族都设有族长。

连横《台湾通史·乡治志》云:"台人重宗法,敬祖先,故族大者必立家庙。"岁时祭祀时,组织族人参加,祭毕聚宴联欢,其程序礼仪和一些活动内容,一如大

---

① 李国祁:《清代台湾社会的转型》,载《中华学报》第5卷第3期。
② 庄为玑、王连茂:《闽台关系族谱资料选编》,福建人民出版社,1985年。

陆祖籍地的风俗习惯,说明咸、同以后,台湾绝大部分地方完成了重建家族制度的过程,家族组织已成为台湾地方社会具有举足轻重的势力。

同时,无形的家族文化也被传入台湾,并对台湾社会产生着重要影响。首先,家族文化还起着社会组织的作用。家族内部,有着严格的辈分秩序,形成一种生物学的等级关系。在移民社会形成初期,上层社会管理系统尚难以充分到达社会底层的每一个成员。等级秩序严格的家族制度,便同时起着调节和制衡所有家族成员的作用,弥补社会管理系统的不足。其次,家族文化本身就是中华文化构成的部分。中国传统文化的儒家伦理道德,围绕着对祖先的崇拜不断深化和丰富起来。在血亲认同的基础上,以家族为单元,形成了封建的宗法体制。事亲和忠君是封建伦理道德的核心,以此孕育出中国传统的人文观念。对家族制度的维护,实际上也是对宗法社会人伦传统关系的维护,家族制度在台湾的确立,便也意味着中国传统人文精神在台湾的播入。再次,家族组织形成的一整套礼俗规范,通过对成员在心理上、文化上、精神上的"族化",从思维方式和行为规范上,强化了所谓的"家族人格",而且在"敬宗睦族"观念的指引下,形成了家族成员的认同感和凝聚力。移入台湾的家族,都承袭祖籍的郡望、堂号,以及世传辈分,标榜自己的渊源、衍派,并定时回乡祭祖扫墓,延修族谱,以示不忘根本。这一切家族活动,既强调了与原乡宗族的认同,也形成了在新土生存的巨大凝聚力。

### 四、文学承续中原文学传统

关于台湾文学与中原文化的关系,台湾评论家叶石涛曾说:"从遥远的年代开始,台湾由于地缘的关系,在文学和社会形态上,承续的主要是来自中原汉民族的传统。"[①]

对台湾文学发生根本影响的是中原文化传统。台湾的原住民,曾经创造过许多独特形态的文学和艺术,但由于没有自己的文字记载,大多还停留在口耳相传的原始阶段。台湾最早的文学创作,如果不算早期那些史志上的记载,主要产生于 17 世纪中叶以降。自明郑时期,以沈光文为代表的文人将中国传统文学的

---

① 叶石涛:《台湾文学史纲·序》,文学界杂志社(台湾),1987 年。

诗文范式引入台湾,开创了台湾文学的先河。清统一台湾后,以宦游台湾的文人学士的入台进一步弘扬了中国文学的传统精神。

汉族移民进入台湾时携带的中原文化,较之原住民文化,无疑要先进得多,因此很快地成为推动台湾社会发展的主要动力。这一文化传统,既包括中原当时已经进入高度发展的封建社会的生产的生产方式和经济关系,以及建立在这一基础之上的价值观、伦理观和政治体制、教育体制,也包括因因相承的民族心理、思维特征和行为方式。因此,为台湾社会奠基的这一文化传统,自然也就成为反映台湾社会生活的文学籍以生成和发展的基因。正是基于这一点,台湾文学的最初开创者,才有可能按照中国古代文学的诗歌与散文的范式,来建立台湾文学的文体模式。中原文化的基因,在台湾文学漫长的发展过程中,规范它的方向,确立它的形式,赋予它的精神内涵,奠定它的民族风格,把台湾文学纳入了中国文学的博大传统之中。①

### 五、承继延续中原风俗习惯

台湾移民大多为福建漳、泉人及广东惠、潮及嘉应人,故他们的风俗习惯,与大陆福建、广东两省相异不大,清朝道光年间到台湾进行考察过的丁绍仪曾说:"台民皆徙自闽之漳州、泉州,粤之潮州、嘉应州,其起居、服食、祀祭、婚丧,悉本土风,与内地无甚殊异。"②余文仪的《续修台湾府志》也认为"台阳僻在海外,旷野平原,明末闽人即视为瓯脱,自郑氏挈内地数万人以来,迄今闽之漳、泉,粤之潮、惠相携负来,率参错寄居,故风尚略同内郡"③。

在衣着方面,台湾的衣料大部分来自大陆,"其丝罗皆取之江、浙、粤,洋布则转贩而来,余布则多购于同安,所自染者有曰'毛乌',色胜内地,浣之不褪"。"衣服的式样也仿制内地","女子喜着红衣,男着短衣,每过膝不及胫,制襟多直下者曰'苏裙',夏衣之领多上圆而下尖,半露其胸,曰瓜子领,不论颈之肥瘦也"。④ 服饰爱好亦追大陆风尚。不仅"绸缎之属,来自江浙","杭绫盛行,局缎

---

① 刘登翰:《台湾文学史》(上),海峡文艺出版社,1991 年。

② 清·丁绍仪:《东瀛识略》卷 3,《习尚》。

③ [乾隆]《续修台湾府志》卷 13,《风俗》。

④ [同治]《淡水厅志》卷 8,《风俗考》。

次之";而且"泉州之白布、福州之绿布、宁波之紫花布,尚销行于乡村"。同时服装样式也随大陆演变,"红闺少妇,绣阁娇娃,选色取材,皆从时尚","衣服之式,以时而易";"鞋袜之属,皆求之市。前时多漳、泉配来,亦有本地制者"。① 移民从大陆运入纺织品,又依照大陆的服饰文化时尚调整服饰样式。

在饮食方面,以大米、糯米为主,也食用红薯制品。人们一日三餐,或一粥两饭,或二粥一饭,"台湾产稻,故人皆食稻。自城市以及村庄,莫不一日三餐,而多一粥二饭"。但在澎湖等缺水地方,同福建惠安一样是以食番薯为主,兼食黄黍。据《澎湖厅志》记载:"澎地斥卤不宜稻,仅种杂粮,而地瓜、花生为盛,每岁暮春,种花生时附种粱黍于其旁,迫五、六月间,花生渐长,则粱黍已熟矣,至八、九月,而花生方成熟。地瓜种于三、四月,至中秋后,亦渐次收成,切片晒干以储来岁之食。"因此,当地人民以吃地瓜及杂粮为主,"澎人常饭,夏用黄黍煮粥,或以膏粱春碎杂薯片煮食,故富阳周氏谓之糊涂粥,其实民间但称为黍糊耳。秋后皆食生地瓜,冬春食干地瓜,即薯片,薯丝也,《纪略》谓之薯米或名芝检,实一物耳,生菜种类无多,即萝卜、芋魁恒来自台厦。惟鱼虾为盛耳"。②

在居住方面。台湾建造的住房,大多仿照漳、泉一带的式样,一般是一厅二房,中为正厅,闽南话叫"正身",左为大房,右为二房。如果家口增多,住不下,则在主屋两房,增建厢房,称为护龙,或称护厝,护龙的梁要比主屋低,又护龙向前延长,增建的时候也按次序分别高低。在护龙的后面,还可扩建第二护龙,第三护龙,此又称为内护、外护。如果是临街建厝,因限于左右无空地可建,多在主屋后面增建,仍称前进(前落)、中进(中落)、后进(后落),大者有五进的,俗称五落起。正中与前方两侧护龙中间的空地为前埕,日常作为曝晒农作物之用,大门前建有一道小墙称为"照墙",雕塑一个驱魔的口叼宝剑的狮子头。正厅门口挂一个八卦,梁上画一太极。如隘巷之口,有石旁立,刻"石敢当"三字,屋顶多为圆角式马背。

有着较多中原文化积淀的生产习俗、岁时节庆和婚丧礼仪,亦被承继和延续下来。台湾汉族移民中的岁时节庆,自初一"开正"到除夕"围炉",其间的清明

① 连横:《台湾通史》卷23,《风俗志》。
② [光绪]《澎湖厅志》卷9,《风俗》。

祭扫、端午插艾、七夕乞巧、中秋赏月、重阳登高等等,皆与源自中原的福建民俗相同。某些不同于中原的特殊民俗的出现,皆与闽台特殊的社会环境有关。如拾骨葬,相传系"宋季南迁,转徙不常,取先骸而珍藏之,便于携带",与中原移民南迁福建相关。而福建移民入住台湾以后,由于叶落归根的寻宗观念,子孙后代常依先人遗志,拾骨改葬祖籍。后来又受风水观念的影响,使拾骨葬在闽台相沿成风。又如养子习俗,它本来源于福建的家族社会以多子而强房的观念。移民台湾以后,因单身男子多,为承祀祖宗香火,不使绝嗣,便广为盛行。在岁时节庆中,普渡为闽台最为盛大的一个时节。其原因都因闽台皆是移民社会,艰辛的移民途中和筚路蓝缕的开发过程,多有因疾病、猛兽、饥寒而恶死者。乡俗以为孤魂野鬼是瘟灾疾病的散布根源,便以盛大的普渡斋祭,超度这些无主野鬼,以保驱灾避祸。

### 六、民间信仰传自祖国大陆

大陆民间信仰的传入,是伴随着明清时期大陆移民入台垦殖而逐步扩展的,其播迁的方向和范围,与开垦不同的阶段有重要关系。开垦早期移民在渡过台湾海峡时,由于航海技术尚属幼稚,无法战胜风浪,移民都随船供奉妈祖,以求平安渡台。明万历年间,澎湖最先建造妈祖庙,把渔民所信仰的海上女神供奉在岛屿上。在经过郑氏父子二次移民的推动后,终于在台湾岛内建立起了一个初具规模的移民社会,从而使人们有可能耗资倾力去建宫殿。1661 年,彰化鹿港地方建起天后宫,被认为是台湾岛内最早的妈祖庙。传说,郑成功率军收复台湾前,曾求拜过妈祖庙,祈望女神助一臂之力,后来郑军顺利攻占台湾,妈祖女神自然格外收到崇拜。第二年,郑成功在鹿耳门(今台南市安南区土城)建妈祖庙,使妈祖信仰在台湾南部沿海平原地区逐步传播。到康熙统一台湾前夕,全岛已有妈祖庙 10 座。

渡过海峡来到台湾,在开拓土地时遇到最大的问题就是瘟疫,所以移民又将大陆的能保佑人们躲避瘟疫的保生大帝带到台湾。保生大帝原名吴本,宋泉州同安县人,亦称大道公、吴真人,以医为业,救人无数。羽化后,乡人感戴,建庙以医神祭拜,后成为泉州同安县移民守护神。清初台湾瘟疫流行,于是一些福建移民渡海从福建白礁慈济宫请来保生大帝神像,加以供奉,后瘟疫果然销声灭迹,保生大帝的信仰遂在台湾盛行开来,到清统一台湾时,已建有 21 座保生大帝庙。

渡台初期,移民对自然、生命、社会都有一种恐惧感,因此大多藉奉祀瘟神——"王爷"以安定恐惧的心理。拜瘟神时常见有糊纸或木制的王爷船,在祭典后烧掉或送出海,就是把瘟疫驱送出境的意思。

在渡过险恶的海峡和避过开拓初期瘟疫之难后,移民定居下来之后需要解决与土著番人、不同的移民群体之间争夺土地以及建造大规模的灌溉系统等问题。由于移民最初很少有举族而迁的,所以无法利用固有的宗族或氏族共同行动,只好借助同乡同村的关系作为组织的依据,而原来同一方言、同一地域供奉的神明很自然成为团结整合的象征,因此这一时期漳州人供奉的"开漳圣王"、安溪人供奉的"祖师爷"、泉州三邑人供奉的"广泽尊王"、客家人供奉的"三山国王"崇拜等成为台湾人最普遍供奉的神明。

**高雄凤山开漳圣王庙**

开漳圣王原是漳州地区的地方保护神,清代漳州籍移民飘洋过海到台湾从事垦殖,开漳圣王信仰也就随之流传到了台湾。据20世纪60年代统计,台湾全省供奉的开漳圣王庙共55座,其中21座集中于宜兰,台北、桃园次之,台中、南投、彰化、云林和嘉义又次之。这一分布状况与宜兰人口结构主要是漳州人完全一致。漳籍移民占绝对多数的宜兰,开漳圣王庙特别多,充分反映出漳州先民对开漳圣王的崇祀和景仰。同时,宜兰开漳圣王庙的建造年代与分布,除个别外,总的来说反映了漳州籍民开发宜兰的历程。自清嘉庆元年(1796年)漳州籍移民开发宜兰地区以来,沿着漳州人的移垦路线,开漳圣王庙也就陆续建立。如嘉庆三年(1795 年)在头城建立了威惠庙,头城即开发台湾的著名漳州籍移民首领吴沙于嘉庆元年组织漳籍移民大规模正式入垦宜兰建立的头围。当时宜兰人迹罕至,"番害"和瘴疠疾病严重。在开垦事业略有基础后,吴沙等立即建立了乡土保护神开漳圣王庙,寓以神明庇护之意。随着垦殖事业由溪北向溪南推进,开漳圣王庙不断增加,嘉庆初在五结乡又建立了灵威庙。之后,凡是由漳州籍移民所开发的地方,都先后建立了开漳圣王庙。随漳州人传入台湾的神明还有辅顺将军。辅顺将军即陈元光的重要部将马仁,因开漳有功,且精通医术,施药治病,深得民心,卒后受民间奉祀。

清水祖师,又称祖师公,相传是宋代福建安溪清水岩的高僧,俗名陈应。因其生前修桥铺路、造福乡民,又精通医术,遇旱祈雨,很得乡民尊敬,被尊为"清水祖师"。安溪移民迁台时多奉祀清水祖师,并在聚居地修建祖师庙或延用"清水岩"的名称。

相传广泽尊王姓郭、名洪福,泉州府南安县人。十余岁时,经明师指点羽化升天。里人异之,又因其屡有显应,遂建庙祀之,号将军庙,又称郭山庙、凤山寺。相传广泽尊王极灵应,且能庇护离乡背井者,所以广泽尊王信仰随南安等县泉州移民移植台湾。台湾的广泽尊王庙,绝大部分是泉州移民迁移台湾时分灵或分香奉祀的,有关尊王的传说也与福建相同。全台有 50 余座主祀广泽尊王庙宇,许多泉州籍台湾同胞家庭神坛上也祀奉着广泽尊王的神像。

三山国王是指广东省潮州府揭阳县内,明山、巾山、独山的三位山神。潮州多客家人,视三山国王为守护神。所以当潮、惠客籍移民来台时,亦将三山国王信仰带到台湾,建庙供奉以求平安。

在移民定居并发展起来之后,城镇市集、商业贸易逐渐繁荣,人际关系变得愈益复杂,需要人们更加讲求信用和义气。而关帝一向被人们认为是最讲信用和义气的,这样,关帝就被人们作为神灵崇拜起来。据《重修台湾府志》记载,乾隆初年,岛内有关帝庙 18 座,其数量仅次于保生大帝,居第 2 位。日据时期,岛内有大小关帝庙 157 座,其数量位居各类庙宇第 6 位。据近年统计,台湾的关帝庙已多达 350 多座,其中台南、宜兰、苗栗最多,香火最盛的当数台北的行天宫。与大陆一样,台湾的关帝庙一般都称武庙,多半建于城外或城门边。

# 第九章　闽台与祖地固始间的友好往来

## 一、成功举办中原（固始）根亲文化节

2008 年 10 月 21 日至 22 日,10 月由河南省社会科学院历史与考古研究所等单位主办的"固始与闽台渊源关系研讨会"在固始县召开。来自美国、加拿大、马来西亚、菲律宾、新加坡等国家和我国台湾省、香港特区以及河南、福建、广东、江西等省市的专家学者、各姓氏代表和省市领导近 300 人齐聚固始,共同探讨研究固始与台湾、福建的渊源关系。通过研讨,得出的"台湾同胞的祖根 500 年前在福建,1000 多年前在河南,在光州固始"的结论,初步奠定了固始作为"唐人故里,闽台祖地"的历史地位,为中原(固始)根亲文化节的举办提供了理论依据。

2009 年 10 月 26 日,由中国侨联、河南省政协、全国台联主办的"唐人故里闽台祖地首届中国固始根亲文化节"在固始县举行。文化节突出"根亲"主题,固始"唐人故里,闽台祖地"的品牌初步得到认可。

2010 年 10 月 26 日,由中华全国归国华侨联合会、政协河南省委员会、中华全国台湾同胞联谊会主办的第二届中原(固始)根亲文化节在固始县开幕,来自美国、南非、马来西亚、缅甸等 10 个国家和台港澳地区以及福建、浙江、北京等 15 个省市的政要、学者、宗亲代表商界精英、文化名流、新闻记者共 1100 多人出席开幕式。文化节期间举办有光州固始寻根拜谒大典和文艺演出、第三届固始与闽台渊源关系研讨会、固始创业者论坛、招商引资项目发布会暨项目签约仪式、固闽台两岸三地农业交流合作研讨会、信阳(固始)寻根旅游推介、海内外姓氏宗亲联谊等活动。

　　2011 年 11 月 9 日,由河南省政协、中华全国归国华侨联合会、中华全国台湾同胞联谊会主办的第三届中原(固始)根亲文化节在固始开幕,来自美国、南非、马来西亚等 13 个国家和台港澳地区以及福建、浙江等 20 多个省市的 1000 多出席开幕式。为期三天的文化节举办有光州固始寻根拜谒大典、第四届中原(固始)与闽台渊源关系研讨会暨“河南省对台交流基地”授牌仪式、回望原乡——闽台百家姓氏源流巡展、“开漳圣王回老家”等宗亲主题活动。

　　2012 年 10 月 26 日上午,由台湾民主自治同盟中央委员会、政协河南省委员会、中华全国台湾同胞联谊会主办的“唐人故里·闽台祖地”第四届中原(固始)根亲文化节在固始县开幕,来自加拿大、澳大利亚、马来西亚、缅甸等 10 个国家和台港澳地区以及福建、浙江、北京等 18 个省市的政要、学者、宗亲代表商界精英、文化名流、新闻记者 1000 人出席开幕式。文化节期间举办有海峡两岸闽王文化交流活动、首届大别山绿色农产品展销会、第五届中原(固始)与闽台渊源关系研讨会、文化节招商引资项目签约暨成果展、固闽台根亲书画艺术研讨与创作交流暨根亲文化艺术创作大奖赛等活动。

　　2013 年 9 月 26 日,由政协河南省委员会主办的“唐人故里·闽台祖地”第五届中原(固始)根亲文化节在固始县开幕,来自美国、韩国、马来西亚等国家和台、港、澳地区以及福建、浙江、北京等 10 多个省市的政要、学者、宗亲代表、商界精英、文化名流、新闻记者等 300 余人参加了开幕式。文化节为期三天,主要活动有:固始与闽台企业家联谊会、南迁先民祭拜活动、南迁先民姓氏族谱展、第五届中原(固始)与闽台渊源关系研讨会、两岸三地书画作品展、固始小吃文化周暨固始“十大”名优小吃评比活动、“闽台祖地·老家固始”根亲旅游推介会等活动。

　　2014 年 9 月 26 日,由河南省台办、省侨联、省政协港澳台侨外事委员会主办的“唐人故里·闽台祖地”第六届中原(固始)根亲文化节在固始县开幕,来自美国、加拿大、匈牙利和台港澳地区以及福建、浙江、北京等省市的政要、学者、宗亲代表、商界精英以及文艺界、新闻记者共 1100 多人参加了开幕式。文化节期间举办了甲午年南迁先民祭拜活动、固始与闽台企业家联谊大会、第七届固始与闽台渊源关系研讨会、根亲杯“全国书画大奖赛获奖作品展暨两岸三地书画作品展、姓氏族谱展、姓氏宗亲联谊大会、小吃产业发展研讨会,美食文化周等活动。

2015 年 9 月 26 日,由省政府台湾事务办公室、省归国华侨联合会、省政协港澳台侨和外事委员会主办的"唐人故里·闽台祖地"第七届中原(固始)根亲文化节在固始县开幕,来自海内外各地的专家、学者、商界精英以及文艺界、新闻记者和各姓氏宗亲代表共 460 多人参加了开幕式。文化节为期三天,举办有第八届固始与闽台关系研讨会、固始与闽台企业家联谊会——企业家高峰论坛、根亲文化艺术综合展览、姓氏族谱展、"根亲祖地·老家固始"旅游推介暨体验、各姓氏宗亲联谊、根亲文化节概况回顾展等活动。

2016 年 9 月 26 日,由河南省政府台湾事务办公室、河南省归国华侨联合会、河南省政协港澳台侨和外事委员会主办的第八届中原(固始)根亲文化节在固始县开幕,来自来自海内外、港澳台和全国各地有关专家学者、商界精英、文艺界、新闻界的朋友们和各姓氏宗亲代表共 500 多人参加了开幕式。根亲节为期三天,主要活动有:开闽三王纪念馆开馆仪式、第九届固始与闽台关系研讨会、固始与闽台企业家联谊会、"根亲杯"全国名家书画作品邀请展暨信阳"八县两区"书画艺术精品展、"根亲杯"固始网货大赛和群众文艺展演等活动。

### 二、闽台同胞不忘固始祖地

尊宗敬祖,不忘故土是中华民族的传统美德,炎黄子孙虽然身在异国他乡,仍然心系祖国。近些年来,有不少的固始后裔或来信,或越过千山,涉过重洋,回到祖根地,畅谈乡思乡情,共谋合作发展。近 20 多年来,固始县收到寻根信函 100 多封,接待回乡寻根宗亲 80 余次。其中影响较大的有:

1982 年 3 月和 1983 年 8 月,香港中国旅行社总经理、香港中国银行副行长方润华先生,曾先后致函当时的河南省省长戴苏理及副省长岳肖峡,希望帮助查找"河南方姓同胞的祖籍聚居地"。姓氏专家通过对方先生提供的《方姓浙谱序》与在固始发现的《金紫方氏宗谱》对比研究后发现,二者共祖唐都督长史方琡,其故居在今固始县方集乡,这里有方氏祖宅、祠堂,而且还有大量的方氏后裔在此繁衍。得知自己的祖地在固始后,方润华先生兴奋不已,随即捐资在方集修建方树泉中学、方氏溯源亭。

1989 年 5 月,台北市詹氏宗亲会詹锡富先生率族来固始寻根。詹先生称,族谱记载詹氏为黄帝轩辕氏后裔,詹城赐姓,河间封侯,卜居豫固(即固始),迁徙安溪,再移台北,世代繁衍,人丁兴旺,目前已散布到东南亚诸国及欧美各地。1990年以后,台湾詹氏宗亲又先后两次到固始詹姓聚居地之一黎集镇西峰村寻根。

2000年9月,菲律宾临濮堂施氏回国垦亲团一行28人,到固始寻根谒祖,到施氏阔别千年的祖根地施大庄所在地——今固始郭陆滩镇燕子山施氏祖墓地祭祖。2001年5月,菲律宾临濮堂施氏宗亲会垦亲团、香港临濮施氏垦亲团共50余人再次来到燕子山施氏祖墓地拜祭。2002年春,菲律宾临濮堂施氏宗亲会、香港临濮施氏宗亲会共捐资30余万元,用于修建固始县郭陆滩镇青峰村燕子山施氏祖墓地园陵。

**香港施氏来信阳寻根考察**

2002年5月,福建省石狮王氏太原堂理事会谒祖团一行23人到固始寻根谒祖,到分水亭乡王审知故里旧居王家寨和王氏祠堂所在地王堂村拜祖祭祀。

2003年,知名台商陈道明来到固始,在陈集乡陈氏将军祠,拜谒开漳圣王陈元光将军像,他说:"原来只知道自己是一个中国人,是闽人的后裔,来到这里才知道自己的祖上是中原固始人。"

2004年10月,马来西亚雪兰莪潘氏宗亲会寻根团一行33人,到固始寻根考察。期间,寻根考察团凭吊了国家级重点文物保护单位番国故地城遗址,参观了县文物存列馆存列的番国出土文物,还进行了姓氏文化交流和商贸考察。

2006 年 9 月,来自福建、浙江、广东、江西、湖南、四川、湖北、香港、澳门、台湾等地的黄氏宗亲 100 多人欢聚固始,探亲访友,畅叙乡情,加强交流,共谋合作发展。期间,黄氏恳亲团成员先后参观考察了固始慈济高中、永和高中、香樟苑、工业园区、蓼南新区及陈将军祠、云霄庙、黄家祠堂遗址等。恳亲团团长、全国工商业联合会副会长、世纪金源集团董事局主席黄如慷慨捐赠 300 万元,用于建设寻根博物馆,并拟建黄家祠堂。他还建议说:"固始也可以像晋江一样,把联络华侨的工作做好,加强沿海与固始的联系,加强海内外宗亲与固始的联系,利用情缘、地缘、血缘关系的优势,促进发展。让更多的宗亲通过这个渠道,联络沟通感情,回乡恳亲访友,寻根问祖,投资兴业。"

2008 年以来,海外华人积极支持祖地固始建设,世纪金源董事局主席黄如伦捐资 300 万元用于建设固始根亲博物馆;世界何氏宗亲会投资 2 亿元,建成四星级固始国宾大酒店;香港信义集团投资 2000 万元,建设年加工能力 30 万吨稻谷综合项目;香港方润华先生先后捐资 80 万元资助建设方集中学教学楼;福建河南商会会长、中岳秀峰集团公司董事长王铭义先生捐资 3000 万元建设王审知纪念馆等等。

### 三、互帮互助,血浓于水

不少闽台人深知自己根在固始,他们从"同根同脉一家亲,同宗同族血浓于水"的感情出发,纷纷回祖地固始或投资兴业,或倾情捐资助学,或捐助文化工程。如,福建归侨何后安投资 3 200 万元在固始建立闽融公司城市垃圾处理场;陈圣华利用陈氏家族投资的 2 000 万资金经营酒店业;台湾慈济慈善事业基金会无偿捐赠人民币 1 100 万元用于固始高中建设,学校因此而改名为"固始慈济高级中学";施氏宗亲会累计投资 3 200 万元在祖根地建立 3 所学校;2007 年 4 月,世界苏姓宗亲总会理事长苏清祥自己捐资 20 多万元在胡族铺镇苏老坟修建蓼祖庙祠堂;世界何氏宗亲总会投资近 2 亿元人民币在固始县城建何氏思源山庄,并拟将 2007 年第十四届何氏宗亲大会在固始召开。①

---

① 王明峰:《"中原侨乡"话寻根》,《人民日报》(海外版),2007 年 6 月 8 日,第 6 版。

**固始慈济高中**

当祖地发生灾害时,台湾同胞纷纷献出援助之手,帮助家乡人民摆脱困难。如,1991 年 10 月,固始县遭受特大水灾。台湾慈济慈善基金会倾情相助,捐款 1 360 万元帮助祖居地灾民建房建屋,捐助粮食、衣物、被褥等折合人民币 506 万元。而当 2004 年台湾发生地震时,祖地固始人民也是在力所能及情况下"相濡以沫,相煦以湿",出钱出物解燃眉之急。固始慈济高中的师生们纷纷拿出自己的生活费,为台湾地震灾区同胞捐款 76 000 多元,表达了他们对台湾同胞的手足之情。

### 四、祖地固始欢迎闽台同胞

对于回来寻根的人们,固始地方均热情接待。同时,为了使移民后裔能够知道根、找到根,固始地方也做了大量工作。

1. 加强学术研究,积极参与有关文化交流活动。1990 年 12 月 4 日至 6 日,陈元光与漳州开发国际学术讨论会在漳州举行,来自日本、加拿大、美国、新加坡、印度尼西亚、台湾、香港、澳门和大陆的河南、北京、上海、江西、四川、广东、福建的近百名学者参加了会议。河南省社会科学院的汤漳平、王大良等学者以及信阳地区、固始县部分代表参加了会议,并提交了学术论文。

为适应外来寻根和发展寻根文化的需要,固始成立了姓氏文化研究会,下设若干单姓分会,全面推进,重点突破,先后编辑出版了《固始历史姓氏》《根在固始》《开闽王审知》等内部资料。为了进一步扩大研究成果,又于 2003 年成立了固始(信合)文史研究院,目的在于整合全县研究力量,进行寻根文化的宣传、研究、整理和挖掘。

2003 年 9 月,全国台联、台湾 TVBS 电视台在固始联合摄制《两岸同根同源》电视专题片,用大量图片、视屏资料和详尽的史料介绍了陈氏将军祠以及陈元光入闽开漳,开漳后裔渡海开台的史实。此片于 2004 年 11 月 22 日至 28 日在台湾 TVBS 电视台黄金时段连续播出后,使台湾同胞进一步了解了两岸三地同胞同根的历史渊源关系,更加激发了他们的爱国思乡之情。

2003 年 10 月,"固始与闽台寻根暨固始寻根旅游资源开发研讨会"在固始举行。河南省中原姓氏历史文化研究会、郑州大学历史与考古系、河南省社科院考古所和文学所、河南省地方志等单位的 40 余名专家参加了会议。会议围绕固始闽台寻根、固始寻根资源的价值以及开发的具体措施与步骤进行了认真的研讨,提出了许多有价值的新观点和建议。

2006 年 10 月 21 日,新加坡保赤宫建宫 130 周年纪念暨首届国际开漳圣王文化联谊大会在新加坡举行,固始县常委王亚玲率团出席,固始县文史研究所所长陈学文在开漳圣王文化学术研讨会上做了发言。

2007 年 3 月 28 日至 30 日,首届中国云霄国际开漳圣王文化节暨枇杷节在漳州云霄举行,来自美国、英国、加拿大、日本、法国等 12 个国家和地区的工商企业界、文化界代表共 700 多人出席了会议。在首届中国云霄国际开漳圣王文化节学术研讨会上,250 多位海内外专家、学者、嘉宾齐聚一堂,就开漳文化的历史形成、闽南文化特别是闽南语的形成、开漳文化的历史地位等学术问题展开讨论。河南省社会科学院的杨海中、任崇岳两位专家及固始县陈元光开漳历史研究会会长陈学文应邀参加会议,并提交了会议论文。全国台商服务总会会长、来自台湾的廖正豪先生在会上感慨地说:"没有固始,就没有开漳圣王,没有陈元光的开漳建州,就没有今天美丽的台湾宝岛。"

2008 年以来,每年一届的"固始与闽台渊源关系研讨会",使得固始"唐人故

陈氏将军祠

陈元光广场

里·闽台祖地"的地位得到学界和台湾同胞的认可。不仅如此,固始还采取走出去的办法,加强固始根亲文化的宣传,先后组织了中原(固始)根亲文化台湾行、中原(固始)根亲文化福建行、中原(固始)根亲文化寻亲之旅等活动。2010年8月举行的中原(固始)根亲文化台湾行活动,得到台湾多家媒体的关注,受到岛内各界人士的热情欢迎和鼎力帮助,进一步增进了台湾与固始的感情交流。

2010年10月举行的中原(固始)根亲文化福建行活动,在福州、泉州两地两地举行,促进了固始根亲文化的宣传,增进了豫闽两地的合作交流。2010年10月举行的中原(固始)根亲文化寻亲之旅,历时十天,沿固始南迁先民迁徙路线,途径河南、安徽、湖北、江西、浙江、福建六省,行程2900公里。通过这些活动,进一步提高了固始的知名度,固始"唐人故里·闽台祖地"的认知度。

2. 做好寻根文物的修复与修建工作。为使闽台同胞回到祖地后有可供祭拜的地方,固始县县委、政府十分重视寻根文物的修建与修复工作,单是与陈元光有关的工作就有:2004年,固始县城中心建成陈元光广场,重新整修陈氏将军祠,重修纪念陈元光祖母魏敬(箴)夫人的云霄庙(大山奶奶庙)。2006年是陈元光建立福建漳州1320周年。为纪念陈元光建漳伟业,福建云霄县委、县政府精心制作了"开漳圣王"巨石塑像捐赠将军故里,并于9月4日运抵固始,安放矗立在陈元光广场,供民众瞻仰。陈元光雕像由花岗岩雕塑而成,总重量约45吨,雕像身高7.11米、长5.5米,底座为六面体,分别寓意着陈元光将军辞世于公元711年,享年55岁和祖孙六代入闽平叛建漳。陈元光将军简介由123块黑色花岗岩刻制而成,表达了对随同陈元光入闽平叛的123位将领的深刻怀念。雕像外观线条流畅、栩栩如生,再现了开漳圣王陈元光叱咤风云、安定闽粤开创漳州的文韬武略和万丈豪情。在落成仪式上,信阳市委常委、固始县委书记郭永昌指出,陈元光将军雕像在广场安放,意义非同寻常,固始人民将永远珍惜这源远流长的血脉情缘,不断加强与闽南尤其是漳州云霄的联谊,不断升华两地之间的亲情、友情,使更多的闽台同胞、海外侨胞来此寻根旅游,投资兴业,共同打造固始、漳州以及闽台同胞、海外侨胞幸福美好的明天。

固始县还对分水亭乡王审知故居、汪棚乡郑成功陵园、郭陆滩镇施氏宗祠进行了修复和扩展,对方集镇杨行密家庙遗址、赵岗乡张睦故居遗址及虎丘黄氏、梅州吴氏、拓荣袁氏等姓氏在固始的祖居地进行了考察认定,方便了寻根者的寻根谒祖活动。配合县城和中心集镇建设,建成了闽王大道、成功大道,既向闽台同胞表明,故乡人民没有忘记那些在历史上做出过重要贡献的固始后裔,同时也提升了外迁历史名人在家乡的知名度,促进了侨乡文化的传播。

2008年年底,占地4000平方米,总建筑面积10000平方米,总投资近3000万元的固始根亲博物馆建成并向社会免费开放。根亲文化展览以固始历史上四次向东南沿海移民为主线,以中原文化与闽南文化、客家文化一脉相承为主题,由固始士民徙闽条件、陈氏将军入闽、三王入闽、两宋士民入闽等四部分组成。通过固始四次南迁移民历史,固始与闽台渊源关系,涉台历史名人及南迁先民开疆拓闽历史功绩,姓氏源流、谱牒和书画作品,民间交流互动等信息,综合运用实物模型、场景再现、三维动画、多媒体、图表数字、文字说明等表现手法,翔实诠释了豫闽台两岸三地一脉相承的历史渊源关系。2015 年第七届中原(固始)根亲文化节期间与福建闽台缘博物馆合作举办"回望原乡—闽台百家姓氏源流巡展",展出了 92 幅闽台两地百家姓氏源流挂屏和 200 多册闽台两地姓氏族谱,以实物印证了固始与闽台同胞一脉相承、根亲情深的渊源关系。固始根亲博物馆还先后两次参与协办了由国台办《两岸关系》杂志社主办的"从固始到台湾"图片展暨两岸根亲文化研讨会活动。

3. 加强闽台联谊工作。固始县十分重视与闽台同胞的联谊工作。1987 年 9 月,漳州市组织代表团访问河南信阳和固始,期间云霄县与固始县结为友好县。

1989 年 9 月,以固始县委顾问徐德鹏为团长,副县长阎文华、县人大副主任赵大义、县政协副主席桂绍瑜为团长的固始赴云霄友好代表团一行 10 人,到云霄县进行为期 15 天的友好访问。期间,隆重举办云霄、固始两县书画联展。同年年底,以云霄县委顾问陈文波为团长,副县长方坤水、县人大副主任张积强为副团长的云霄县赴固始友好代表团一行 10 人,对固始县进行为期 12 天的回访,固始、云霄两县书画联展续展活动在固始县举行。

1995 年 3 月,应中共云霄县委、县人民政府的邀请,固始县友好访问团到漳州云霄县进行访问。同时成立云霄县与固始县"陈元光开漳历史研究会"。

2004 年 11 月,固始县隆重举行"纪念陈政、陈元光入闽 1335 周年"活动。信阳市委常委、固始县委书记郭永昌等县四大班子领导及来自福建云霄县、江西、世界陈氏宗亲总会等海内外嘉宾出席纪念活动。活动期间,在固始县安山森林公园举行了云霄庙重建落成典礼,举办了陈元元、陈政奉诏入闽座谈会,与会代表还参观了陈元光祠堂、陈元光祖茔地、陈元光广场、秀水公园、慈济高中等。

2005 年 11 月 7 日,唐归德将军陈政奉诏入闽 1336 周年的纪念活动在云霄县将军山隆重举行,信阳市委常委、固始县委书记郭永昌率团参加纪念活动,并向将军山人民公园捐赠人民币 2 万元。

为促进与海内外的联络和交流,固始县还建立和完善了固始海外联谊会,目前已成立陈氏、郑氏、施氏、王氏、伊氏、冯氏、吴氏等七个海外宗亲联谊会。

如今,固始祖地正以极大的热情欢迎闽台同胞回祖地寻根祭祖、旅游观光、置产兴业,叙同根之亲,道同乡之情,交同道之友,结同心之谊,与祖地人民共同创造美好未来。

# 主要参考资料

(1)陈晓亮、万淳慧著:《寻根揽胜话泉州》,华艺出版社,1991年。

(2)陈易洲主编:《开漳圣王文化》,海风出版社,2005年。

(3)陈泽泓著:《潮汕文化概说》,广东人民出版社,2001年。

(4)陈支平著:《福建六大民系》,福建人民出版社,2000

(5)陈支平著:《福建族谱》,福建人民出版社,1996年。

(6)陈支平著:《客家源流新论》,广西教育出版社,1997年。

(7)陈仲初著:《晋江风物·姓氏源流专辑》,国际文化出版公司,2001年。

(8)程小澜主编:《浙江家谱总目提要》,浙江人民出版社,2005年。

(9)冯天瑜著:《中华文化辞典》,武汉大学出版社,2001年。

(10)福建省文化厅著:《八闽祠堂大全》,海潮摄影艺术出版社,2002年。

(11)福建五代闽国三王文物史迹修复委员会编:《闽国史汇》,暨南大学出版社,2000年。

(12)葛剑雄著:《福建早期移民史实辨正》,载《复旦学报》,1995年第3期。

(13)郭洁敏著:《析文化强权与文化冲突》,载《毛泽东邓小平理论研究》,1997第2期。

(14)韩士奇著:《闽南话:古中原活化石》,《人民日报》(海外版),2000年8月4日。

(15)何池著:《陈元光〈龙湖集〉校注与研究》,鹭江出版社,1990年。

(16)何池著:《论陈元光开发建设漳州的业绩》,《漳州师范学院学报》(哲学社会科学版),2002年第4期。

（17）何池著：《将军与诗人：陈元光与其边塞诗〈龙湖集〉》，《中州今古》，1988 年第 5 期。

（18）黄典诚著：《福建省志·方言志》，方志出版社，1998 年。

（19）黄挺、杜经国著：《潮汕地区人口的发展（明）》，载《潮学研究》第 4 辑，汕头大学出版社，1995 年。

（20）黄挺著：《潮汕文化源流》，广东高等教育出版社，1997 年。

（21）李国祁著：《清代台湾社会的转型》，载《中华学报》第 5 卷第 3 期。

（22）李汝和主修：《台湾省通志》卷 2，《人民志·民族篇》，台湾省文献委员会，1970 年。

（23）李乡浏、李达著：《福州地名》，福建人民出版社，2001 年。

（24）李裕民、黄挺著：《两宋潮州知州考》，载《潮学研究》第 4 辑，汕头大学出版社，1995 年。

（25）连横著：《台湾通史》，商务印书馆，1983 年。

（26）连心豪著：《闽台连氏源流考略》，载《连横学术思想暨学术成就研讨会论文选》，海峡文艺出版社，1994 年。

（27）林国平，邱季端主编：《福建移民史》，方志出版社，2004 年。

（28）林嘉书著：《闽台移民系谱与民系文化研究》，黄山书社，2006 年。

（29）林嘉书著：《明清年代同安县向台湾移民史略》，载《同安文史资料》第 8 辑。

（30）林蔚文著：《福建农业考古概述》，载《农业考古》，1984 年第 1 期。

（31）林宗鸿著：《泉州开元寺发现五代古经幢等重要文物》，载《泉州文史》，第 9 期。

（32）刘登翰著：《台湾文学史》（上卷），海峡文艺出版社，1991 年。

（33）马重奇著：《闽台方言的源流与嬗变》，福建人民出版社，2002 年。

（34）饶宗颐著：《潮州志·民族志》，1987 年汕头方志办据稿本影印。

（35）饶宗颐著：《饶宗颐潮汕地方史论集》，汕头大学出版社，1996 年。

（36）任崇岳著：《中原移民简史》，河南人民出版社，2006 年。

（37）上海图书馆编：《上海图书馆藏家谱提要》，上海古籍出版社，2000 年。

（38）司徒尚纪著：《岭南历史人文地理：广府、客家、福佬民系比较研究》，中山大学出版社,2001 年。

(39)苏黎明著:《泉州家族文化》,中国言实出版社,2000 年。

(40)汤漳平著:《初唐诗风与岭南诗人》,载《陈元光国际学术讨论会论文集》,厦门大学出版社,1993 年。

(41)唐文基主编:《福建古代经济史》,福建教育出版社,1995 年。

(42)谢钧祥著:《百家姓书库·谢》,陕西人民出版社,2002 年。

(43)谢重光著:《陈元光与漳州早期开发史研究》,文史哲出版社(台北),1994 年。

(44)谢重光著:《宋代潮州主要从福建接受外来文化说》,载《潮学研究》第 6 辑,汕头大学出版社,1997 年。

(45)谢重光著:《宋代闽南文化在潮汕地区的移殖和传播》,《韩山师范学院学报》,2003 年第 4 期。

(46)信阳文联,信阳市民间文化遗产抢救工程委员会编:《信阳书》,郑州古籍出版社,2006 年。

(47)徐伯鸿著:《〈龙湖集〉编年注析》,光明日报出版社,2004 年。

(48)徐晓望主编:《福建思想文化史纲》,福建教育出版社,1996 年。

(49)徐晓望主编:《福建通史》,福建人民出版社,2006 年。

(50)徐晓望著:《闽南史研究》,海风出版社,2004 年。

(51)徐晓望著:《闽台汉族籍贯固始问题研究》,载《台湾研究》,1997 年第 2 期。

(52)许在堂、林中和著:《泉州姓氏堂号》,福建人民出版社,2006 年。

(53)杨绪贤著:《白话台湾区姓氏堂号考》,台湾新生报社,1981 年。

(54)杨彦杰著:《荷据时期中国大陆向台湾的移民》,《现代台湾研究》,1993 年第 4 期。

(55)姚同发著:《台湾历史文化渊源》,九州出版社,2002 年。

(56)游文良、黄宏纲主编:《罗源县志》,方志出版社,1998 年。

(57)曾骐著:《韩江流域史前考古与潮汕文化源》,《潮学研究》第 1 辑,汕头大学出版社,1993 年。

(58)曾意丹、徐鹤苹著:《福州世家》,福建人民出版社,2001 年。

(59)张天禄主编:《福州姓氏志》,海潮摄影艺术出版社,2005年。

(60)张天禄总编:《福州市志》,方志出版社,1998~2000年。

(61)张振兴著:《台湾闽南方言记略》,福建人民出版社,1983年。

(62)漳浦县政协编:《漳浦村社要览》(内部出版物),2002年8月

(63)漳浦县政协编:《漳浦文史资料》第8辑,《漳浦与台湾渊源关系专辑》,1989年。

(64)中华民国谱系宗亲学会编:《谱系与宗亲组织》,中国地方文献学会(台湾),1985年。

(65)诸葛计、银玉珍著:《闽国史事编年》,福建人民出版社,1997年。

(66)庄为玑、王连茂编:《闽台关系族谱资料选编》,福建人民出版社,1985年。

(67)庄为玑、郑山玉主编:《泉州谱牒华侨史料与研究》,中国华侨出版社,1998年。

(68)庄英章编:《重修台湾省通志·住民志·姓氏篇》,台湾省文献委员会,1997年。

# 后　　记

　　20 世纪末从事姓氏研究时我就发现,凡在谈到中原姓氏的南迁时就必定要提及历史上的几次固始移民运动,当时我心想如果能对固始南迁姓氏做个全面研究,应该是件很有意义的事情。2003 年 10 月,由河南省中原姓氏历史文化研究会主办的"固始与闽台寻根暨固始寻根旅游资源开发研讨会"促使我开始研究这个问题,我以《唐末五代固始入闽姓氏》为题撰写了一篇一万余字的论文参加了在固始举行的那次学术研讨会。文章在研讨会上交流后,受到较好的评价。但我深知,由于时间仓促,此文在资料的占有上还不够充分,还需进一步完善。因此,固始会议之后,我依然没有放弃对这个问题的关注,平时留心收集有关固始移民的资料。2006 年 4 月,本人应邀参加在洛阳举行的"第五届河洛文化国际研讨会",向大会提交的论文就是经过补充修改后的《唐末五代入闽姓氏考》一文,并被收入大会论文集。

　　洛阳会议过后,中国河洛文化研究会常务理事杨海中先生约我写一本关于固始移民的著作,凭着自己占有一定的资料,我欣然接受了这项任务。然而,等我动笔准备写作时却发现,事情并不像我先前想象的那样容易。一是自己占有的资料还不够充分。尽管此前自己收集的资料已经不少,并有一定的研究成果,但要将其扩展成为一部书,需要增加的内容还有很多。二是作为"河洛文化研究"丛书的一种,此书不能仅从移民史、迁民姓氏的角度来研究固始移民,还应该将其放在河洛文化,再扩大一点说应该放在中原文化的框架内加以研究,除研究固始移民史、固始移民姓氏外,还要研究固始移民在开发建设闽台、传播中原文化及闽台文化形成中作用,可这些内容此前自己却很少涉猎。于是,我又不得不放下手中的笔,从阅读有关中原文化、闽台文化的著作以及收集相关资料开始这项工作。经过一年多的准备,自己对圆满完成本书的写作任务依然没有信心,可按照计划本书要在 2007 年 10 月"第六届河洛文化国际研讨会"前出版,我也只好匆忙动笔,于是就有了这本不太成熟的著作——《固始与闽台》。

本书写作过程中参考了不少时贤的著作,不少在文中已注明出处,但限于篇幅,未能一一注出,还请诸位作者和读者理解和支持,并向原作者表示深深谢意。

固始县有关单位和个人以及福建泉州的郑玮念女士无私地为我提供了资料;河南省社会科学院的杨海中、王永宽、程有为、张新斌、胡永杰等先生非常关心本书的写作,给我提出了许多建设性的意见;河南省社会科学院学术委员会将我的"固始移民与中原文化的南传"列入院级课题并予以资助,在此一并表示深深的感谢。

由于时间仓促,加之本人水平有限,功力不逮,此书存在的问题定有不少,我衷心地期待着读者的批评和指正。

李　乔

2007 - 10 - 8